초판 발행일 | 2025년 3월 10일
지은이 | 해람북스 기획팀
발행인 | 최용섭
책임편집 | 이준우
기획진행 | 김미경

㈜해람북스   **주소** | 서울시 용산구 한남대로 11길 12, 6층
문의전화 | 02-6337-5419
팩스 | 02-6337-5429
홈페이지 | https://class.edupartner.co.kr

발행처 | (주)미래엔에듀파트너
출판등록번호 | 제2020-000101호

ISBN 979-11-6571-231-0 (13000)

이 책은 저작권법에 따라 보호받는 저작물이므로 무단전재와 무단복제를 금지하며,
이 책 내용의 전부 또는 일부를 이용하려면 반드시 저작권자와 (주)미래엔에듀파트너의 서면동의를 받아야 합니다.

※ 잘못된 책은 바꾸어 드립니다.
※ 책 가격은 뒷면에 있습니다.

또롱또롱 캐릭터

푸딩

- **종류** : 여우
- **성격** : 평화주의자, 온화함, 포용적
- **소개** : 웅이 & 짹짹이와 함께 OA 여행을 하는 귀여운 여우로, 웅이와 짹짹이를 도와 친구들이 즐겁게 OA 여행을 완료할 수 있도록 도와주는 친구예요. 풍성한 꼬리가 매력 포인트인 친구로, OA 여행 중인 친구들이 어려움에 처할 때면 온화한 마음으로 지혜롭게 문제를 해결해 줘요.

짹짹이

- **종류** : 파랑새
- **성격** : 호기심 많은 장난꾸러기, 상상력 풍부, 의욕 과다
- **소개** : 호기심이 많아 어디를 여행하든 즐거움 가득! 웅이, 푸딩이와 함께 OA 여행을 하며 이곳 저곳을 구경하는 것을 좋아해요. 항상 기타를 치며 노래를 부르고 있어 주변에 관심이 없어 보이지만 친구들이 미션 해결에 어려움을 겪고 있을 땐 어디선가 나타나 무심하게 힌트를 주고 사라진답니다.

웅이

- **종류** : 아기 불곰
- **성격** : 차분함, 똑부러짐, 협동심, 리더십
- **소개** : OA에 대해 모르는 것이 없는 아기 불곰 웅이! 동물 친구인 짹짹이, 그리고 푸딩이와 함께 OA 여행을 하며 어려움에 처한 친구들을 만나면 발 벗고 나서 도움을 주는 착한 친구예요. 친구들이 신나게 OA 여행을 즐길 수 있도록 꿀을 먹으며 계획 짜는 일을 즐기는 프로 계획러랍니다.

또롱또롱 구성

❶ AI & 예술과 관련된 다양한 활동을 체험할 수 있어요.

❷ 오늘 배울 내용을 미리 확인할 수 있어요.

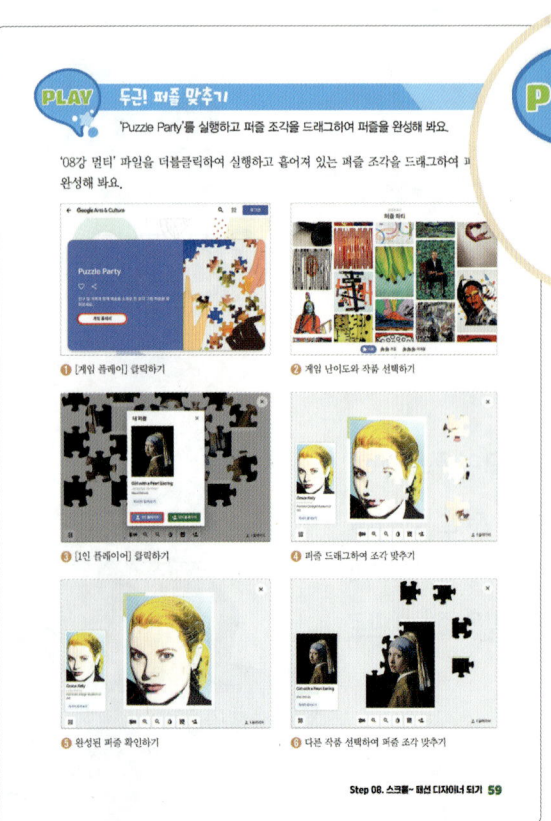

❸ AI & 예술과 관련된 다양한 활동을 체험하며 오늘 학습할 내용에 대한 흥미를 끌어올릴 수 있어요.

④ 엑셀 2021의 기본적인 기능을 쉽게 따라하며 재미있게 학습할 수 있어요.

⑤ 미션을 해결하기 위한 팁을 '웅이'가 친절하게 알려줘요.

⑥ 배운 내용 외에 다른 생각도 해볼 수 있도록 아이디어를 제공해요.

⑦ 앞서 따라해 보며 학습한 기능을 활용하여 나만의 작품을 만들 수 있어요.

⑧ '짹짹이'가 미션에 대한 힌트를 알려줘 쉽게 미션을 해결할 수 있어요.

또롱또롱 목차

01 알록달록 시트 색상 변경하기 … 8

02 삐용삐용 소방차 만들기 … 15

03 나만의 이름 스티커 만들기 … 21

07 꿀잼! 빙고 게임판 만들기 … 50

08 스크롤~ 패션 디자이너 되기 … 58

09 빠샤빠샤! 건강 관리 스케줄표 … 63

13 도전! 청기백기 게임 … 90

14 궁금! 해람이가 좋아하는 것은? … 98

15 고객만족! 해람마트 고객 명단 … 106

19 허리업! 스피드 계산기 만들기 … 135

20 찾아라! 가장 저렴한 간식은? … 142

21 나는야 우리 반 저축왕! … 147

04 집중력 UP! 퍼즐 맞추기

28

05 깍둑깍둑 네모 동물농장 만들기
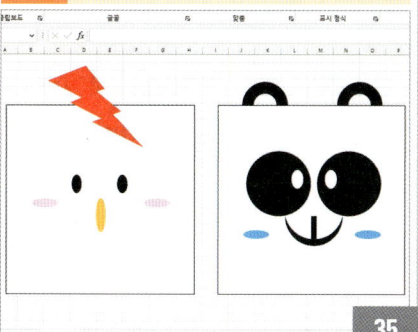
35

06 달콤! 포도밭 포도 한 송이

42

10 해피해피! 생일 축하 캘린더
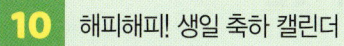
69

11 장난감 결재 서식 만들기
76

12 키득키득 EBS 키즈 방송 편성표
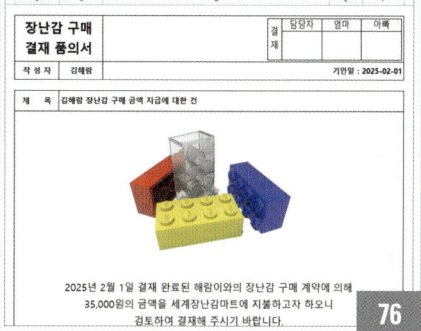
83

16 다꾸! 예쁜 다이어리 만들기

113

17 꿈틀꿈틀 젤리 판매 실적 차트
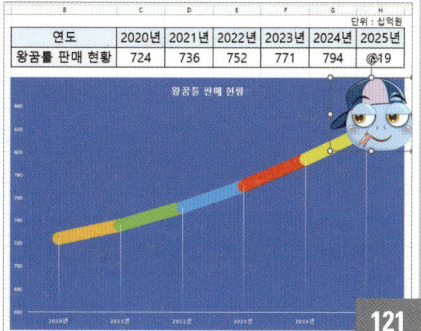
121

18 나만의 맛보기 영화관

128

22 일주일 미디어 평균 이용 시간

155

23 누굴까? 우리반 반장 뽑기
161

24 슈퍼카 렌트 비용 비교하기
167

Step 01 알록달록 시트 색상 변경하기

오늘은 무엇을 배울까요?

- 엑셀 화면 구성을 살펴보고 데이터를 입력해요.
- 시트를 추가하고 시트 이름을 변경해요.

두근! AI & 예술 놀이

1. 꼬맨틀 사이트에 접속해요.
2. 유사도를 확인하며 정답 단어를 맞혀요.

꼬맨틀 - 단어 유사도 추측 게임

1042번째 꼬맨틀의 정답 단어를 맞혀보세요.
정답 단어와 가장 유사한 단어의 유사도는 **53.72** 입니다.
10번째로 유사한 단어의 유사도는 48.83이고, 1,000번째로 유사한 단어의 유사도는 30.05 입니다.

추측할 단어를 입력하세요 / 추측하기

#	추측한 단어	유사도	유사도 순위
1	운동장	3.94	1000위 이상

포기하기

엑셀 창작 놀이

● 예제 파일 : 없음   ● 완성 파일 : 01강 완성.xlsx

1. 엑셀 화면 구성을 살펴보고 셀에 데이터를 입력해요.
2. 시트를 추가하고 시트 이름을 변경해요.

	A	B	C	D
1				
2		나비		
3		비디오		
4		오락실		
5		실내화		
6		화장실		
7				

끝말잇기 / 빨간색 / 노랑색 / 파랑색

두근! 단어 유사도 추측 게임

꼬맨틀 사이트에 접속해 단어 유사도를 확인하고 정답 단어를 맞혀봐요.

'01강 멀티' 파일을 더블클릭하여 실행하고 단어 유사도 추측 게임을 진행해 봐요.

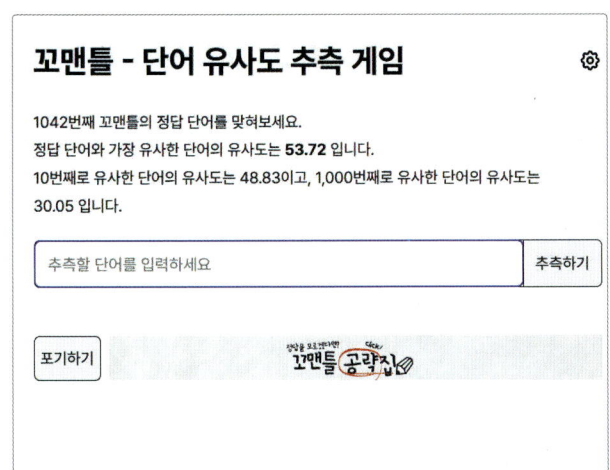

❶ 꼬맨틀 사이트 접속하기

❷ 단어 입력 칸에 아무 단어 입력하고 [추측하기] 클릭하기

❸ 유사도와 유사도 순위 확인하기

❹ 유사도를 높여가며 단어 추측하기

- 유사도와 유사도 순위가 높을수록 정답 단어와 가까워져요.
- 친구들과 함께하면 더욱 즐겁게 게임을 즐길 수 있어요.
- [포기하기]를 클릭하면 정답 단어를 확인할 수 있어요.

엑셀 2021 화면 구성 알아보기

엑셀 2021을 실행하고 엑셀 2021의 화면 구성을 살펴봐요.

01 바탕화면의 엑셀 프로그램()을 더블클릭하여 실행한 후 화면 구성을 살펴봐요.

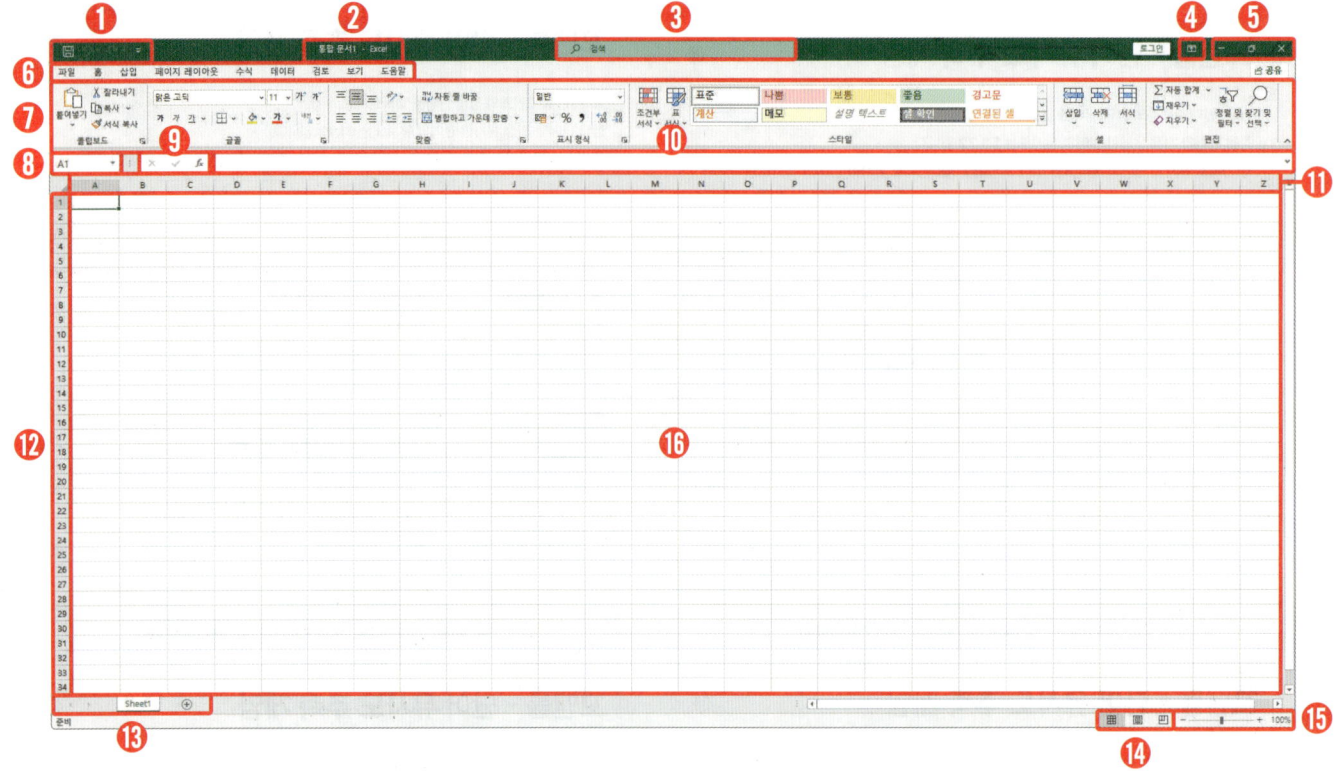

❶ **빠른 실행 도구 모음** : 자주 사용하는 도구들을 모아놓을 수 있어요.
❷ **제목 표시줄** : 지금 실행한 파일의 이름이 적혀 있어요.
❸ **검색 도구** : 엑셀 작업 시 필요한 도구를 쉽게 찾을 수 있어요.
❹ **리본 메뉴 표시 옵션** : 리본 메뉴를 보이게 하거나 숨길 수 있어요.
❺ **창 조절 단추** : 엑셀 창을 작게 하거나 크게 하거나 닫을 수 있어요.
❻ **메뉴 표시줄** : 엑셀에서 사용하는 다양한 메뉴가 표시되어 있어요.
❼ **리본 메뉴** : 사용자가 알아보기 쉬운 그림으로 도구가 표시되어 있어요.
❽ **이름 상자** : 선택한 셀의 이름이 나타나요.
❾ **함수 삽입** : 수식을 쉽게 삽입할 수 있어요.
❿ **수식 표시창** : 현재 선택된 셀의 내용을 보여주어 데이터나 수식을 입력하고 수정할 수 있어요.
⓫, ⓬ **행과 열** : 엑셀의 기본 구조로 행은 숫자로, 열은 알파벳으로 표시되어 있어요.
⓭ **시트 도구** : 시트 관리를 위한 도구로, 시트를 추가·삭제하거나 이름을 변경할 수 있어요.
⓮ **화면 보기 단추** : 페이지 레이아웃 보기, 인쇄 미리 보기 등을 선택할 수 있어요.
⓯ **화면 확대/축소** : 화면의 크기를 확대하거나 축소할 수 있어요.
⓰ **워크시트** : 데이터를 입력하고 문서를 작성할 수 있어요.

 ## 셀에 데이터 입력하기

셀에 데이터를 입력해 봐요.

01 Ctrl 키를 누른 상태로 마우스 휠을 위쪽으로 밀어 화면을 확대해요.

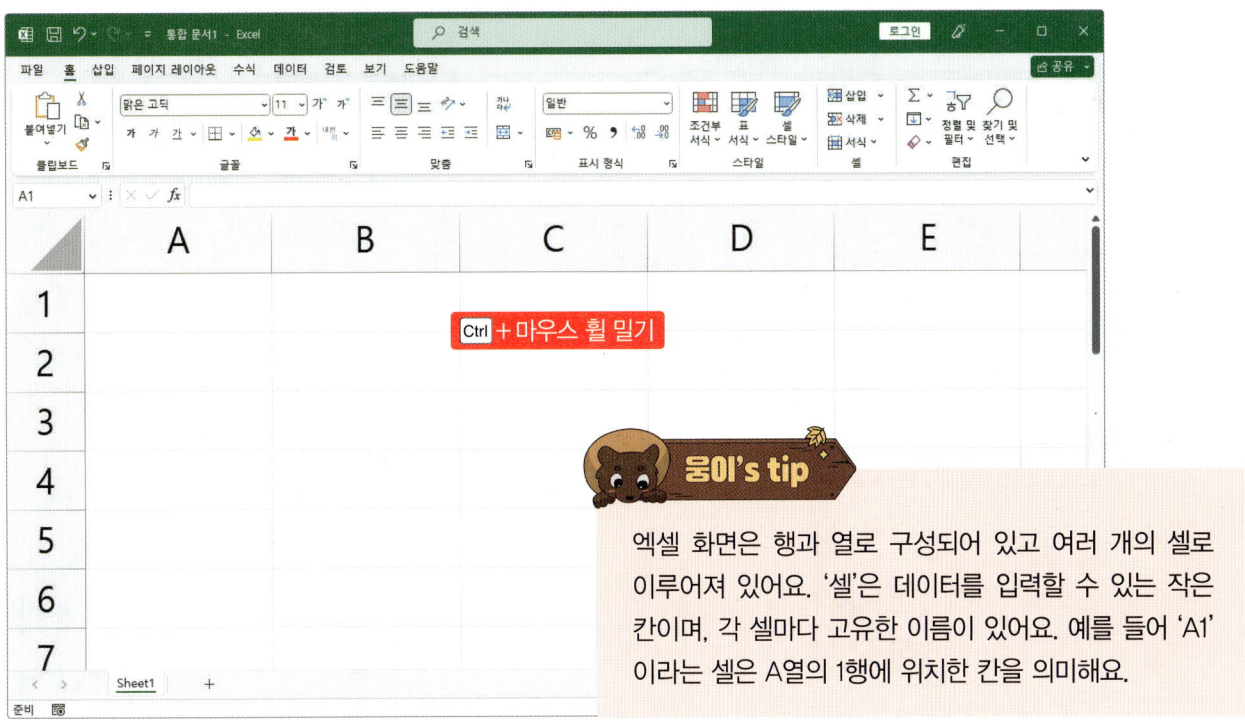

웅이's tip
엑셀 화면은 행과 열로 구성되어 있고 여러 개의 셀로 이루어져 있어요. '셀'은 데이터를 입력할 수 있는 작은 칸이며, 각 셀마다 고유한 이름이 있어요. 예를 들어 'A1'이라는 셀은 A열의 1행에 위치한 칸을 의미해요.

02 [B2] 셀을 클릭하고 "나비"를 입력한 후 Enter 키를 누르며 끝말잇기를 해요.

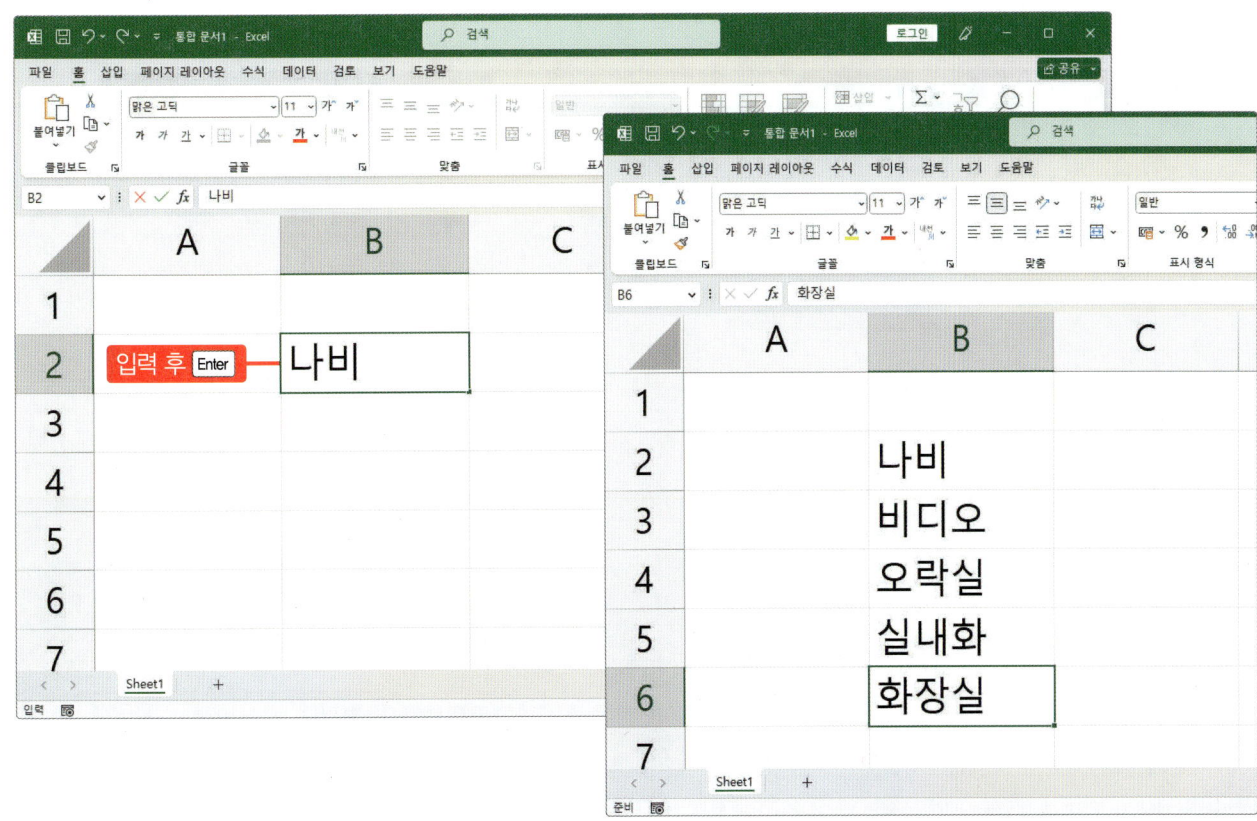

Step 01. 알록달록 시트 색상 변경하기 11

미션 03 시트 추가하고 시트 이름 변경하기

시트를 추가하고 시트 이름을 변경하여 데이터를 체계적으로 관리해 봐요.

01 화면 아래쪽 [Sheet1]을 마우스 오른쪽 버튼을 클릭하고 [이름 바꾸기]를 클릭한 후 "끝말잇기"를 입력해요.

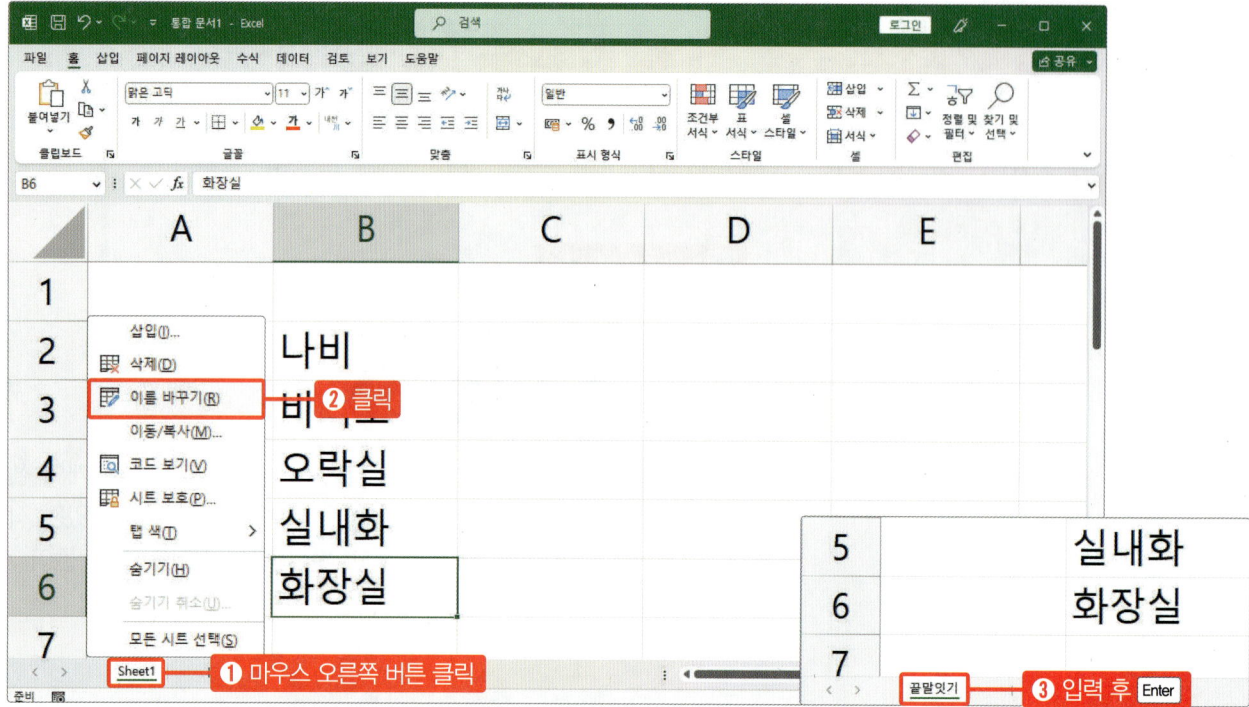

02 [새 시트(+)]를 클릭하여 3개의 시트를 추가하고 그림과 같이 시트 이름을 변경해요.

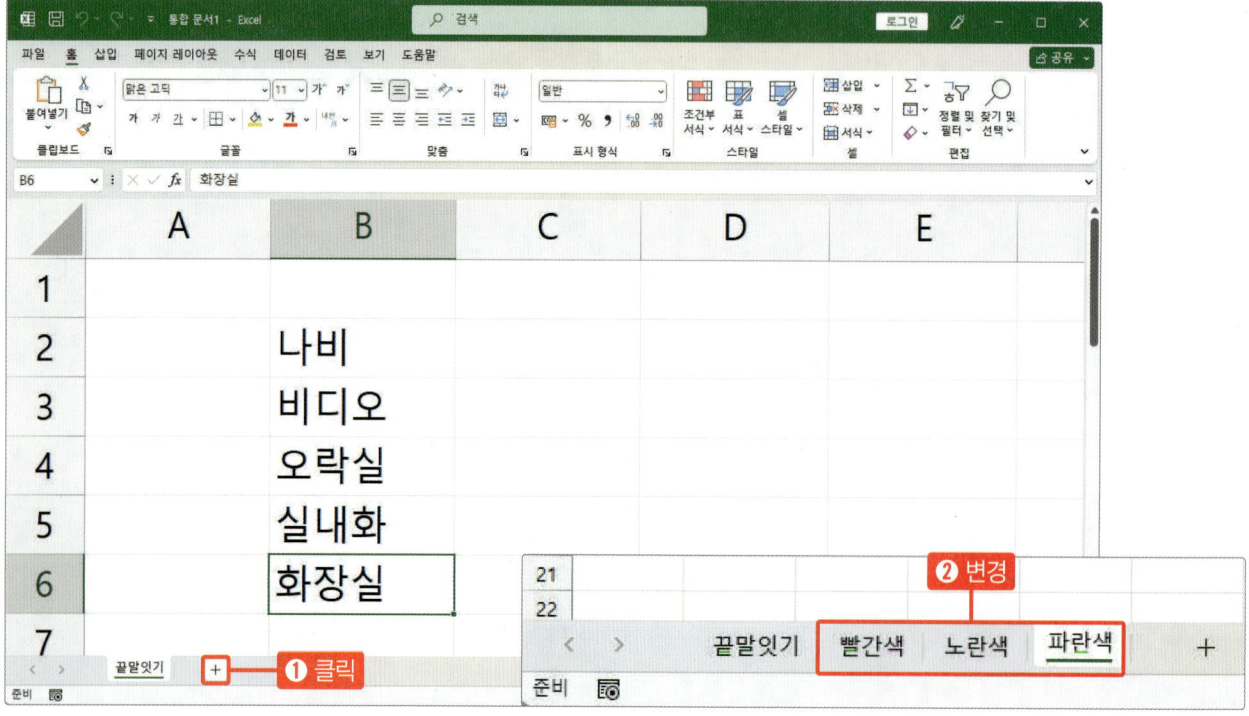

03 [빨간색] 시트를 선택하고 [셀 전체 선택(◢)]을 클릭한 후 [홈] 탭-[글꼴] 그룹-[채우기 색]을 클릭하고 '빨강'을 선택해요.

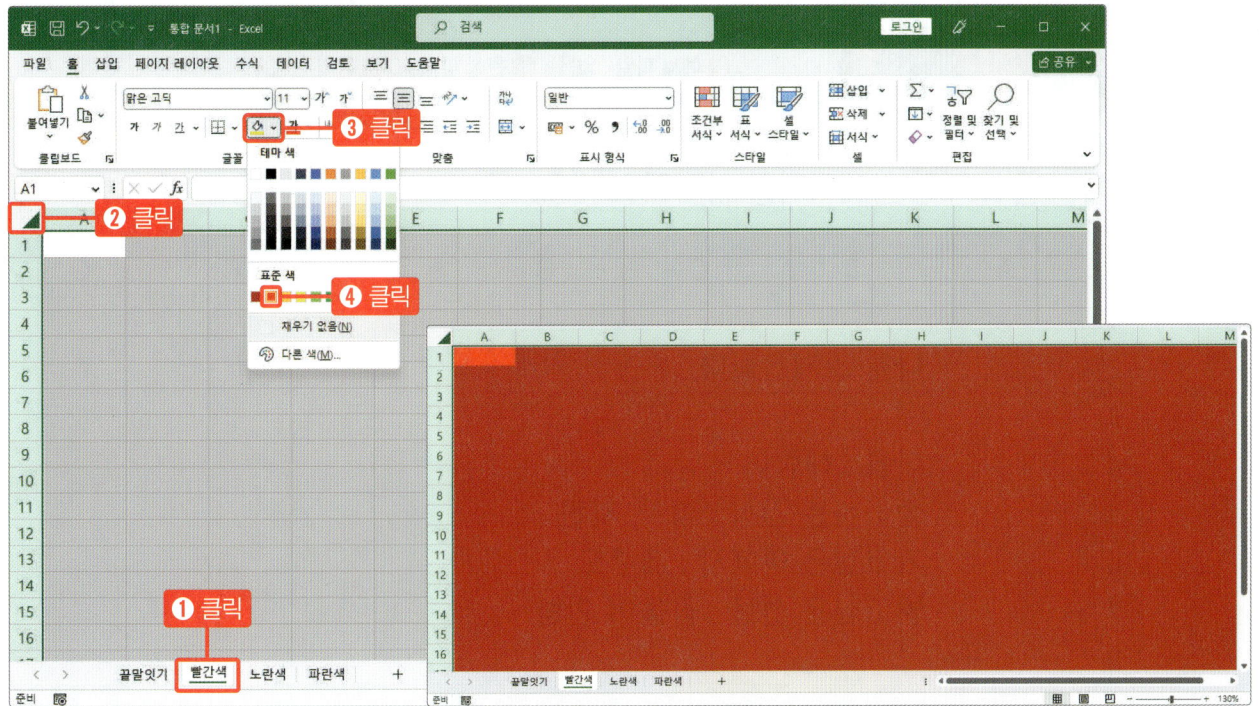

04 03과 같은 방법으로 [노란색], [파란색] 시트에 색상을 적용해요.

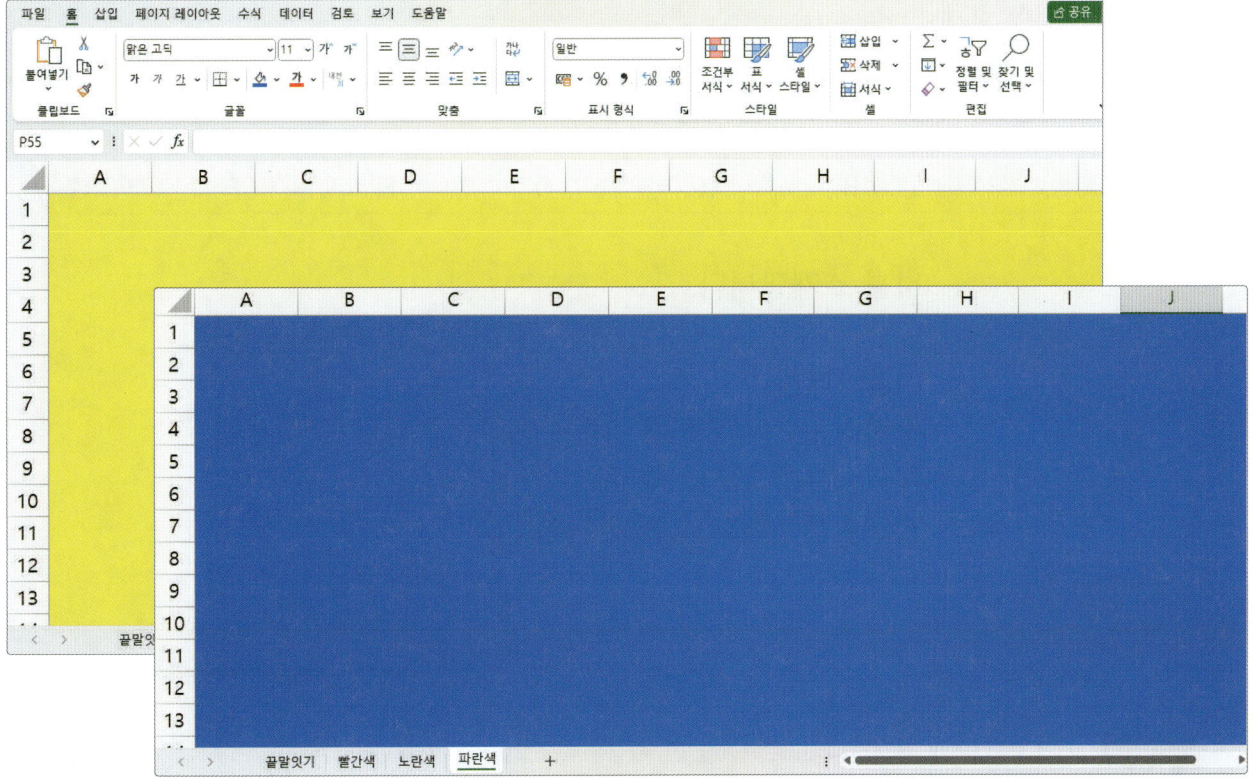

05 [파일] 탭-[다른 이름으로 저장]-[찾아보기]를 클릭하여 저장 위치와 파일 이름을 지정한 후 파일을 저장해요.

생각 쏙쏙 실력 쏙쏙

▶ 예제 파일 : 없음   ▶ 완성 파일 : 01강 창의 완성.xlsx

1 셀에 나를 소개하는 데이터를 입력해 보세요.

	A	B	C	D	E	F	G
1							
2		나를 소개합니다.					
3							
4		이름 : 해람이					
5		좋아하는 간식 : 피자, 치킨					
6		가고싶은 여행지 : 제주도					
7		받고싶은 선물 : 곰돌이 인형					
8							
9							

2 셀에 다양한 색을 적용하여 문서를 완성해 보세요.

	A	B	C	D	E	F	G
1							
2		나를 소개합니다.					
3							
4		이름 : 해람이					
5		좋아하는 간식 : 피자, 치킨					
6		가고싶은 여행지 : 제주도					
7		받고싶은 선물 : 곰돌이 인형					
8							
9							

짹짹힌트 색을 적용할 셀을 클릭하거나 드래그하여 영역을 지정한 후 색상을 적용해 보세요.

Step 02. 삐용삐용 소방차 만들기

오늘은 무엇을 배울까요?

- 셀의 너비를 조절해요.
- 셀에 색을 채워 소방차를 만들어요.

두근! AI & 예술 놀이

1. 동물과 함께 연주할 악보를 만들어요.
2. 완성된 악보를 연주해요.

엑셀 창작 놀이

● 예제 파일 : 없음　　● 완성 파일 : 02강 완성.xlsx

1. 셀의 너비를 조절해 픽셀아트 판을 만들어요.
2. 셀에 색을 채워 소방차 픽셀아트를 완성해요.

 # 두근! 악보 만들기

크롬 뮤직 랩 '리듬'을 실행하여 악보를 만들고 만든 악보를 연주해 봐요.

'02강 멀티' 파일을 더블클릭하여 실행하고 악보를 만들어 연주해 봐요.

❶ 리듬 게임 실행하기

❷ 악보의 점 클릭하여 악기 추가하기

❸ 악보 연주하기

❹ 악보 수정하기

❺ 다음 게임 실행하기

❻ 자유롭게 악보 만들고 연주하기

미션 01 셀 크기 조절하기

셀의 크기를 조절해 픽셀아트 판을 만들어 봐요.

01 엑셀 프로그램( )을 실행한 후 [홈] 탭-[새 통합 문서]를 클릭하고 [셀 전체 선택( )]을 클릭해요.

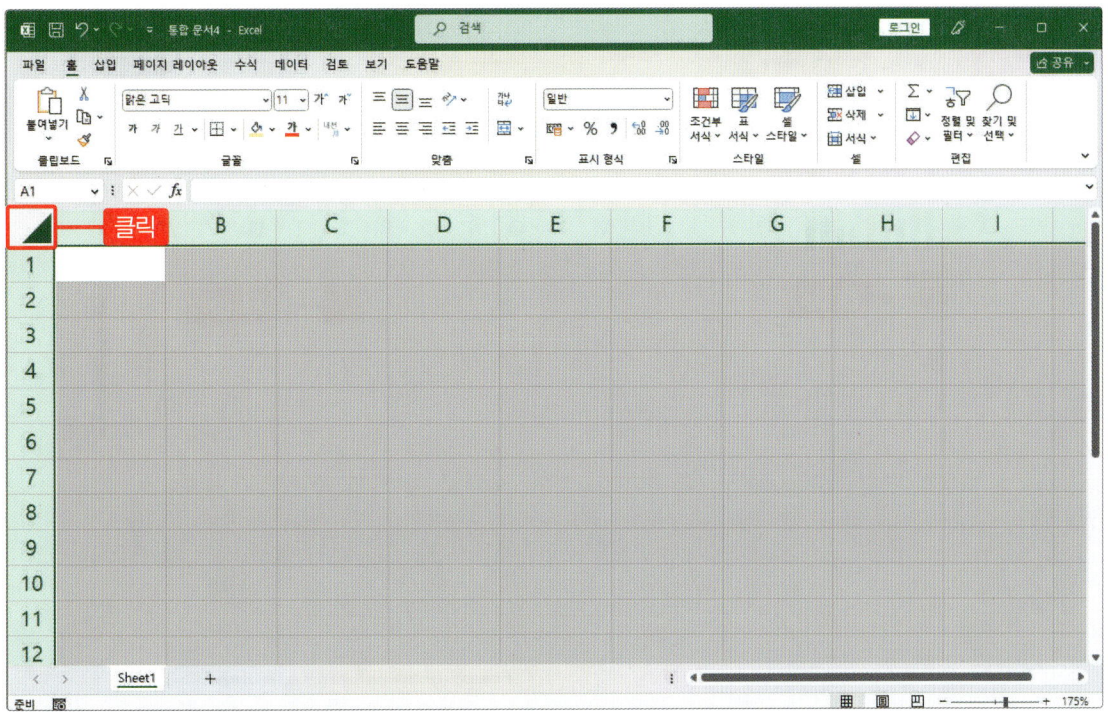

02 [A]열과 [B]열 사이에 마우스 커서를 가져다 대고 왼쪽으로 드래그하여 그림과 같이 열 너비를 조절해요.

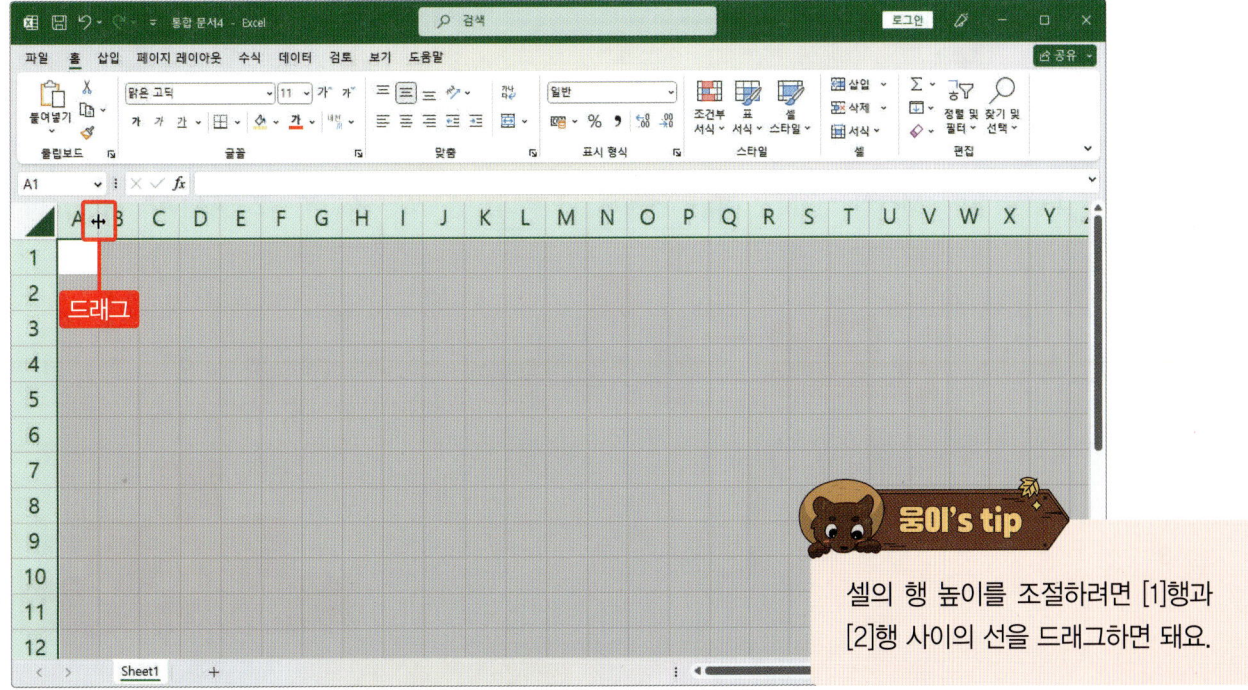

웅이's tip
셀의 행 높이를 조절하려면 [1]행과 [2]행 사이의 선을 드래그하면 돼요.

Step 02. 삐용삐용 소방차 만들기 **17**

소방차 픽셀아트 만들기

셀에 색을 채워 소방차 픽셀아트를 완성해 봐요.

01 [S2] 셀을 클릭하고 [홈] 탭-[글꼴] 그룹-[채우기 색]을 클릭하고 '빨강'을 클릭하여 색을 채워요.

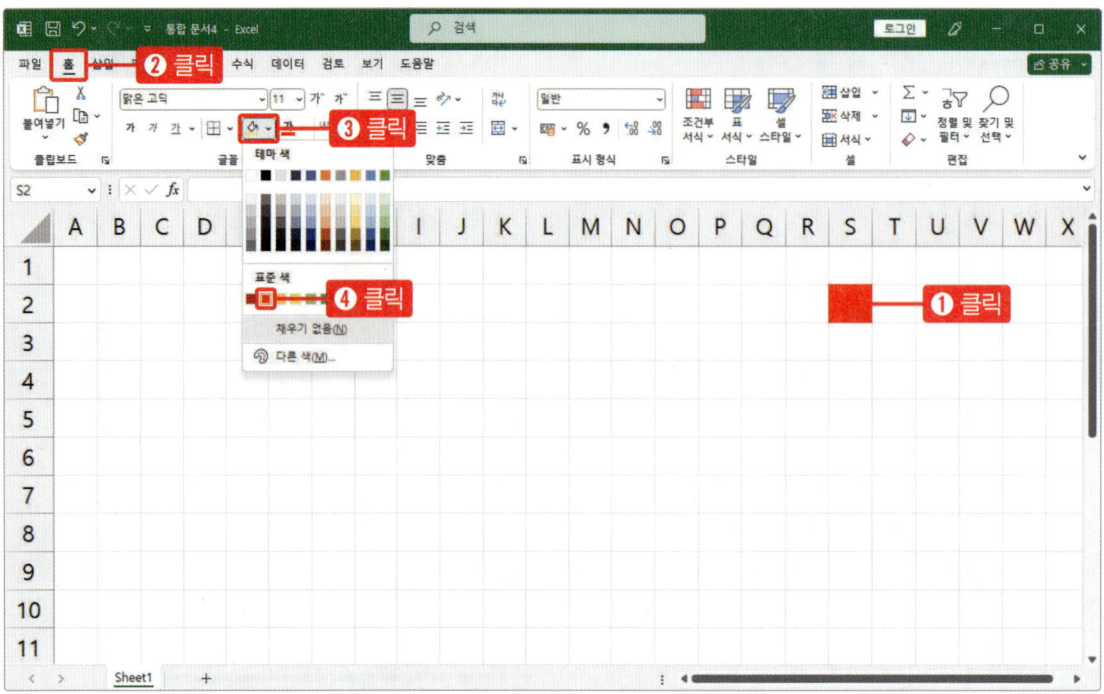

02 여러 셀에 색을 채우기 위해 [R3:T3] 셀을 드래그하여 영역 지정하고 Ctrl 키를 누른 상태로 [Q4:U4] 셀을 드래그한 후 **01**과 같은 방법으로 색을 채워요.

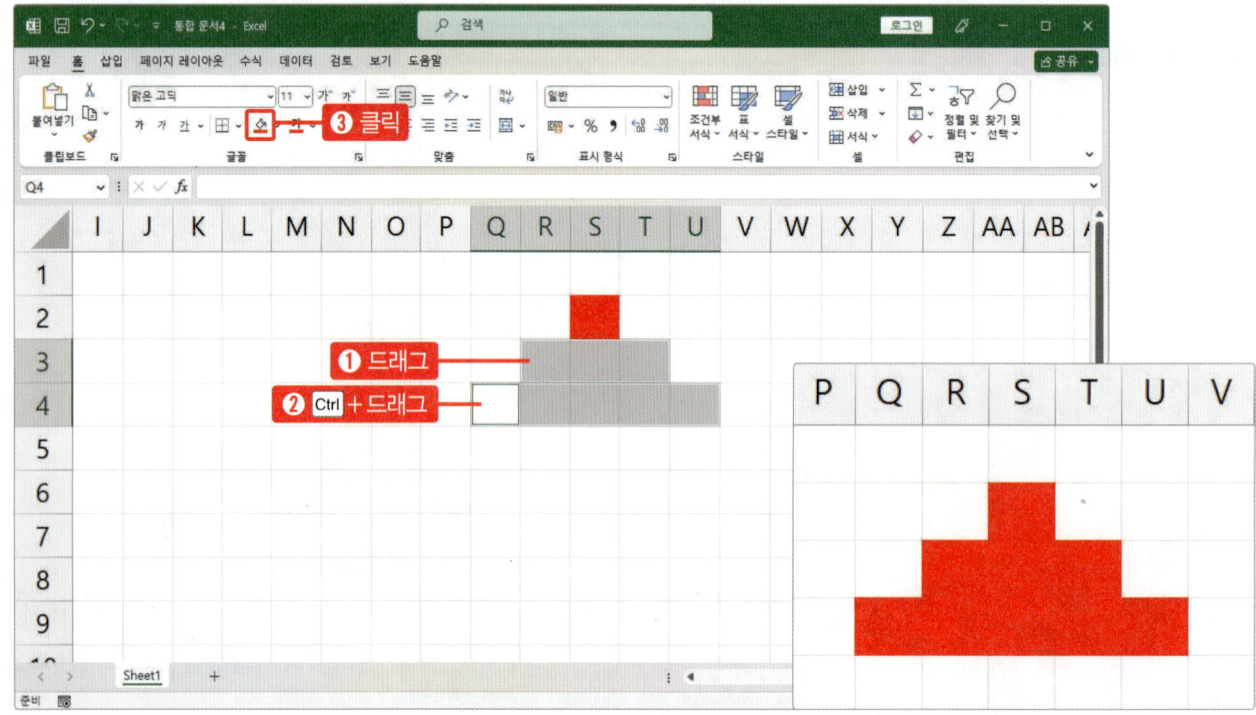

03 01~02와 같은 방법으로 셀에 색을 채워 소방차 픽셀아트를 만들어요.

's tip

Ctrl 키를 누른 상태로 마우스 휠을 위쪽, 아래쪽으로 돌려 화면 크기를 조절하며 작업해요.

04 잘못 적용된 색을 지우기 위해 Ctrl 키를 누른 상태로 색을 없앨 셀을 선택하고 [홈] 탭-[글꼴] 그룹-[채우기 색]-[채우기 없음]을 클릭해요.

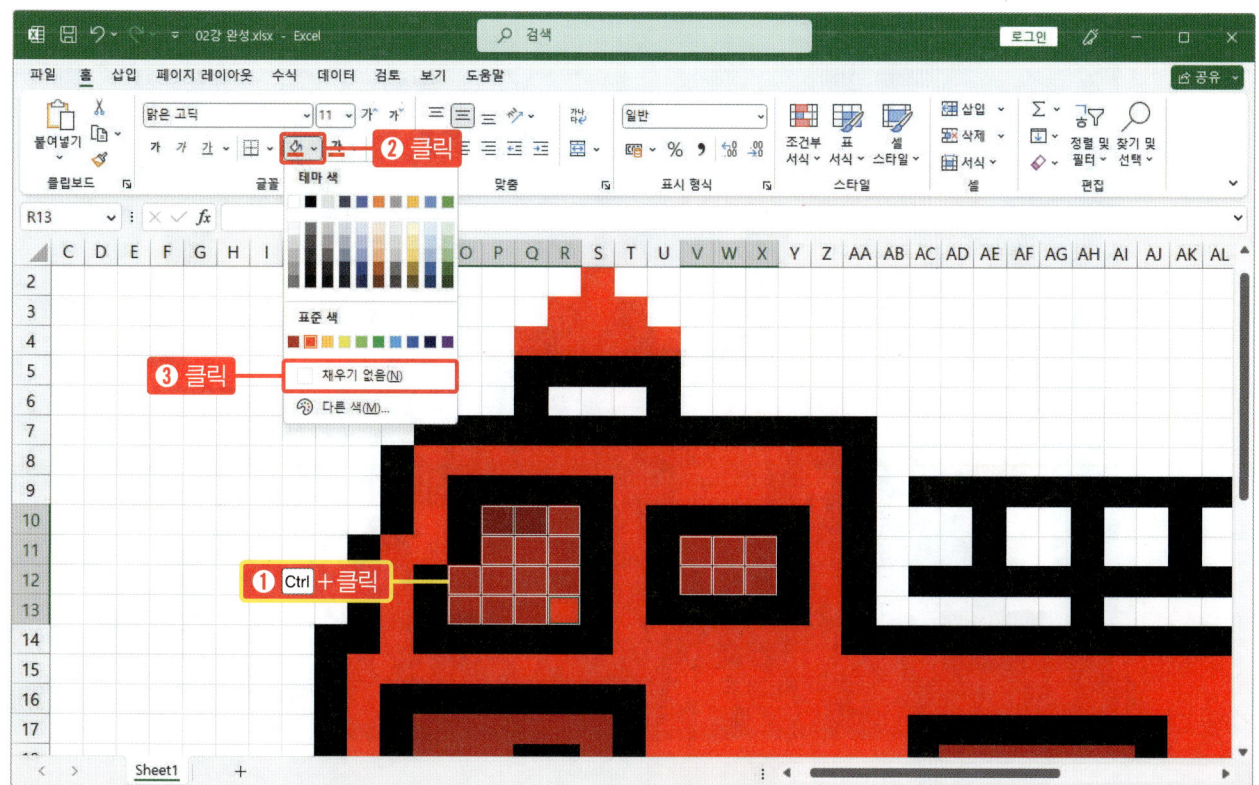

Step 02. 삐용삐용 소방차 만들기 19

생각 쏙쏙 실력 쑥쑥

▶ 예제 파일 : 없음   ▶ 완성 파일 : 02강 창의 완성.xlsx

1 새 문서를 실행하고 전체 셀의 열 너비와 행 높이를 조절해 보세요.

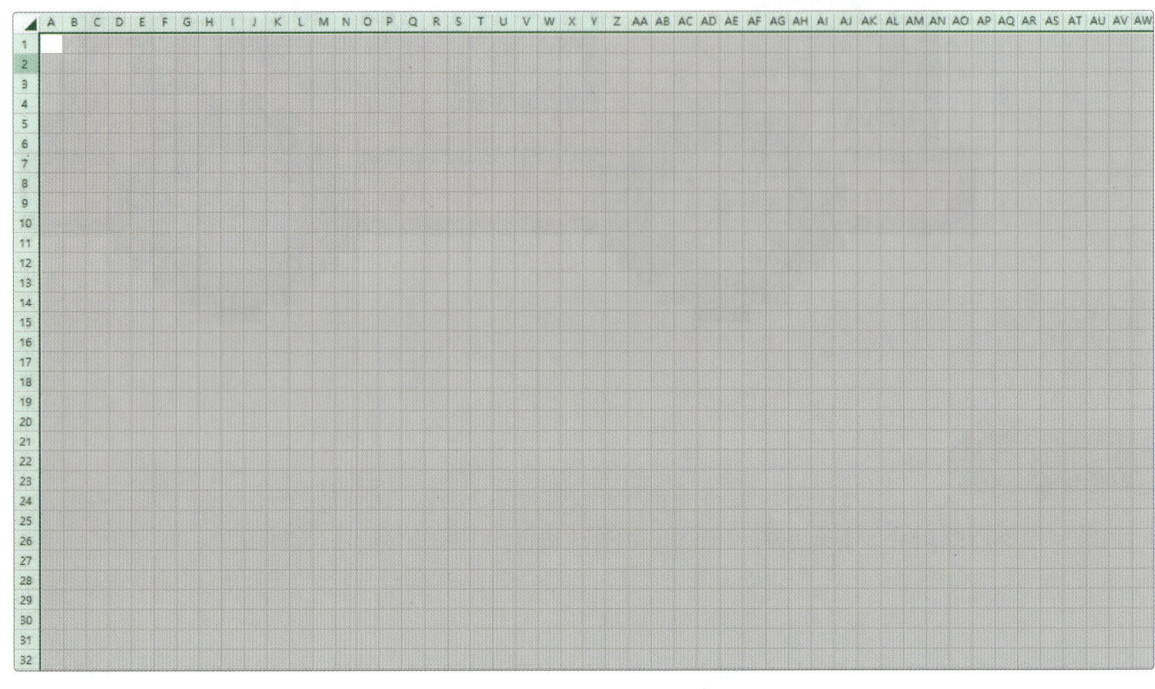

2 셀을 다양한 색으로 채워 슈퍼 마리오 픽셀아트를 완성해 보세요.

Step 03 나만의 이름 스티커 만들기

오늘은 무엇을 배울까요?

- 텍스트 상자를 삽입하고 텍스트를 입력해요.
- 텍스트 상자 서식을 지정하여 이름 스티커를 완성해요.

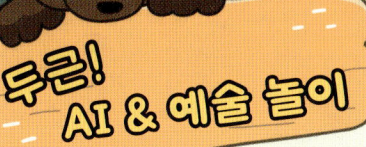
두근! AI & 예술 놀이

1. Song Maker 사이트에 접속해요.
2. 멜로디와 타악기를 선택해 음악을 작곡해요.

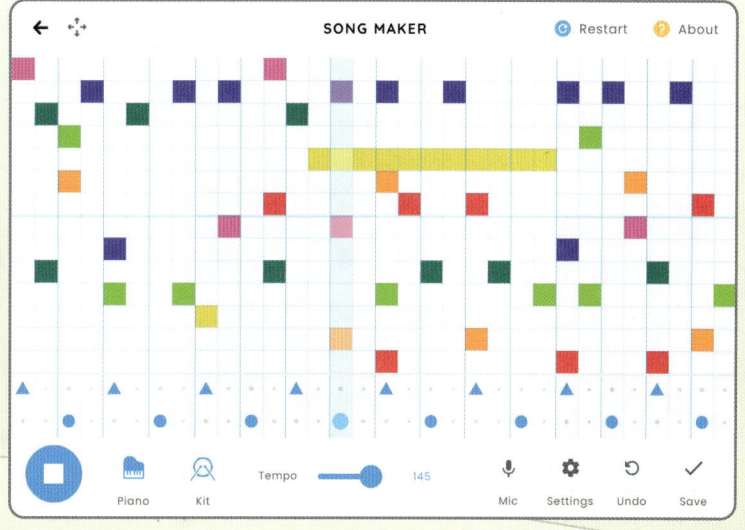

엑셀 창작 놀이

1. 텍스트 상자를 삽입하고 텍스트를 입력해요.
2. 텍스트 상자의 도형 서식을 지정해 이름 스티커를 완성해요.

● 예제 파일 : 03강 폴더   ● 완성 파일 : 03강 완성.xlsx

두근! 악보 만들기

크롬 뮤직 랩 'SONG MAKER'를 실행하여 음악을 작곡해 봐요.

'03강 멀티' 파일을 더블클릭하여 실행하고 음악을 작곡해 봐요.

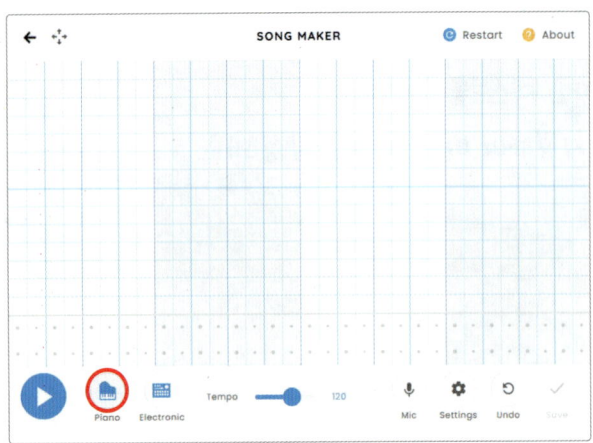

❶ 멜로디 악기 선택하기

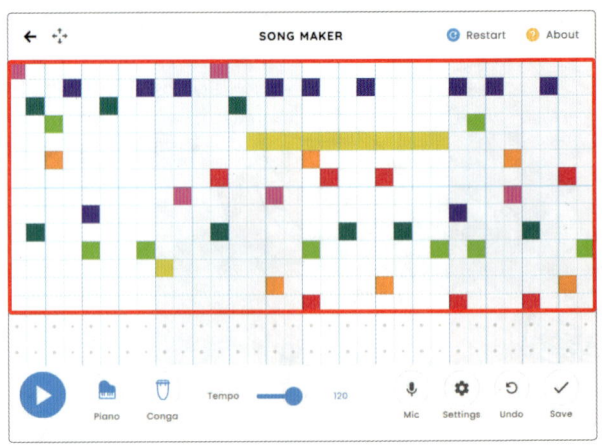

❷ 멜로디 악기 연주 공간 클릭하여 작곡하기

❸ 타악기 선택하기

❹ 타악기 연주 공간 클릭하여 작곡하기

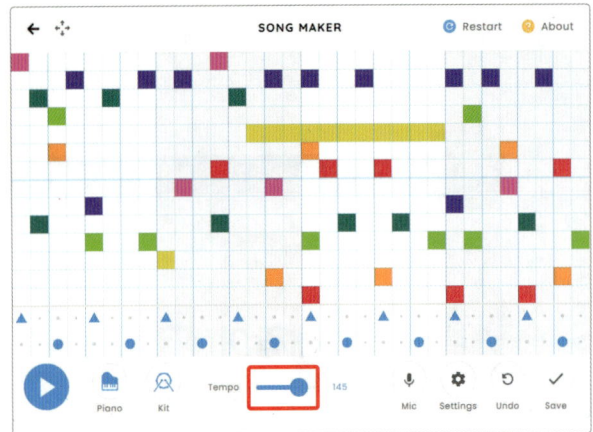

❺ 템포(빠르기) 선택하기

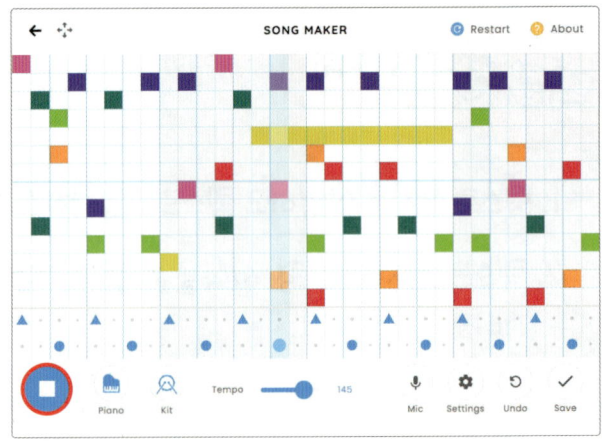

❻ 작곡한 음악 감상하기

미션 01 텍스트 상자에 텍스트 입력하기

실습 파일을 불러와 텍스트 상자를 삽입하고 텍스트를 입력해 봐요.

01 엑셀 프로그램(X)을 실행한 후 [열기] 탭-[찾아보기]를 클릭하여 '03강 예제.xlsx' 파일을 선택하고 [열기]를 클릭해요.

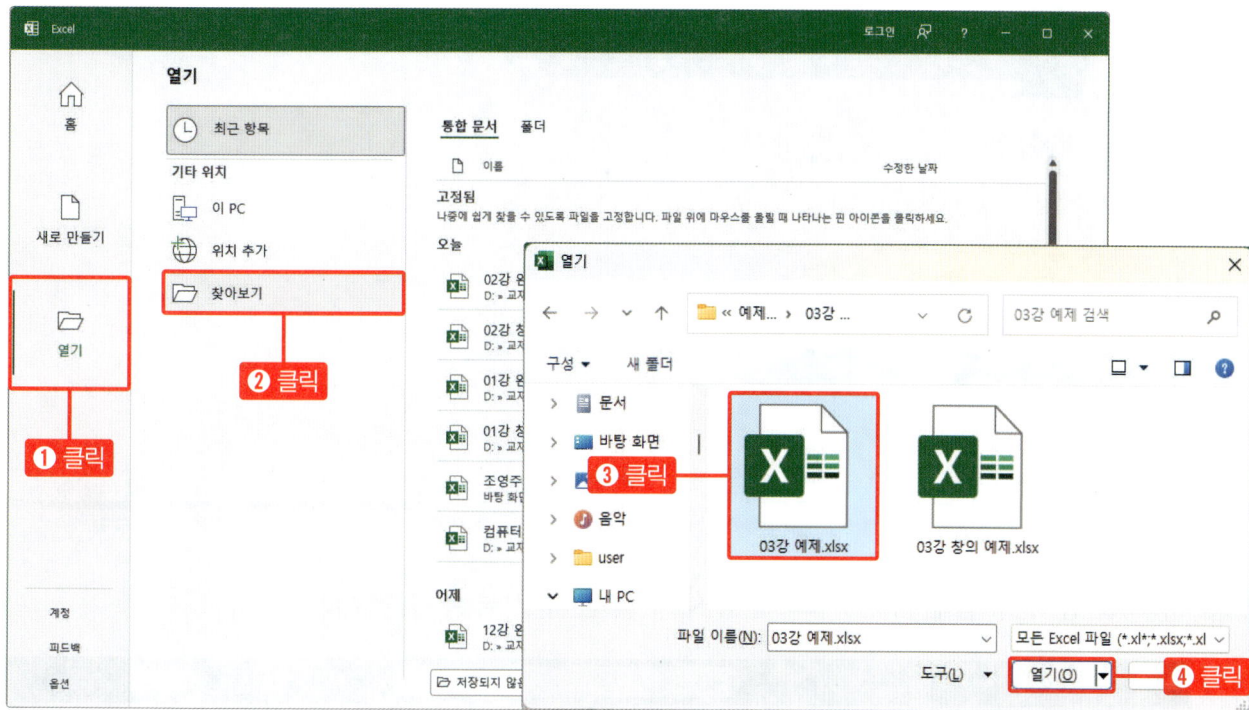

02 실습 파일이 실행되면 화면 크기를 조절하고 [삽입] 탭-[텍스트 그룹]-[텍스트 상자(가)]를 클릭해요.

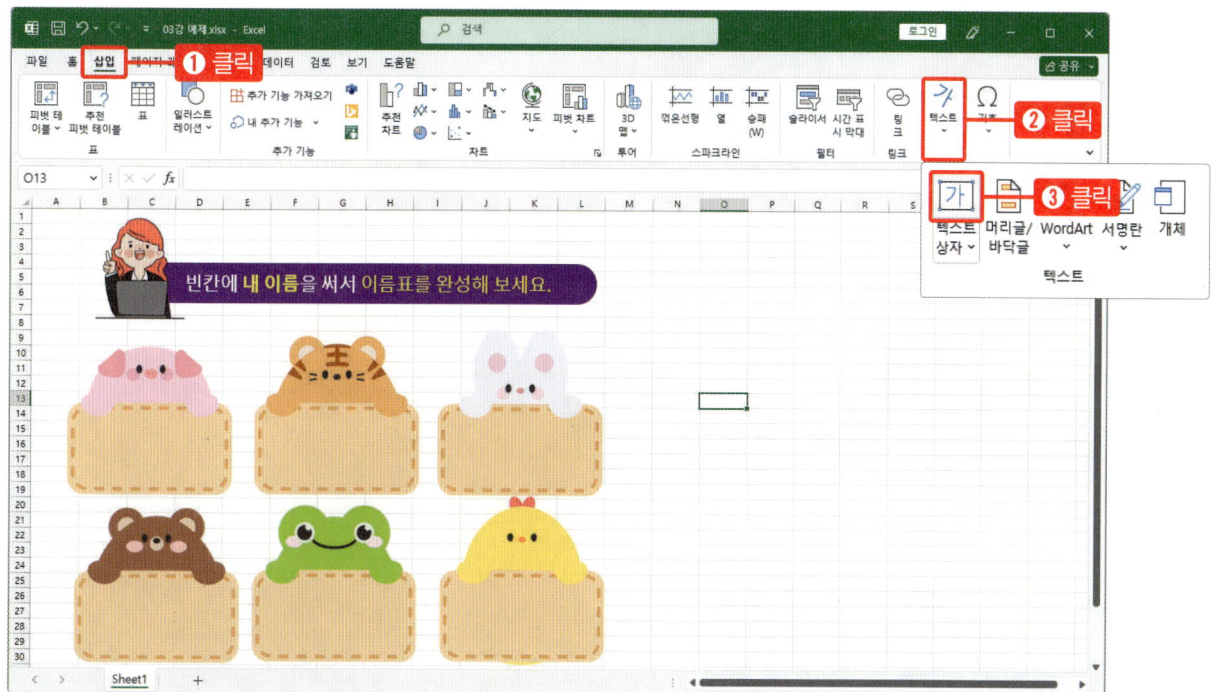

Step 03. 나만의 이름 스티커 만들기 **23**

03 마우스 포인터의 모양이 변경되면 마우스를 드래그하여 텍스트 상자를 삽입해요.

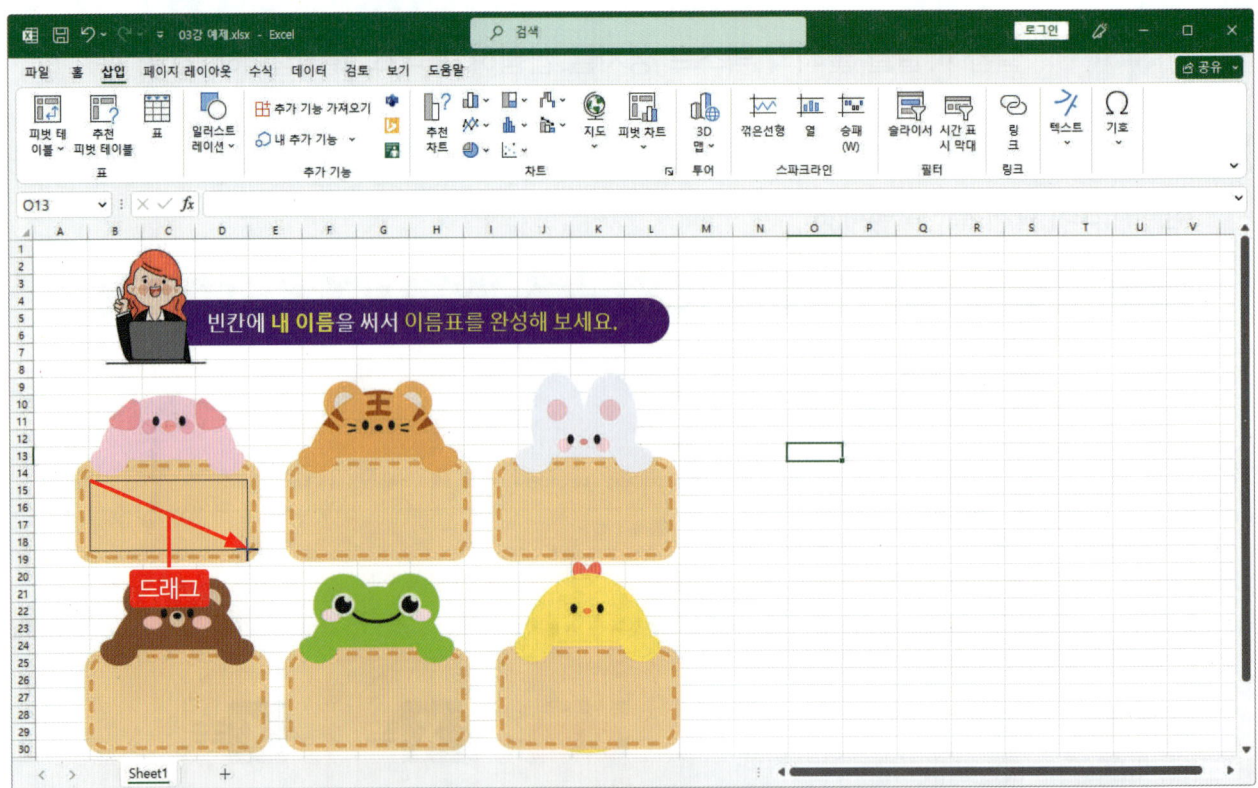

04 텍스트 상자가 삽입되면 텍스트 상자에 자신의 이름을 입력해요.

텍스트 상자 서식 지정하기

텍스트 상자의 서식을 지정해 이름 스티커를 완성해 봐요.

01 텍스트 상자를 선택하고 [도형 서식] 탭-[도형 스타일] 그룹-[도형 채우기]-[채우기 없음]을 클릭하고 [도형 윤곽선]-[윤곽선 없음]을 클릭해요.

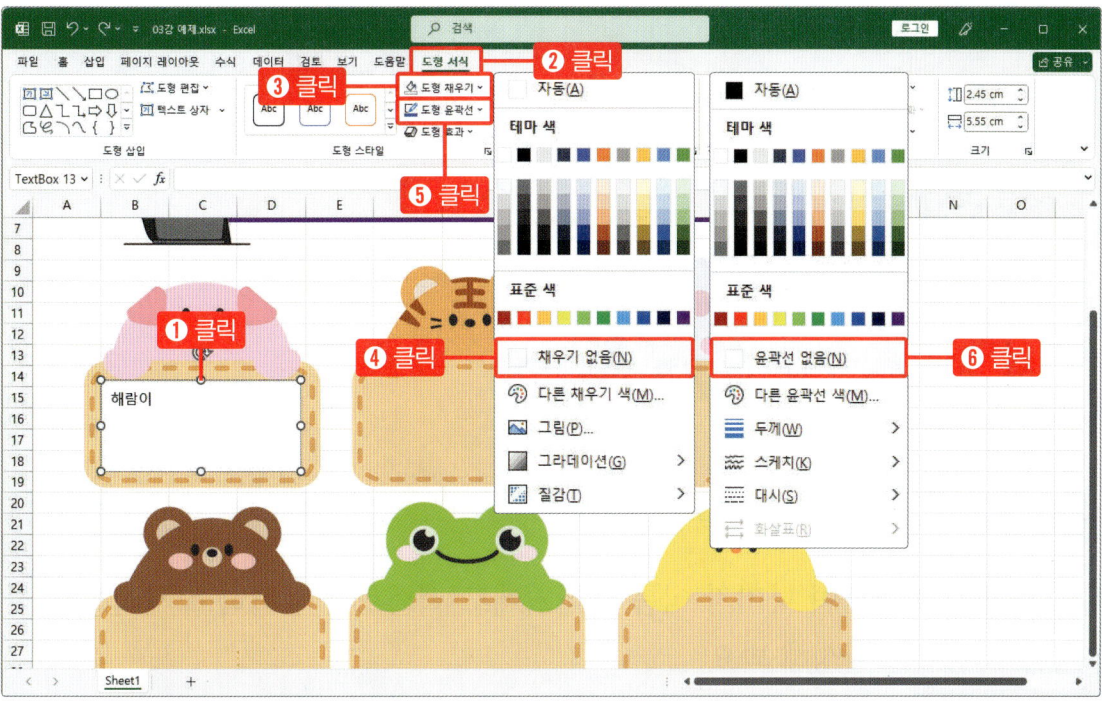

02 [홈] 탭-[글꼴] 그룹에서 글꼴 크기('40'), 글꼴 색('자주'), 글꼴 스타일('굵게')을 지정해요.

03 [홈] 탭-[맞춤] 그룹에서 세로 정렬과 가로 정렬을 모두 '가운데 맞춤(≡)'으로 지정해요.

04 앞서 배운 내용을 참고하여 나머지 이름 스티커에도 텍스트를 입력하고 서식을 지정하여 나만의 이름 스티커를 완성해 봐요.

① 실습 파일을 불러와 텍스트 상자를 삽입하여 노래 가사를 입력해 보세요.

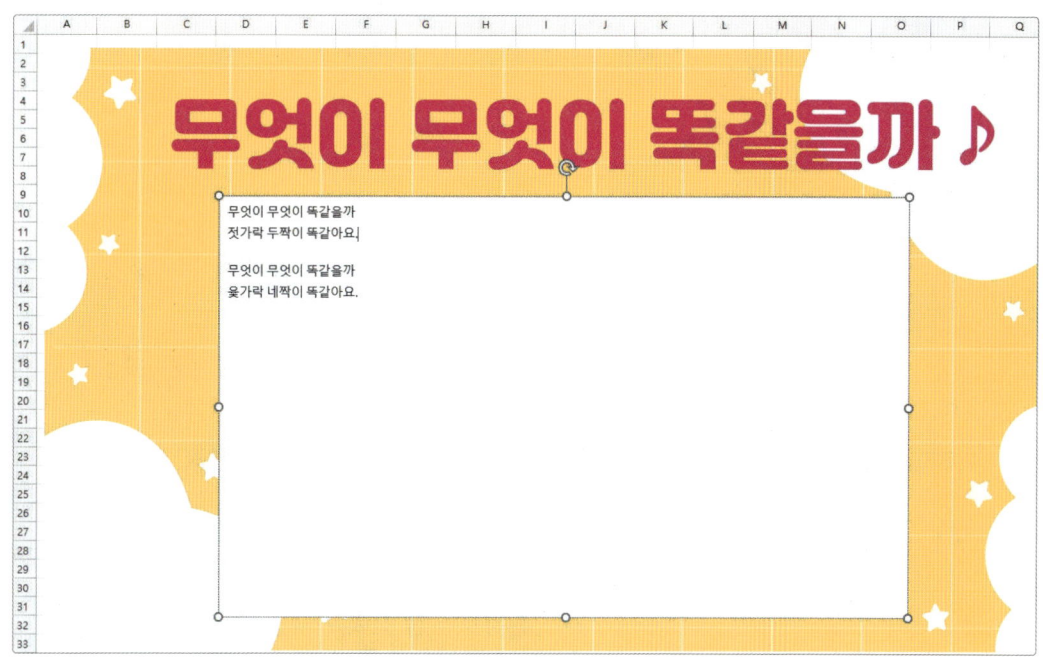

② 텍스트 상자 서식과 글꼴 서식을 지정하여 가사집을 완성해 보세요.

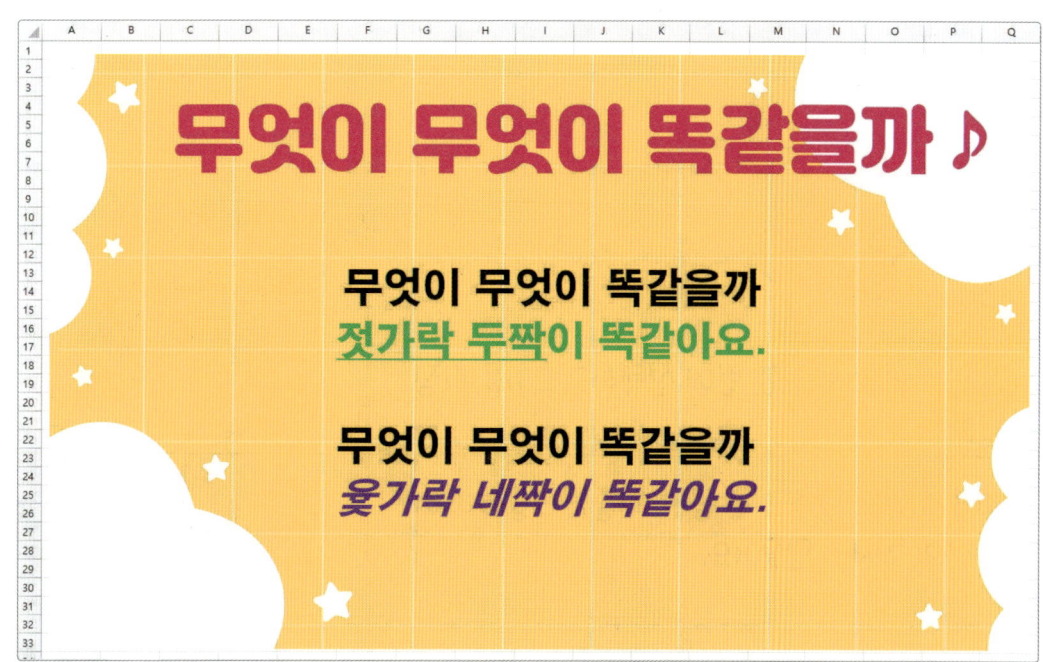

Step 04 집중력 UP! 퍼즐 맞추기

오늘은 무엇을 배울까요?

- 개체를 모두 선택하고 크기를 지정해요.
- 퍼즐 조각을 맞추고 완성한 퍼즐을 하나의 개체로 만들어요.

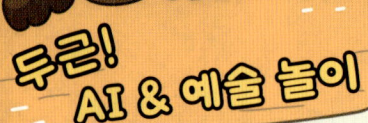

두근! AI & 예술 놀이

1. Paint With Music 사이트에 접속해요.
2. 그림을 그려 음악을 연주해요.

엑셀 창작 놀이

● 예제 파일 : 04강 폴더 ● 완성 파일 : 04강 완성.xlsx

1. 여러 개의 개체를 한 번에 선택하고 크기를 지정해요.
2. 퍼즐 조각을 맞추고 완성된 퍼즐을 그룹화하여 하나의 개체로 만들어요.

 ## 두근! 그림 그려 음악 연주하기

'Paint With Music'을 실행하고 그림을 그려 음악을 연주해 봐요.

'04강 멀티' 파일을 더블클릭하여 실행하고 음악을 작곡해 봐요.

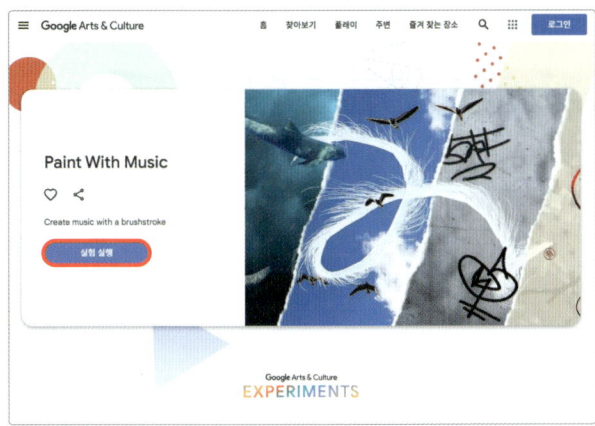

❶ [실험 실행] 클릭하기

❷ 그림을 그리고 싶은 배경 선택하기

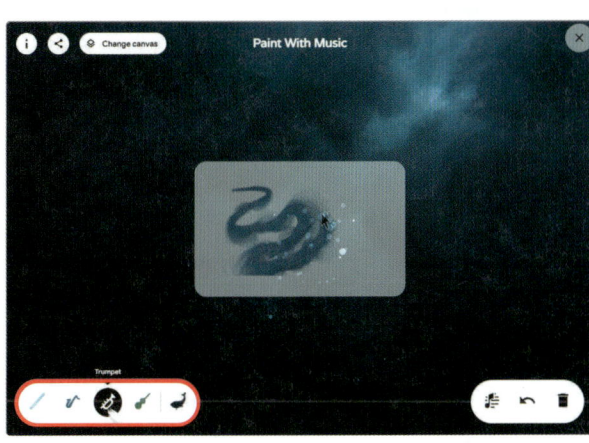

❸ 악기 선택하기

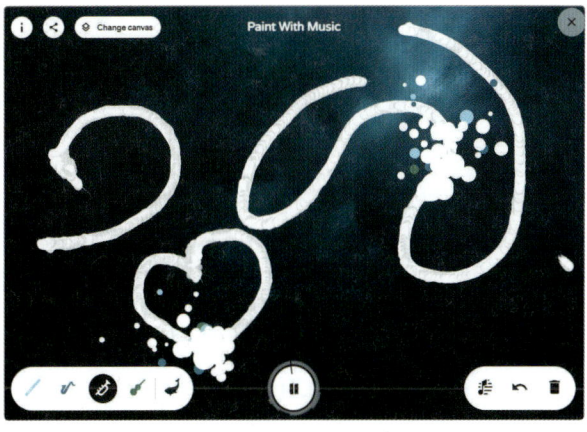

❹ 캔버스에 그림 그려 음악 감상하기

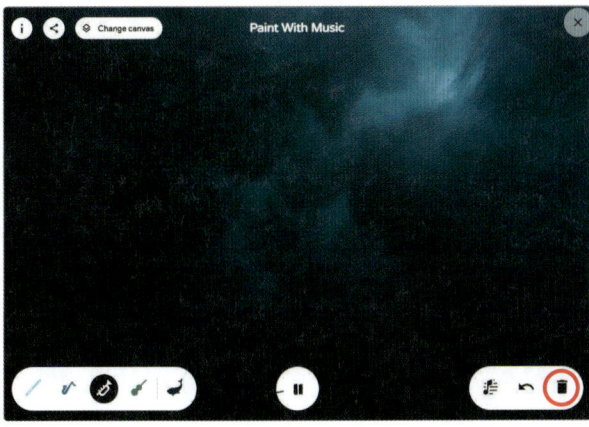

❺ 그림 삭제하기

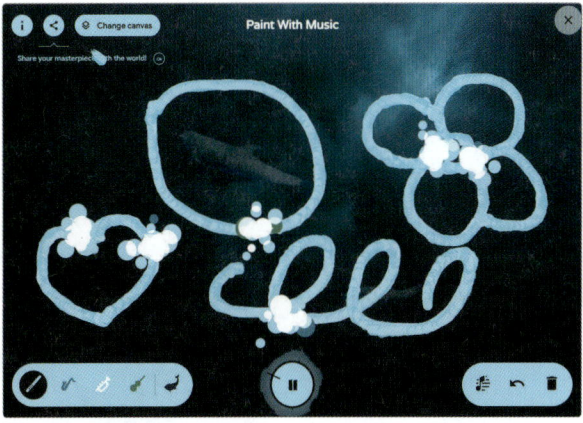

❻ 다른 악기 선택하고 캔버스에 그림 그리기

Step 04. 집중력 UP! 퍼즐 맞추기

미션 01 개체 전체 선택하고 크기 지정하기

실습 파일을 불러와 퍼즐 조각을 모두 선택하고 크기를 지정해 봐요.

01 엑셀 프로그램(X)을 실행한 후 [열기] 탭-[찾아보기]를 클릭하여 '04강 예제.xlsx' 파일을 선택하고 [열기]를 클릭해요.

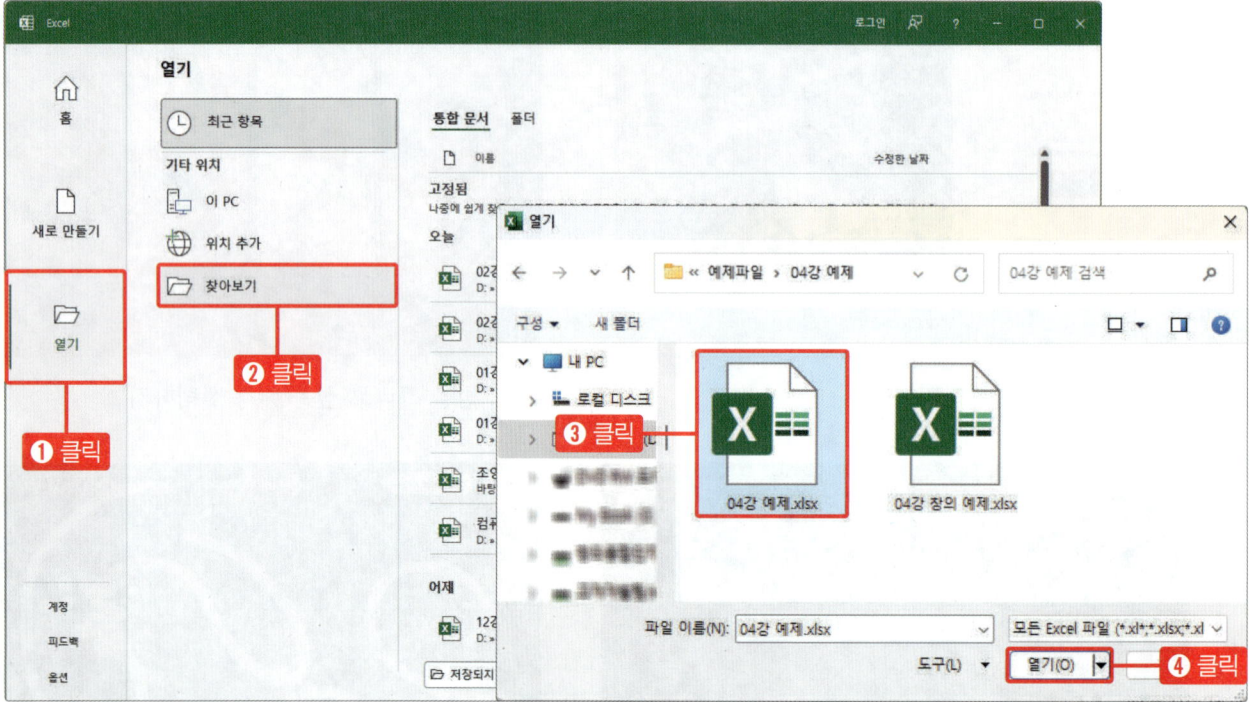

02 실습 파일이 실행되면 화면 크기를 조절하고 퍼즐 조각 중 1개를 선택한 후 Ctrl + A 키를 눌러 퍼즐 조각을 모두 선택해요.

뭉이's tip
셀을 선택한 상태에서 Ctrl + A 키를 누르면 퍼즐 조각이 아닌 셀이 전체 선택되므로 주의해야 해요.

03 퍼즐 조각이 모두 선택되면 [그림 서식] 탭-[크기] 그룹-[크기 및 속성]을 클릭해요.

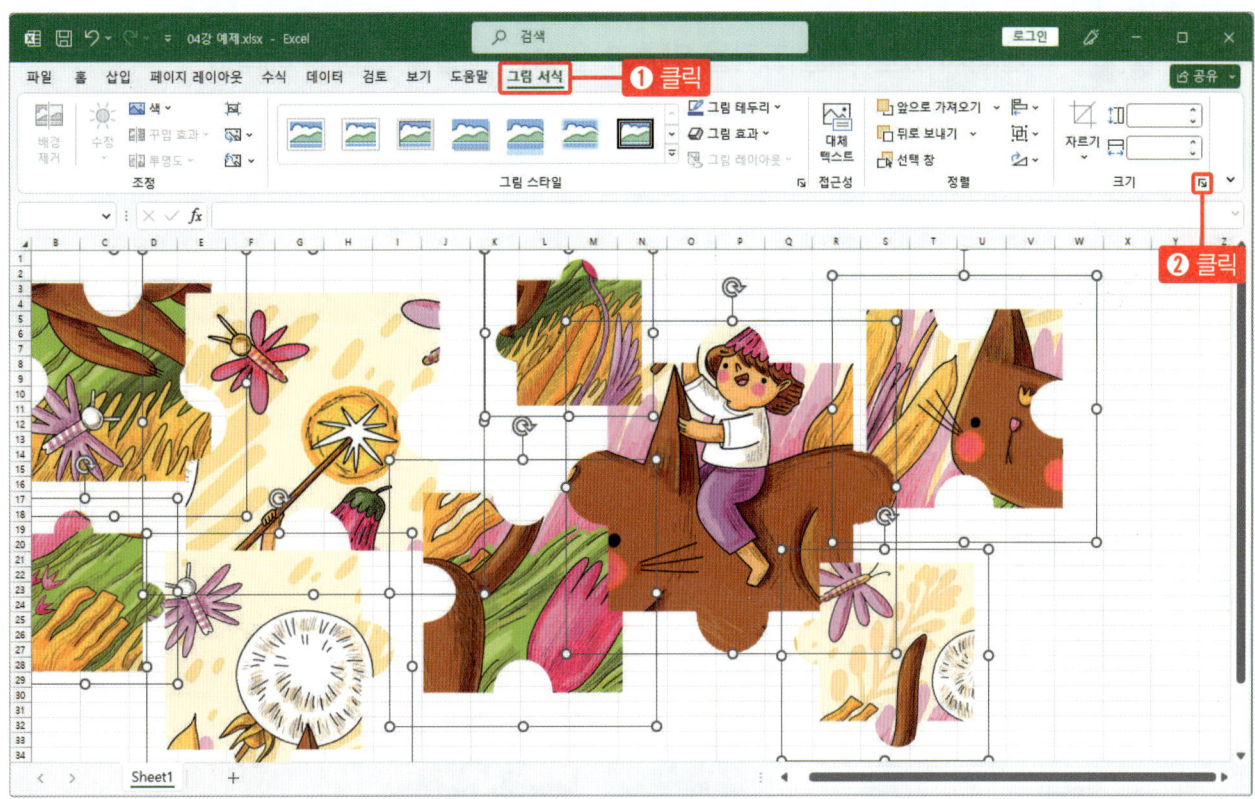

04 화면 오른쪽에 [그림 서식] 창이 나타나면 [크기 및 속성] 탭-[크기]에서 '원래 크기에 비례하여'에 체크 해제하고 높이를 '7cm'로 지정해요.

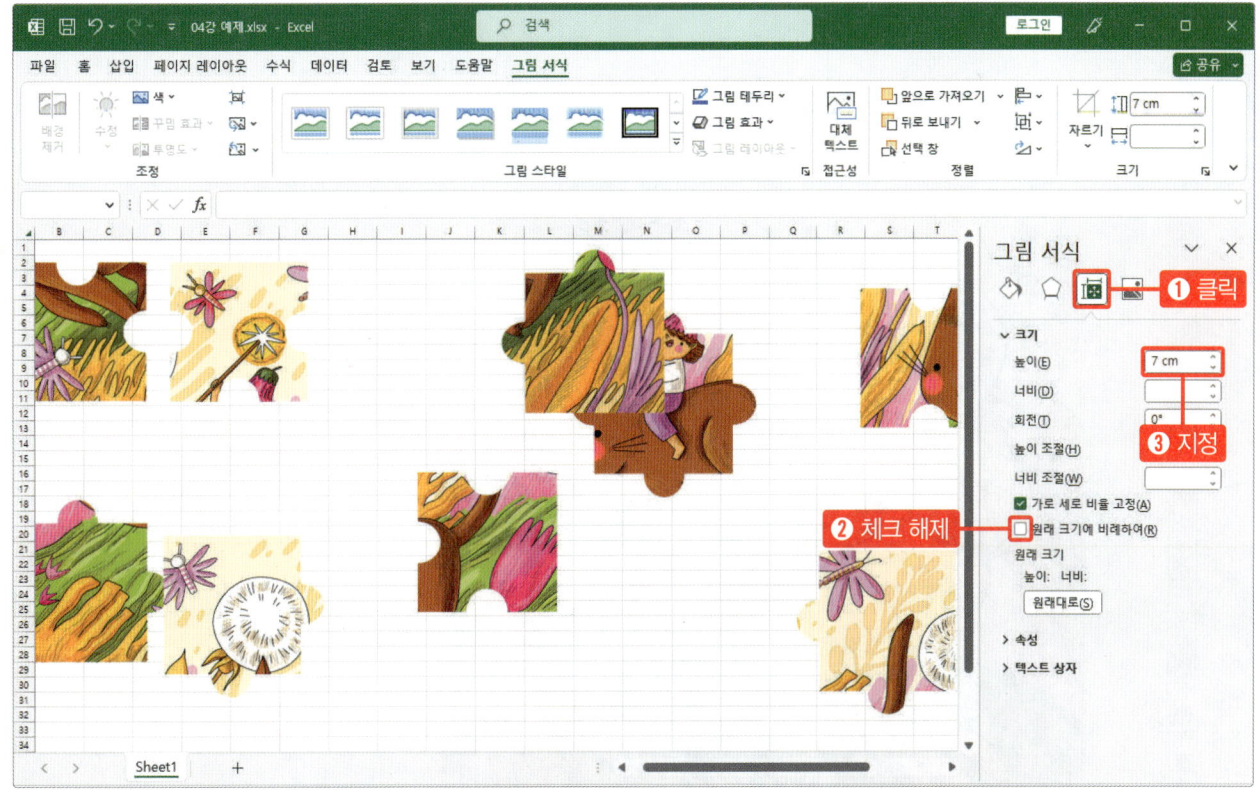

미션 02 퍼즐 조각 맞추고 그룹화하기

흩어져 있는 퍼즐 조각을 맞추고 완성된 퍼즐을 그룹화 해봐요.

01 Esc 키를 눌러 선택된 퍼즐 조각을 선택 해제하고 퍼즐 조각을 선택하고 드래그하여 이동시켜요.

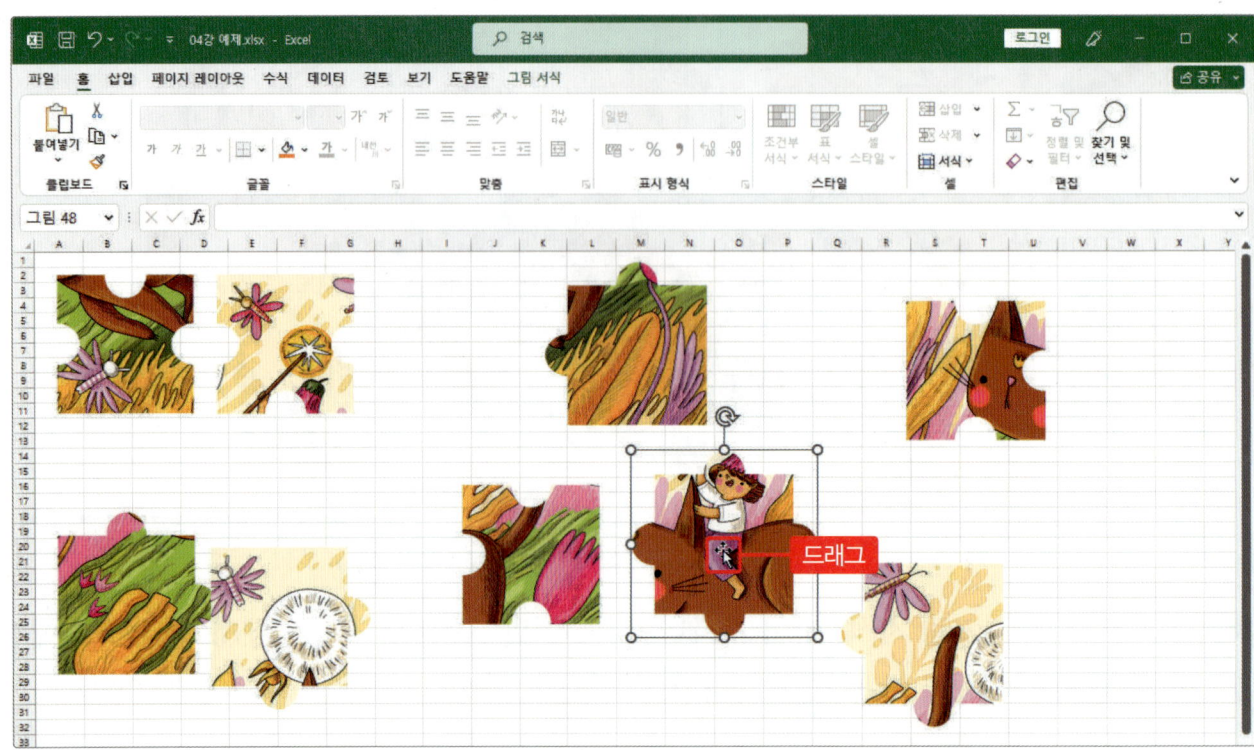

02 퍼즐 조각을 이동시켜 그림과 같이 퍼즐을 완성해요.

03 퍼즐 조각 중 1개를 선택하고 Ctrl + A 키를 눌러 퍼즐 조각을 모두 선택한 후 [그림 서식] 탭-[정렬] 그룹-[그룹화(🖼)]-[그룹]을 클릭해요.

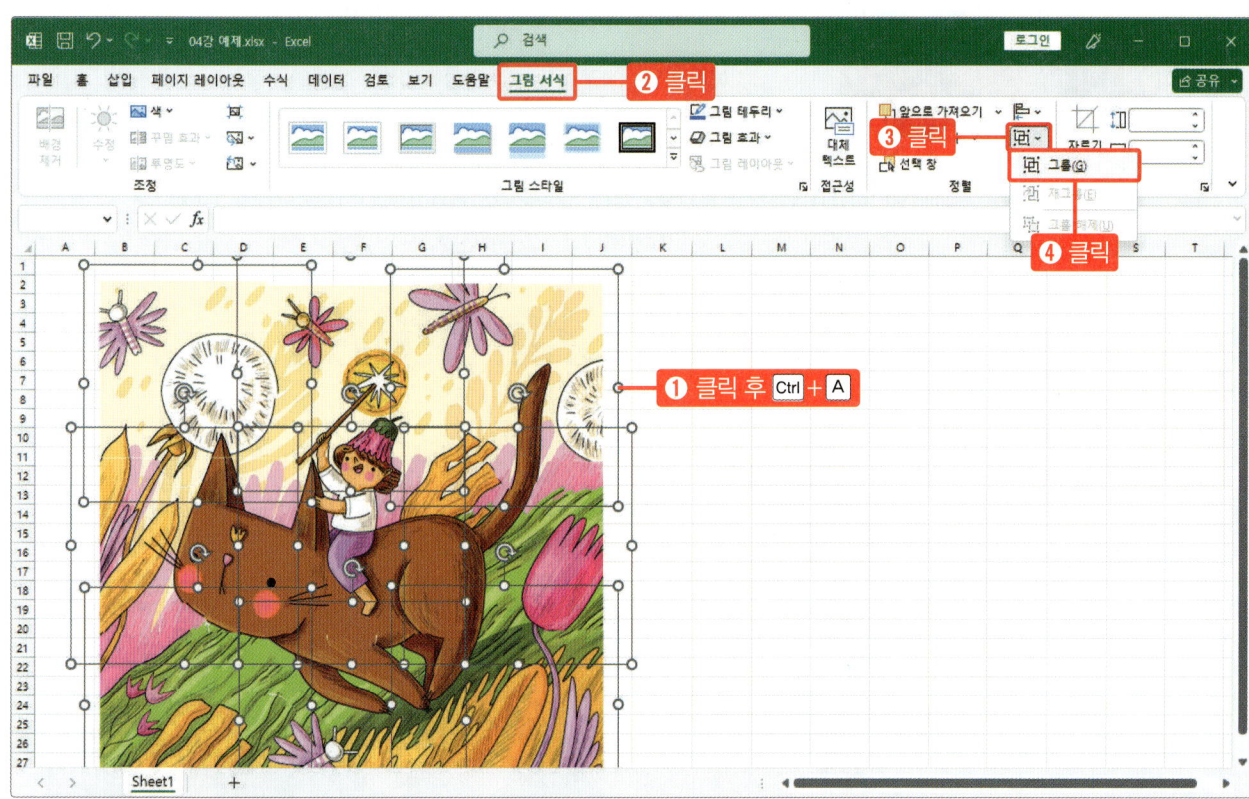

04 그룹화된 퍼즐 조각을 선택하고 [그림 서식] 탭-[그림 스타일] 그룹-[부드러운 가장자리 직사각형]을 클릭해요.

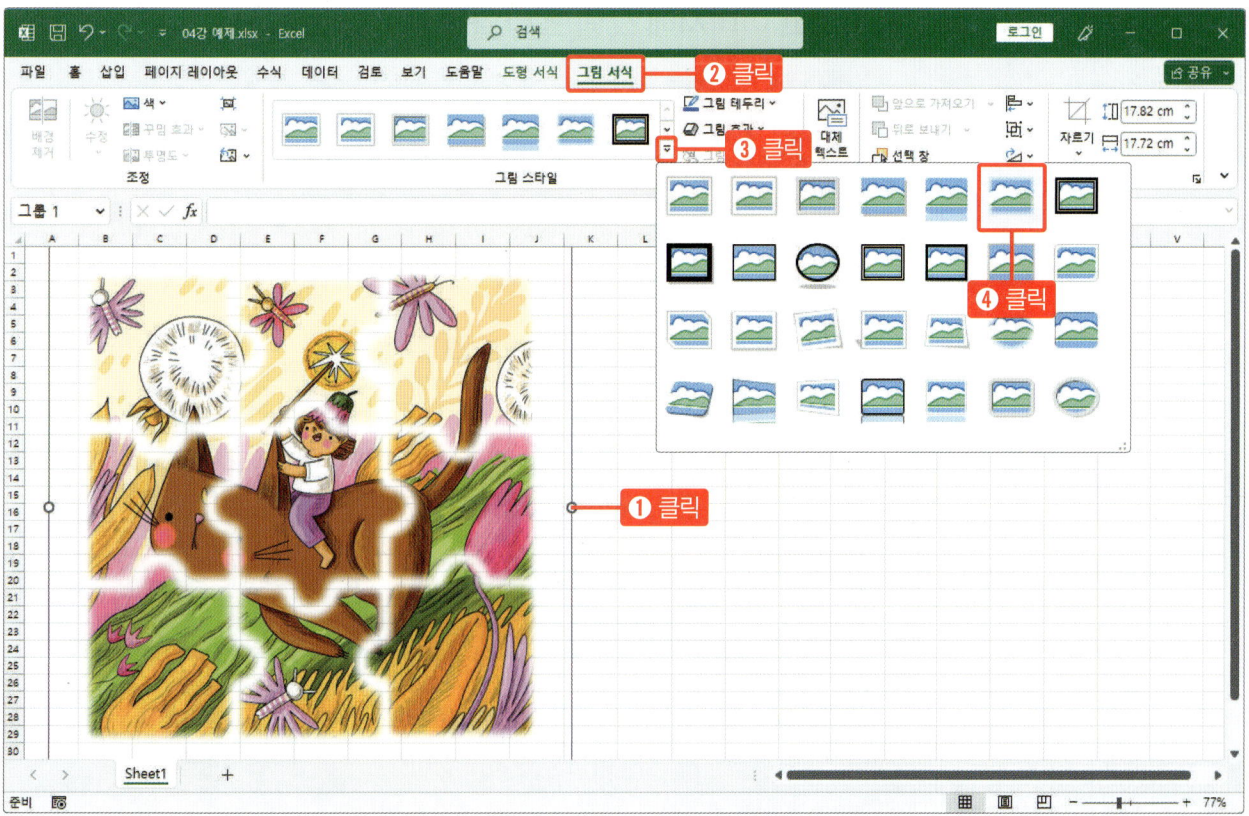

Step 04. 집중력 UP! 퍼즐 맞추기

생각 쑥쑥 실력 쑥쑥

▶ 예제 파일 : 04강 폴더   ▶ 완성 파일 : 04강 창의 완성.xlsx

1 실습 파일을 불러와 이미지의 크기와 위치를 조절하여 그림을 맞춰 보세요.

짹짹힌트 : 이미지를 선택하고 크기 조절점을 드래그하여 크기를 조절해 보세요.

2 동물 이미지를 그룹화하고 이미지에 그림 스타일을 적용해 보세요.

짹짹힌트 : '사각형 가운데 그림자' 스타일을 적용해 보세요.

Step 05 깍둑깍둑 네모 동물농장 만들기

오늘은 무엇을 배울까요?

- 도형을 삽입하고 도형에 채우기 색을 지정해요.
- 도형을 회전시키고 모양을 변경하여 동물을 완성해요.

두근! AI & 예술 놀이

1. National Gallery Mixtape 사이트에 접속해요.
2. AI가 작품을 보고 떠올려 완성한 음악을 감상해요.

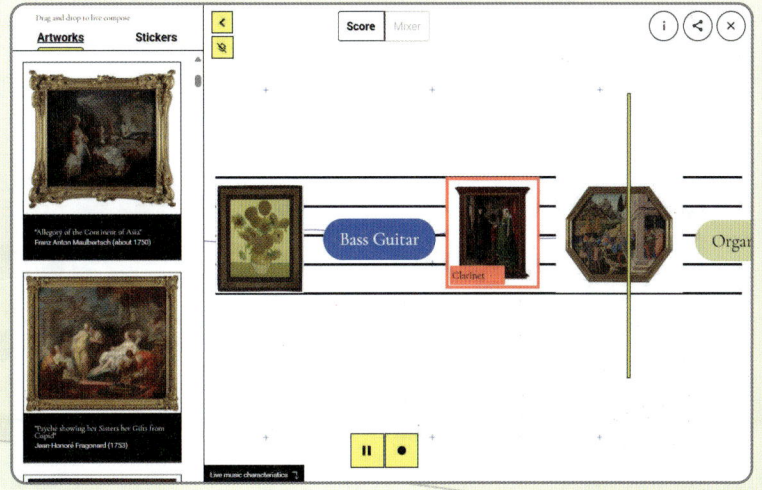

엑셀 창작 놀이

● 예제 파일 : 없음 ● 완성 파일 : 05강 완성.xlsx

1. 도형을 삽입하고 색을 채워 동물을 만들어요.
2. 도형을 회전시키고 모양을 변경하여 동물 표정을 만들어요.

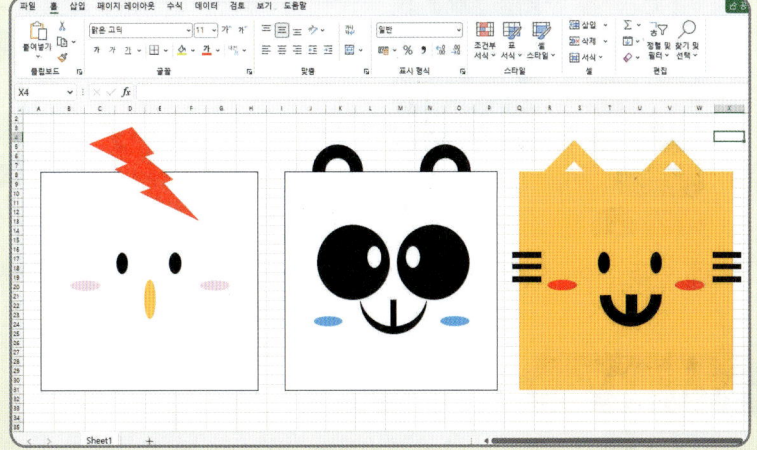

 ## 두근! 명화 활용하여 음악 작곡하기

'National Gallery Mixtape'를 실행하고 명화 작품을 활용하여 음악을 작곡해 봐요.

'05강 멀티' 파일을 더블클릭하여 실행하고 명화 작품을 이용하여 음악을 작곡해 봐요.

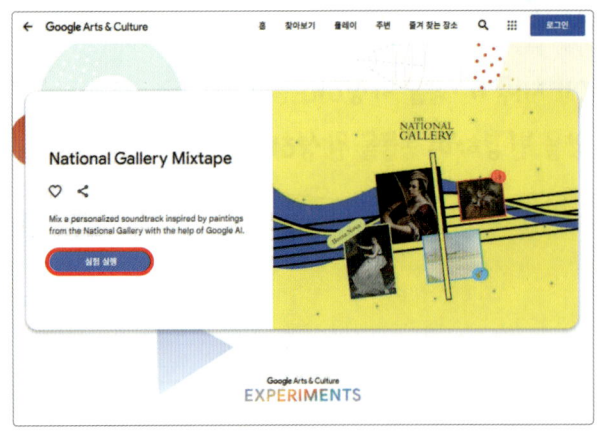

❶ [실험 실행] 클릭하기   ❷ [START] 클릭하기

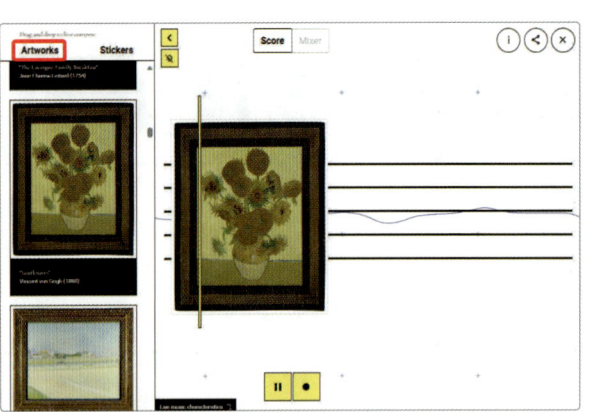 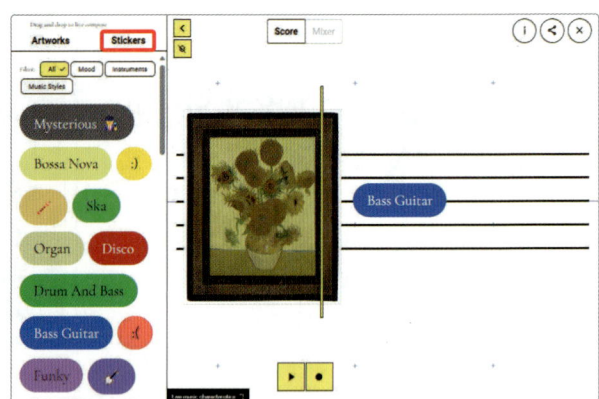

❸ [Artworks]에서 작품 드래그하여 음악 감상하기   ❹ [Sticker]에서 원하는 단어 드래그하기

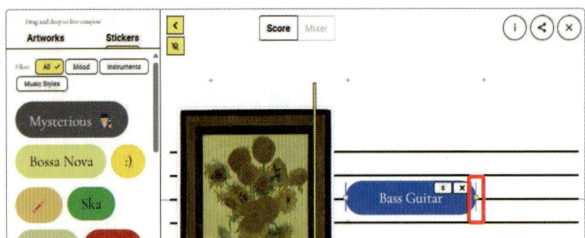 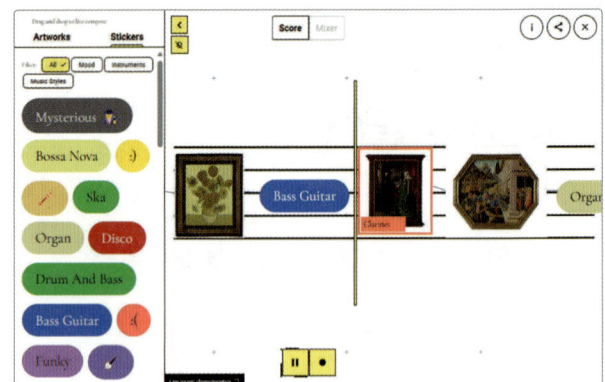

❺ 연주 길이 조절하기   ❻ ❸~❺와 같은 방법으로 악보 완성하기

National Gallery Mixtape는 Google AI의 도움을 받아 국립 미술관의 그림을 음악으로 표현해 주는 서비스예요.

미션 01 도형 삽입하여 동물 만들기

도형을 삽입하고 도형에 색을 채워 동물 얼굴을 만들어 봐요.

01 엑셀 프로그램(🟩)을 실행한 후 [홈] 탭-[새 통합 문서]를 클릭하여 새 문서를 실행하고 [삽입] 탭-[일러스트레이션] 그룹-[도형(🔵)]-[직사각형(▭)] 도형을 클릭해요.

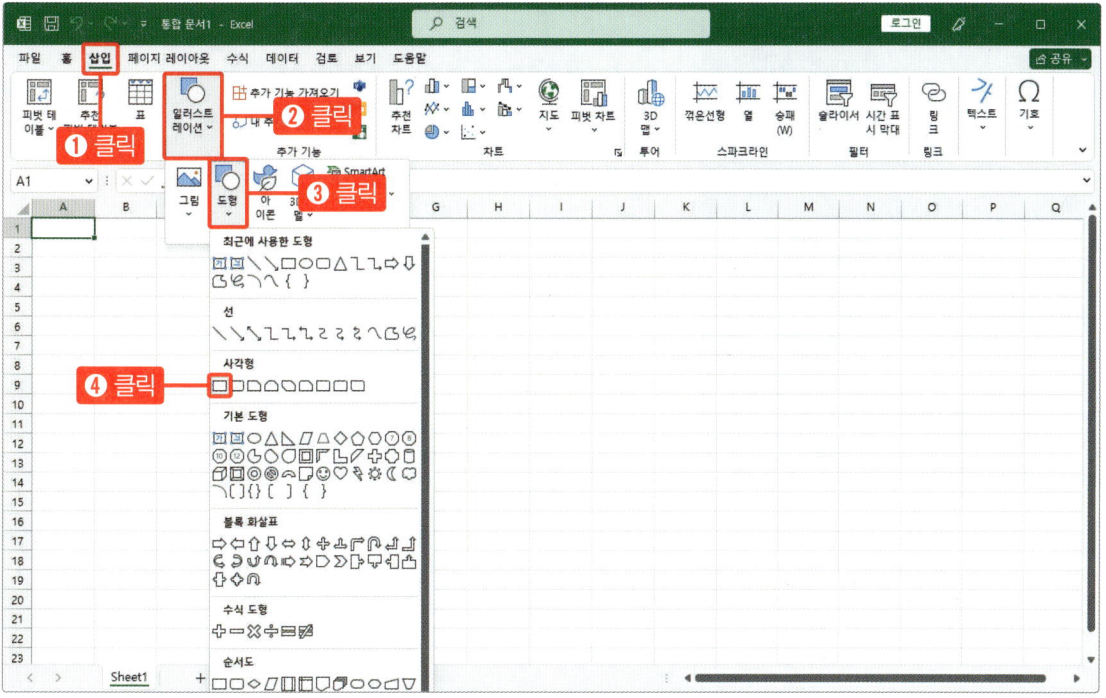

02 마우스를 드래그하여 그림과 같이 '직사각형' 도형을 삽입해요.

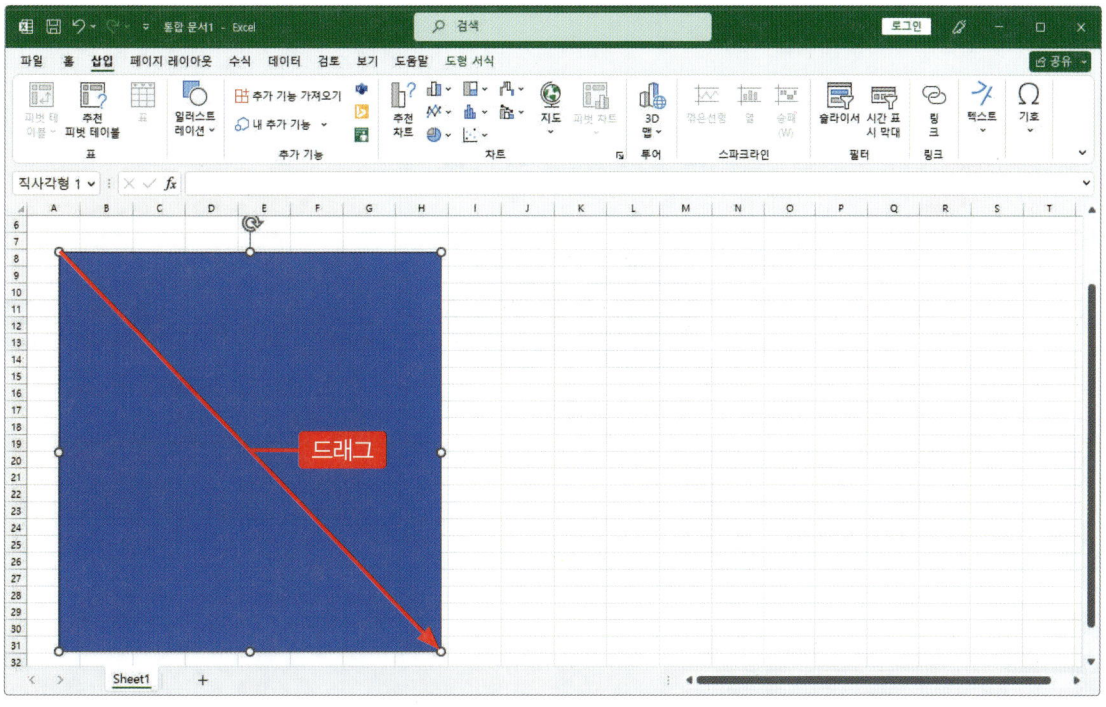

Step 05. 깍둑깍둑 네모 동물농장 만들기 37

03 '직사각형' 도형을 선택하고 [도형 서식] 탭-[도형 스타일] 그룹-[도형 채우기]-[흰색, 배경 1]을 클릭하고 [도형 윤곽선]-[검정, 텍스트 1]을 클릭해요.

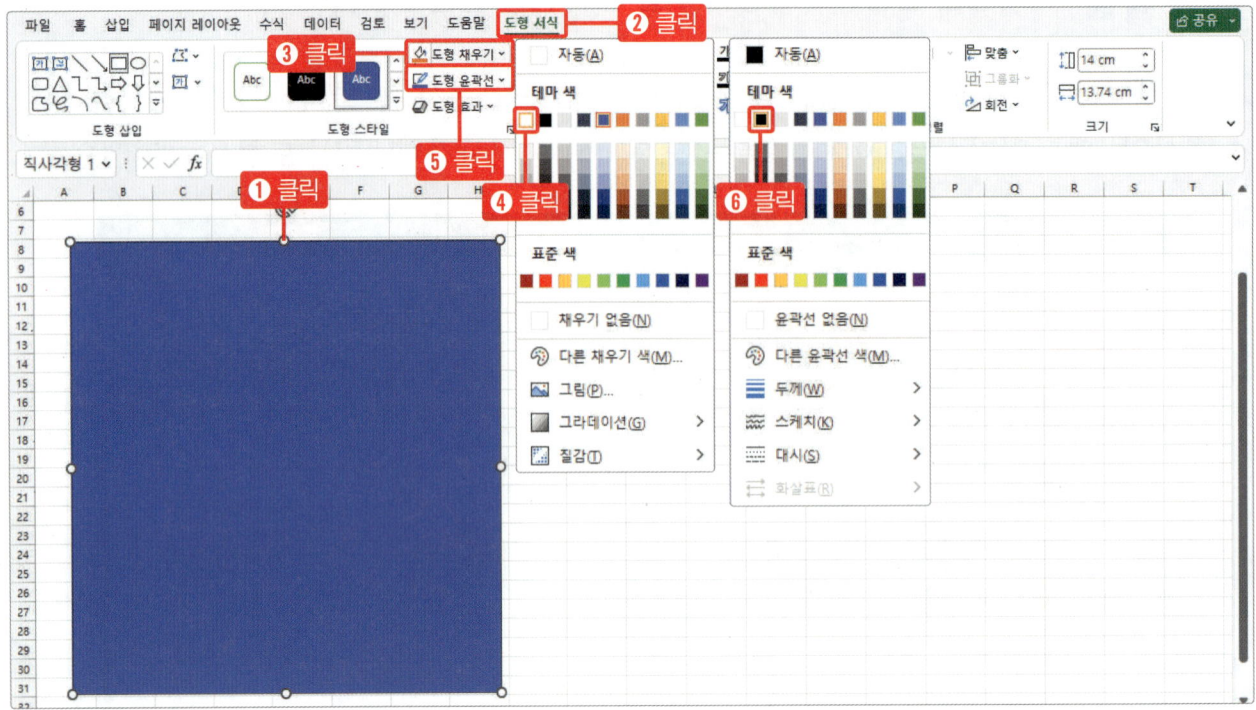

04 '직사각형', '타원', '번개', '막힌 원호' 도형을 삽입하고 도형 채우기와 도형 윤곽선을 지정하여 그림과 같이 동물 얼굴을 만들어요.

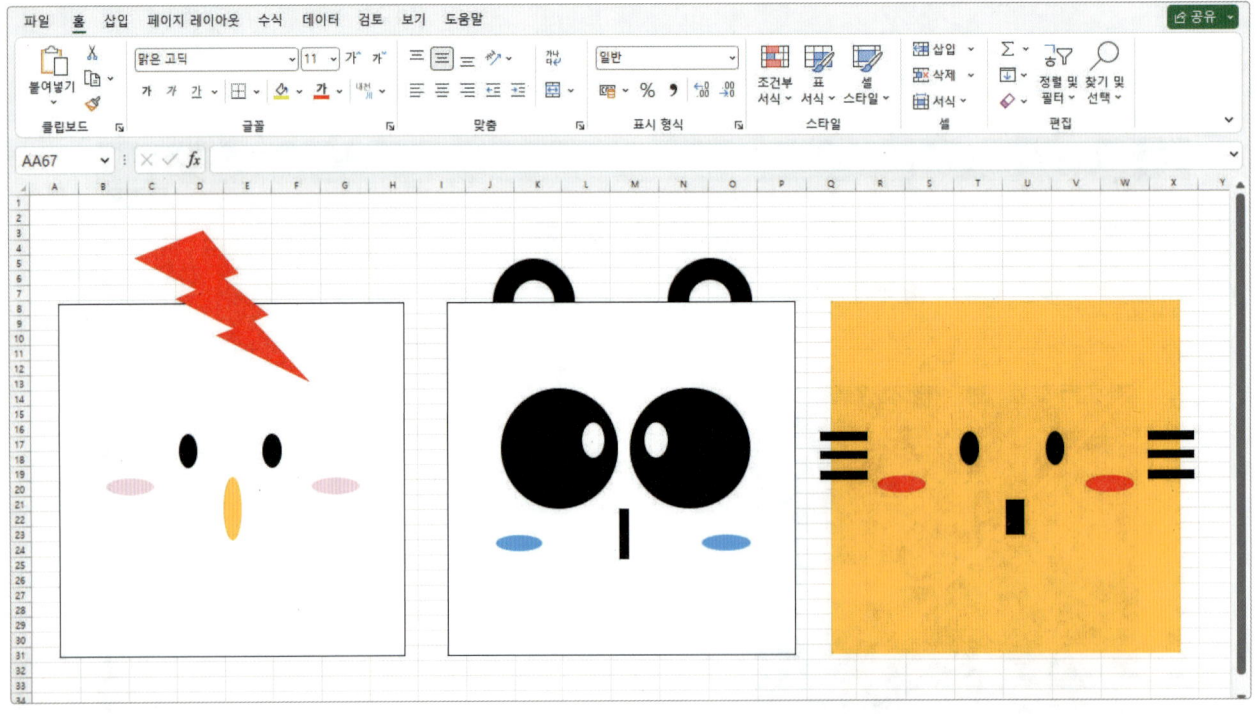

Shift 키를 누른 상태로 도형을 삽입하면 가로, 세로 비율을 유지하며 도형을 삽입할 수 있어요.

도형 회전시키고 모양 변경하기

도형을 회전시키고 모양을 변경하여 동물 표정을 만들어 봐요.

01 [삽입] 탭-[일러스트레이션] 그룹-[도형]-[달(☾)]을 클릭하고 Shift 키를 누른 상태로 마우스를 드래그하여 도형을 삽입해요.

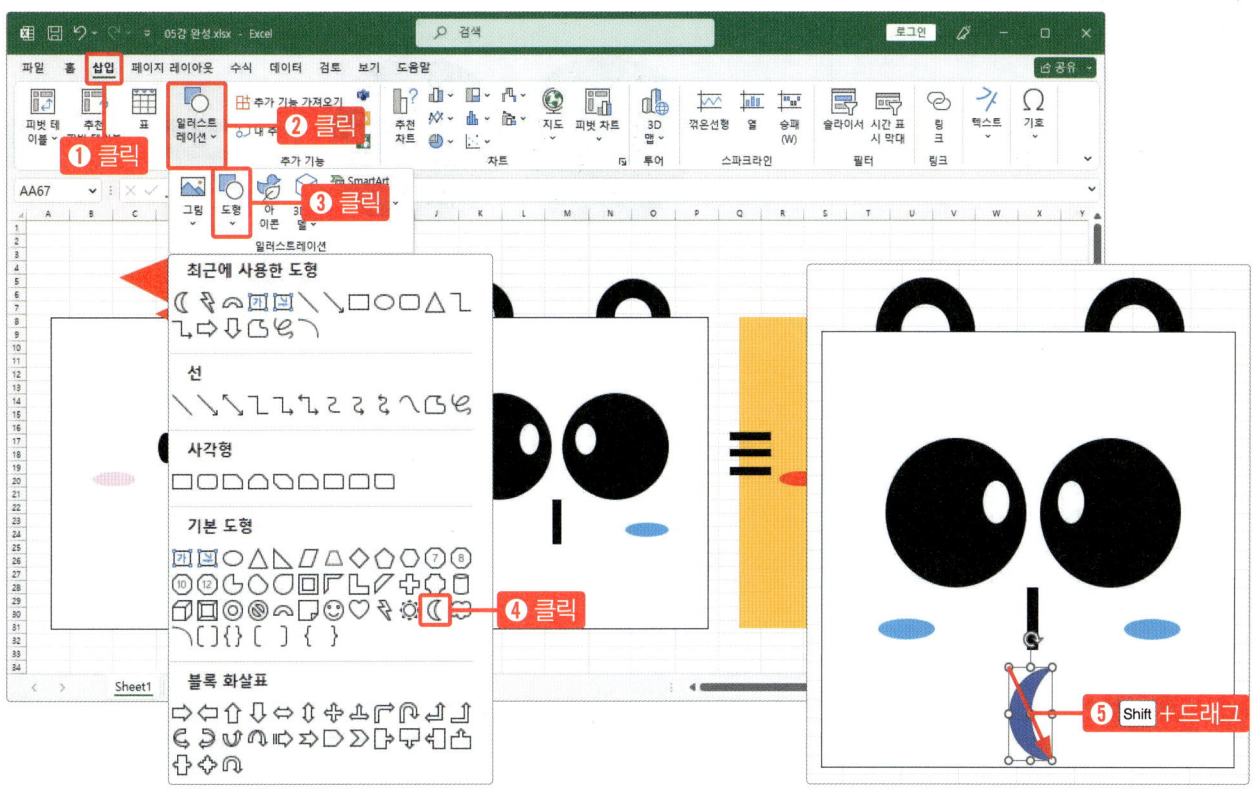

02 '달' 도형을 선택하고 회전 조절점(⟳)을 드래그하여 그림과 같이 회전시켜요.

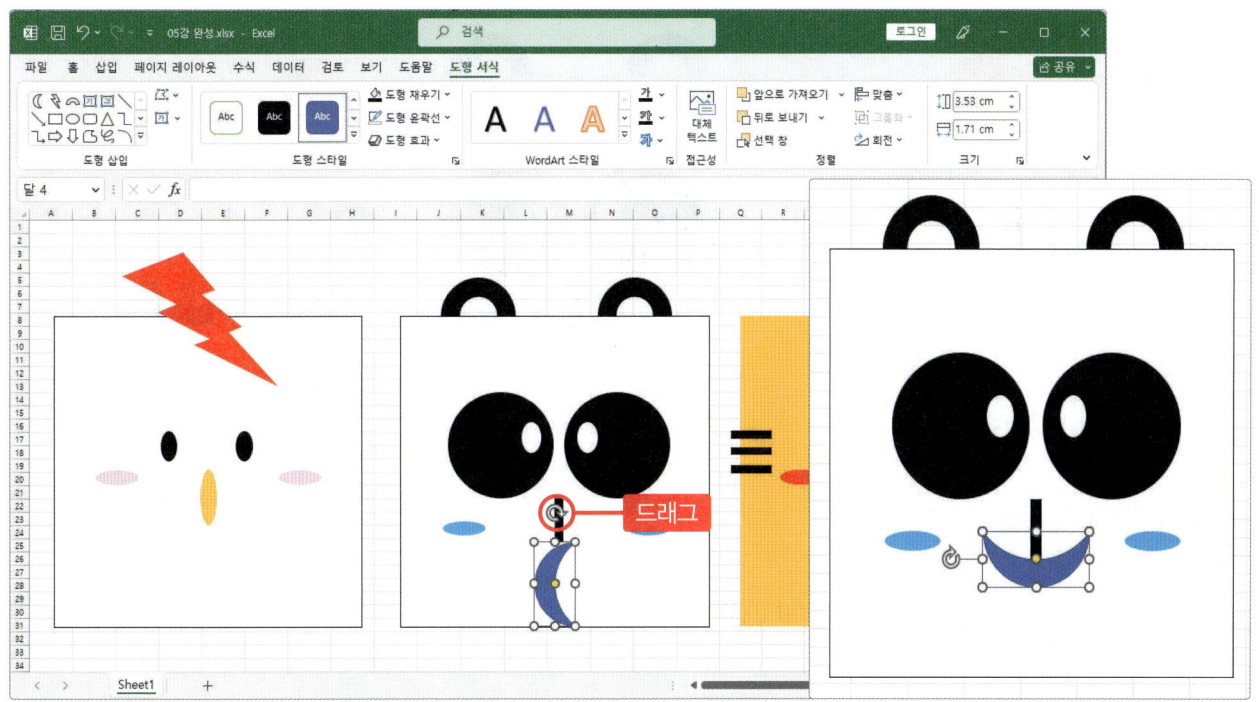

Step 05. 깍둑깍둑 네모 동물농장 만들기 39

03 '달' 도형을 선택하고 모양 조절점(　)을 드래그하여 그림과 같이 모양을 변경해요.

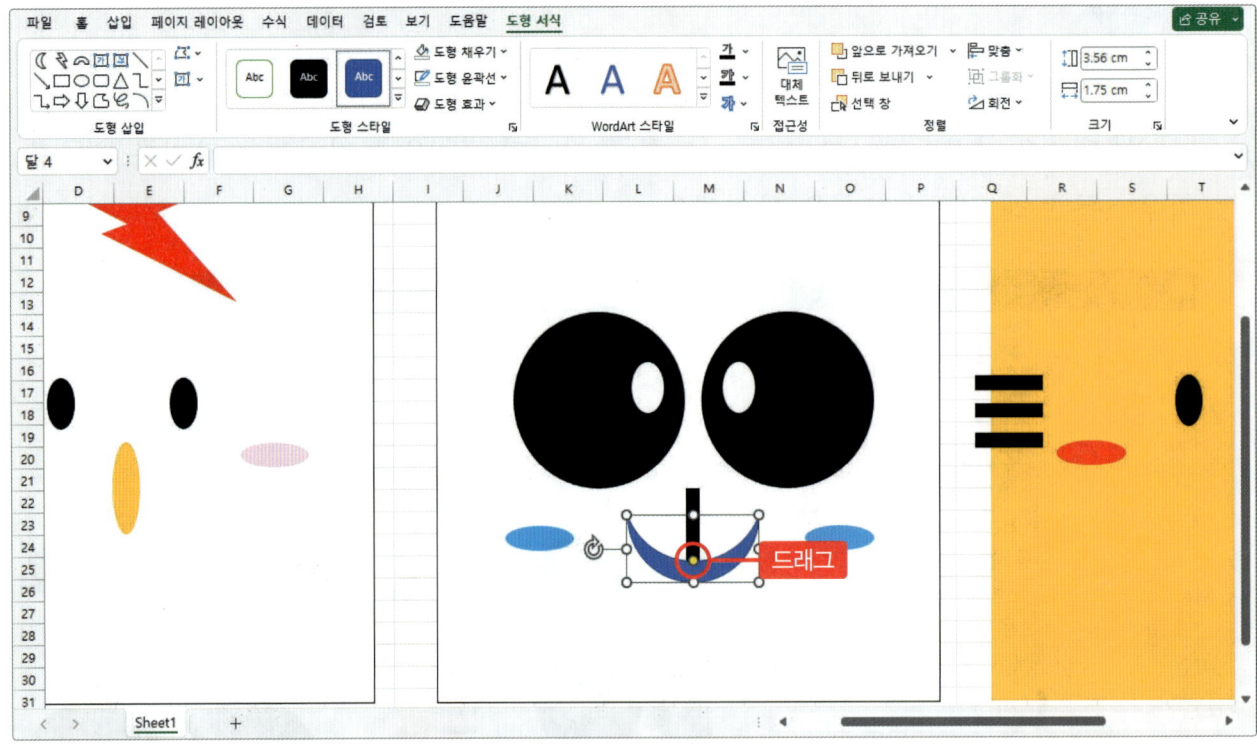

04 앞서 배운 내용을 참고하여 'L 도형', '막힌 원호' 도형을 삽입한 후 도형 서식을 지정하고 회전시켜 귀여운 동물 친구들을 완성해요.

웅이's tip

모양 조절점은 도형마다 다른 형태로 나타나기 때문에 직접 모양 조절점을 움직여 도형이 변경되는 모습을 확인하며 작업해요.

생각 쏙쏙 실력 쑥쑥

▶ 예제 파일 : 없음   ▶ 완성 파일 : 05강 창의 완성.xlsx

1 도형을 삽입하고 서식을 지정하여 밤 눈사람을 만들어 보세요.

짹짹힌트 '타원(◯)', '이등변 삼각형(△)', '달(☾)', '막힌 원호(⌒)' 도형을 이용해요.

2 도형에 도형 효과를 적용하여 반짝 반짝 빛나는 별을 만들어 보세요.

짹짹힌트 [도형 서식] 탭-[도형 효과]에서 네온 효과를 적용해 보세요.

Step 06 달콤! 포도밭 포도 한 송이

오늘은 무엇을 배울까요?

- 이미지를 삽입하고 도형에 그라데이션 효과를 적용해요.
- 도형을 복사하고 개체 순서를 변경해요.

두근! AI & 예술 놀이

1. Blob Beats를 실행해요.
2. 음악에 맞춰 비트 게임을 진행해요.

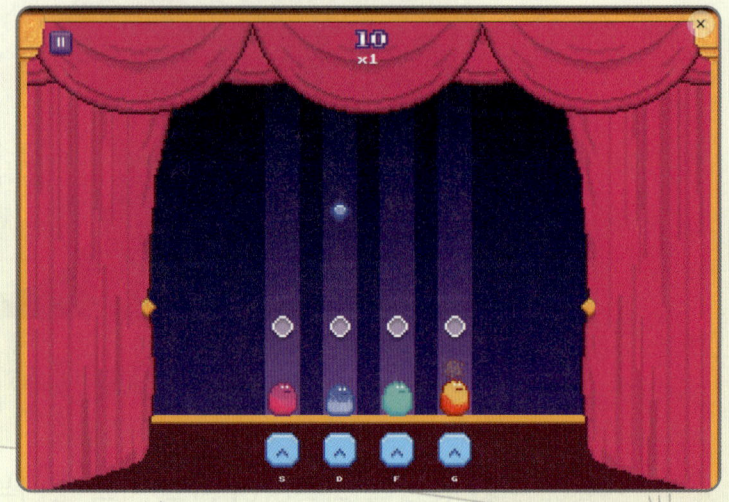

엑셀 창작 놀이

● 예제 파일 : 06강 폴더   ● 완성 파일 : 06강 완성.xlsx

1. 외부 이미지를 삽입해 포도밭 배경을 만들어요.
2. 도형에 그라데이션 효과를 적용해 포도 송이를 만들어요.

두근! 음악에 맞춰 비트 게임하기

'Blob Beats'를 실행하고 음악에 맞춰 박자를 놓치지 않도록 비트 게임을 진행해 봐요.

'06강 멀티' 파일을 더블클릭하여 실행하고 음악에 맞춰 비트 게임을 해봐요.

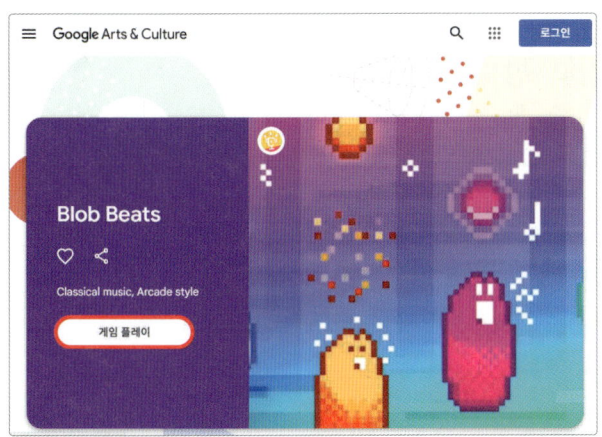

❶ [게임 플레이] 클릭하기

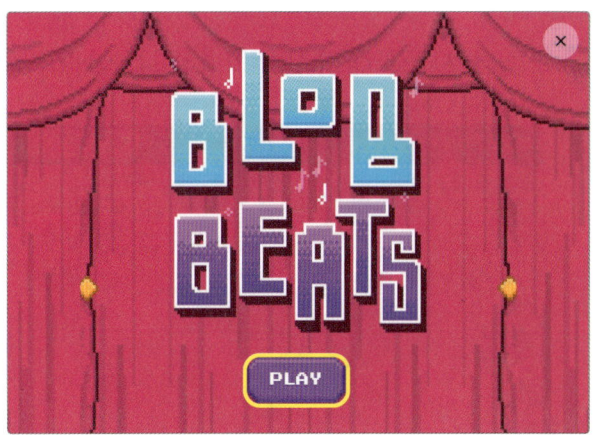

❷ [PLAY] 클릭하기

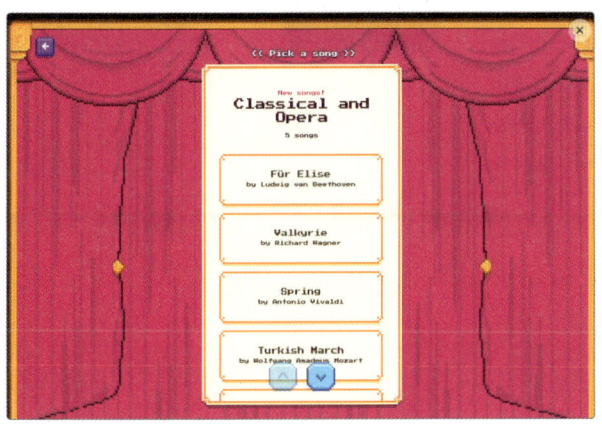

❸ 음악 선택하기

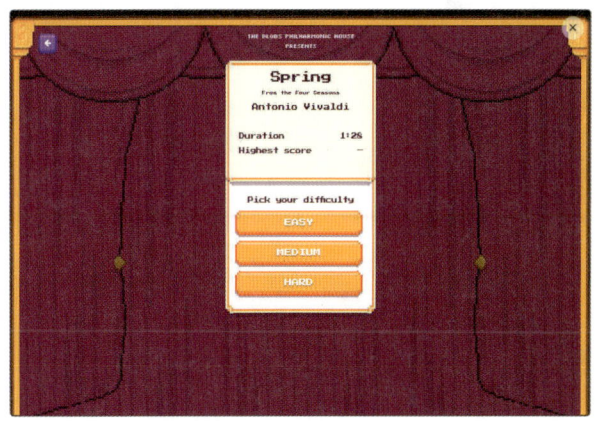

❹ [PLAY] 클릭하고 게임 난이도 선택하기

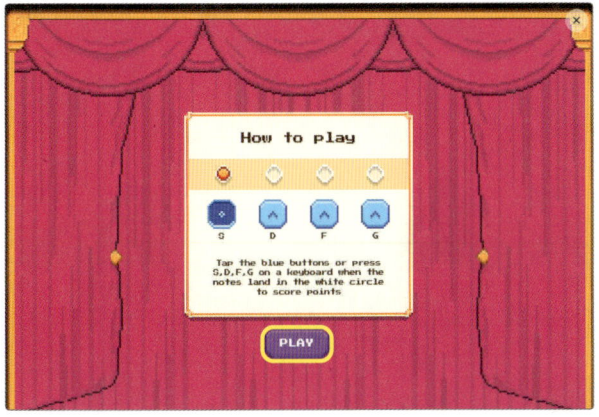

❺ 게임 방법 확인하기

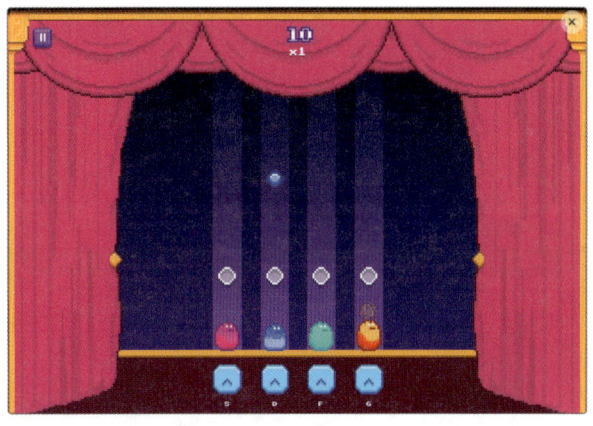

❻ S , D , F , G 키 이용해 게임 진행하기

Step 06. 달콤! 포도밭 포도 한 송이

이미지 삽입하기

외부 이미지를 삽입하여 포도밭 배경을 만들어 봐요.

01 엑셀 프로그램(📊)을 실행한 후 [홈] 탭-[새 통합 문서]를 클릭하여 새 문서를 실행하고 [삽입] 탭-[일러스트레이션] 그룹-[그림(🖼)]-[이 디바이스]를 클릭해요.

02 [그림 삽입] 대화상자가 나타나면 '이미지1.jpg' 파일을 삽입해요.

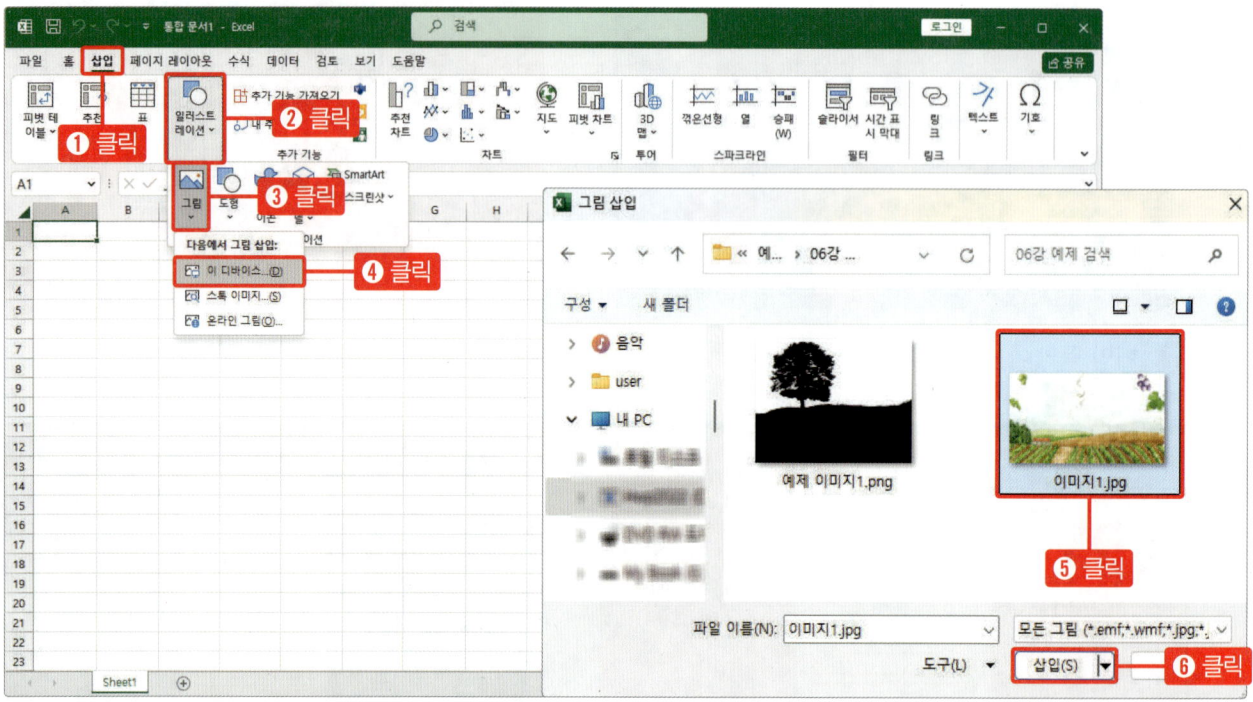

03 이미지가 삽입되면 이미지를 선택하고 크기 조절점을 드래그하여 크기와 위치를 조절해요.

미션 02 도형에 그라데이션 효과 적용하기

도형을 삽입하고 그라데이션 효과를 적용해 포도알을 만들어 봐요.

01 [삽입] 탭-[일러스트레이션] 그룹-[도형()]-[타원(◯)] 도형을 삽입하고 [도형 서식] 탭-[도형 스타일] 그룹-[도형 채우기]-[그라데이션]-[기타 그라데이션]을 클릭해요.

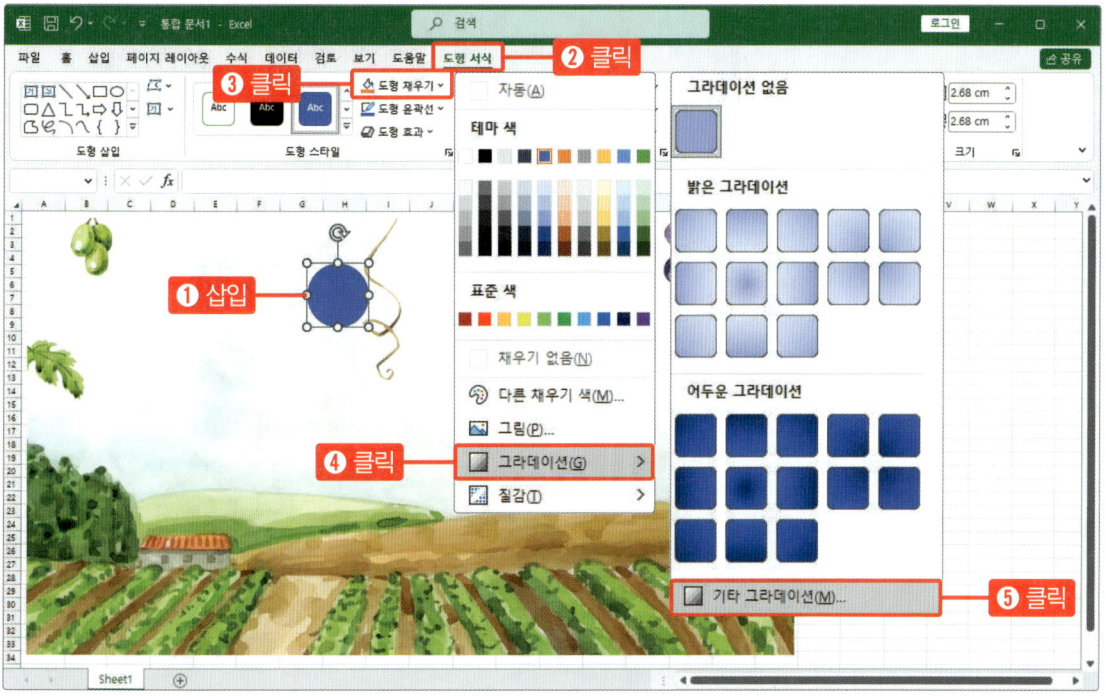

02 화면 오른쪽에 [도형 서식] 창이 나타나면 [채우기 및 선] 탭-[채우기]-[그라데이션 채우기]를 클릭하고 방향('선형 대각선 – 왼쪽 위에서 오른쪽 아래로')을 지정해요.

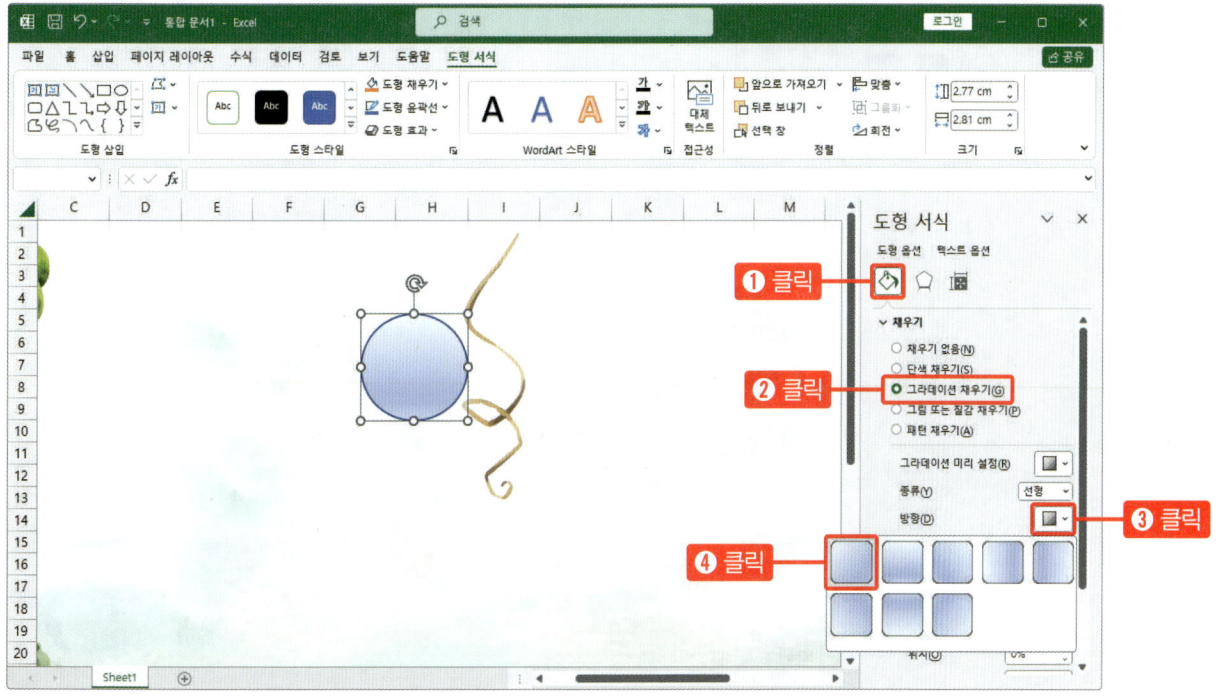

03 [그라데이션 중지점]에서 각각의 중지점을 선택하고 [색]에서 색상을 선택하여 포도알을 만들어요.

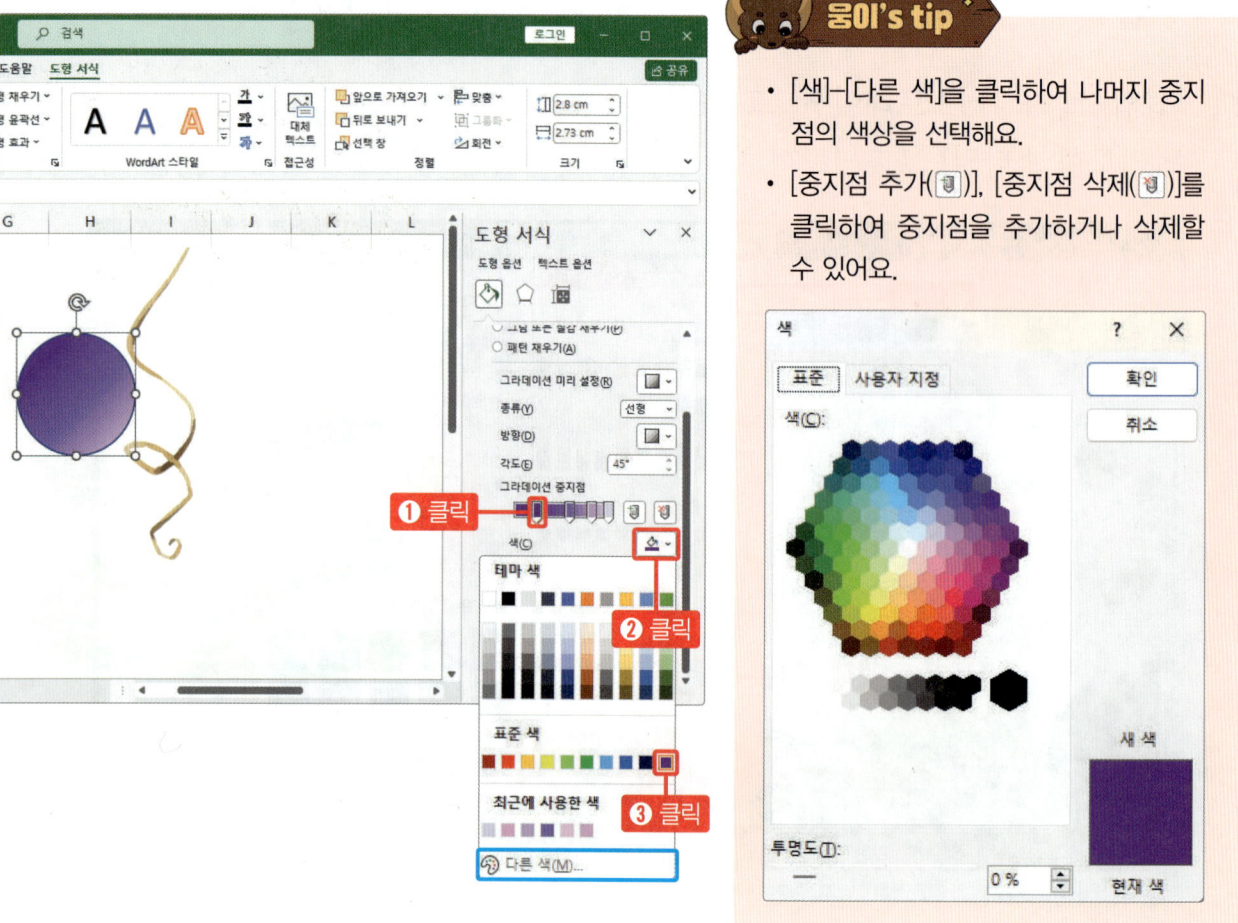

04 이어서 [선]-[선 없음]을 클릭해요.

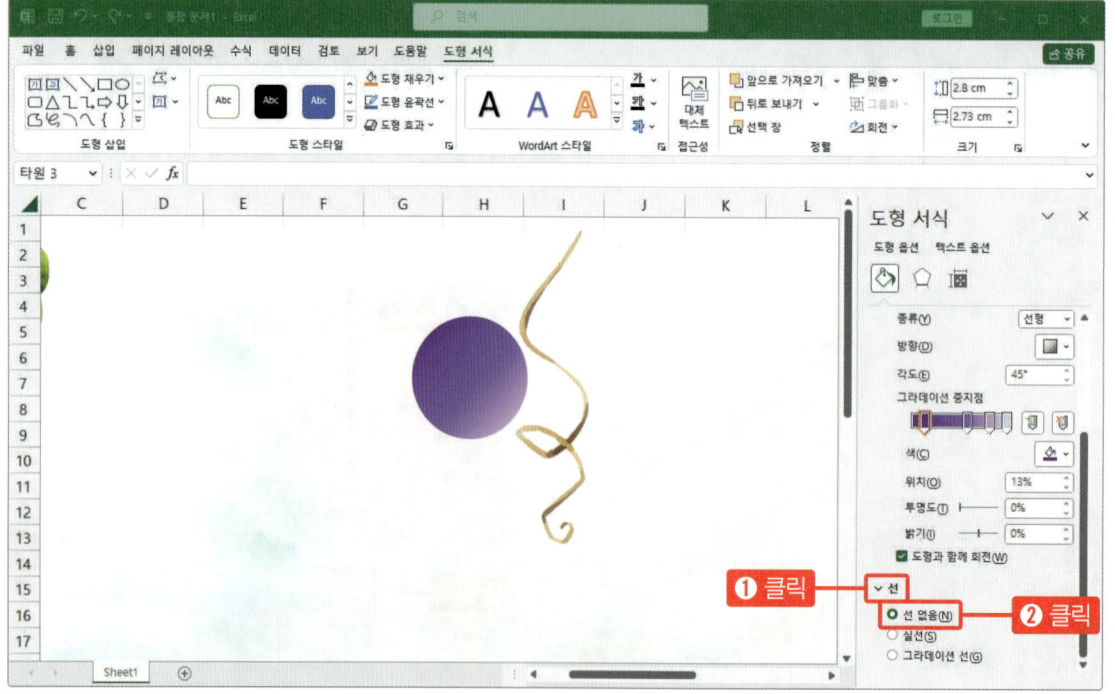

미션 03 도형 복사하고 개체 순서 변경하기

포도알을 복사하고 개체 순서를 변경하여 포도 송이를 만들어 봐요.

01 '포도알'을 선택하고 Ctrl 키를 누른 상태로 드래그하여 복사해요.

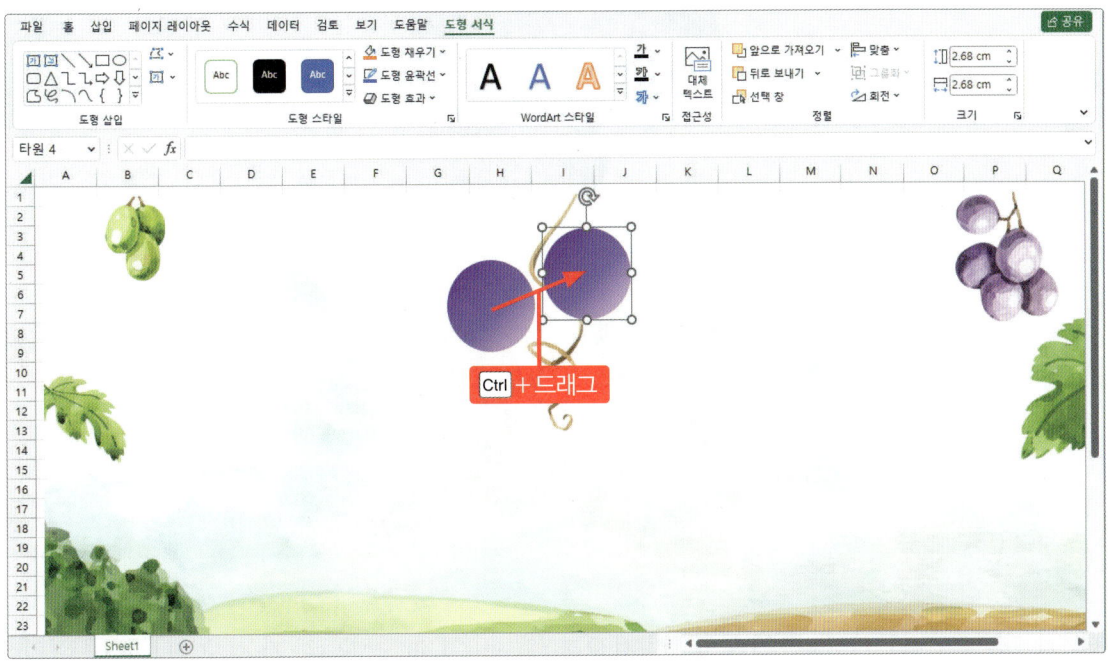

02 01과 같은 방법으로 '포도알'을 복사하여 그림과 같은 포도 송이를 만들어요.

Ctrl + C 키를 눌러 복사하고 Ctrl + V 키를 눌러 붙여 넣어 작품을 만들 수도 있어요.

Step 06. 달콤! 포도밭 포도 한 송이

03 Ctrl 키를 누른 상태로 순서를 변경할 '포도알'을 각각 클릭하여 선택해요.

04 [도형 서식] 탭-[정렬] 그룹-[앞으로 가져오기(　)]-[맨 앞으로 가져오기]를 클릭해요.

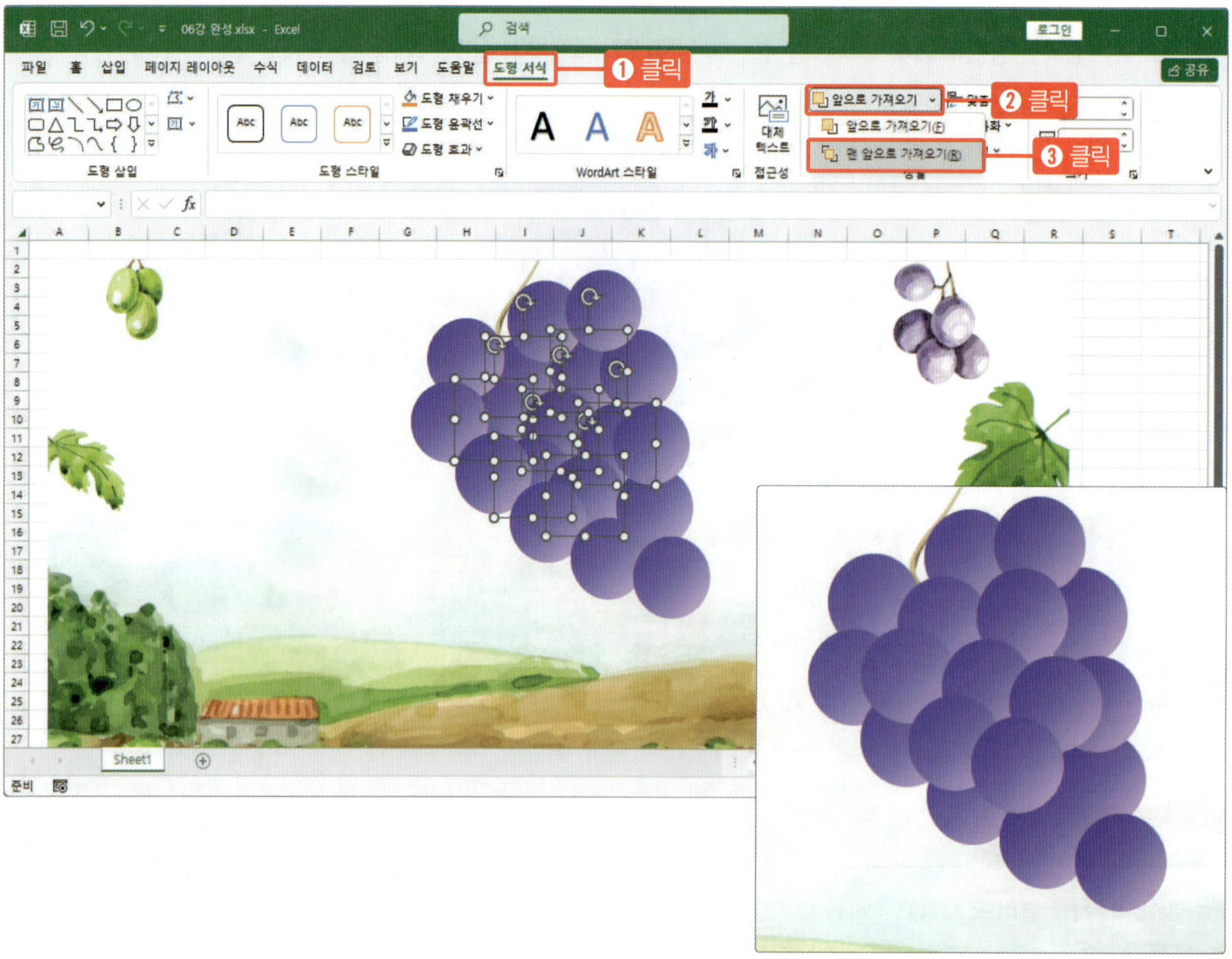

생각 쑥쑥 실력 쑥쑥

▶ 예제 파일 : 06강 폴더   ▶ 완성 파일 : 06강 창의 완성.xlsx

1 이미지와 도형을 삽입하여 그림과 같은 작품을 만들어 보세요.

짝짝힌트: '직사각형(□)', '물결(◠)' 도형을 이용해 보세요.

2 도형에 그라데이션 효과를 적용하여 작품을 완성해 보세요.

짝짝힌트: 그라데이션 중지점에 색을 적용하고 중지점의 위치를 조절해 보세요.

Step 06. 달콤! 포도밭 포도 한 송이

Step 07 끌잼! 빙고 게임판 만들기

오늘은 무엇을 배울까요?

- 셀 테두리 서식을 지정하고 셀에 색을 채워요.
- 셀에 데이터를 입력하고 글꼴 서식을 지정해요.

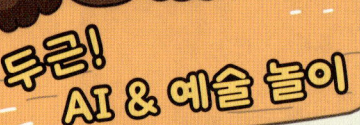

1. Blob Opera를 실행해요.
2. 블롭을 드래그하여 나만의 오페라를 만들어요.

1. 셀 테두리 서식을 지정하고 셀에 색을 채워요.
2. 셀에 데이터를 입력하고 글꼴 서식을 지정해 빙고 게임판을 만들어요.

● 예제 파일 : 없음   ● 완성 파일 : 07강 완성.xlsx

	A	B	C	D	E	F	G
1							
2		B	I	N	G	O	
3		4	16	12	6	2	
4		10	1	24	19	14	
5		7	20	22	17	9	
6		15	25	13	5	21	
7		3	18	8	23	11	
8							

 ## 두근! 나만의 오페라 만들기

'Blob Opera'를 실행하고 블롭을 드래그하여 나만의 오페라를 만들어 봐요.

'07강 멀티' 파일을 더블클릭하여 실행하고 블롭을 드래그하여 나만의 오페라를 만들고 감상해 봐요.

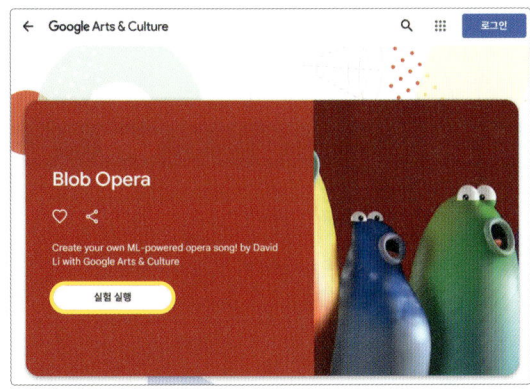

❶ [실험 실행] 클릭하기

❷ 블롭 드래그하여 목소리 확인하기

❸ [녹화] 클릭하기

❹ 블롭들 드래그하여 나만의 오페라 만들기

❺ [마침] 클릭하여 녹화 종료하기

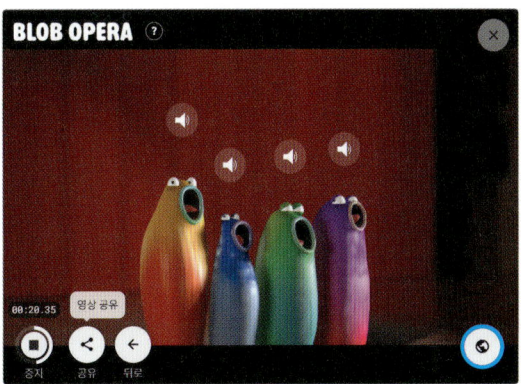

❻ 완성된 오페라 감상하기

[블롭과 여행 떠나기(🌐)]를 클릭하면 세계 각 나라의 전통곡을 오페라로 감상할 수 있어요.

미션 01 셀 테두리 서식 지정하고 셀에 색 채우기

셀 테두리 서석을 지정하고 셀에 색을 채워 빙고 게임판을 만들어 봐요.

01 엑셀 프로그램(x)을 실행한 후 [홈] 탭-[새 통합 문서]를 클릭하여 새 문서를 실행해요.

02 [2]행을 클릭하고 Shift 키를 누른 상태로 [7]행을 클릭한 후 마우스 오른쪽 버튼을 클릭하고 [행 높이]를 클릭해요.

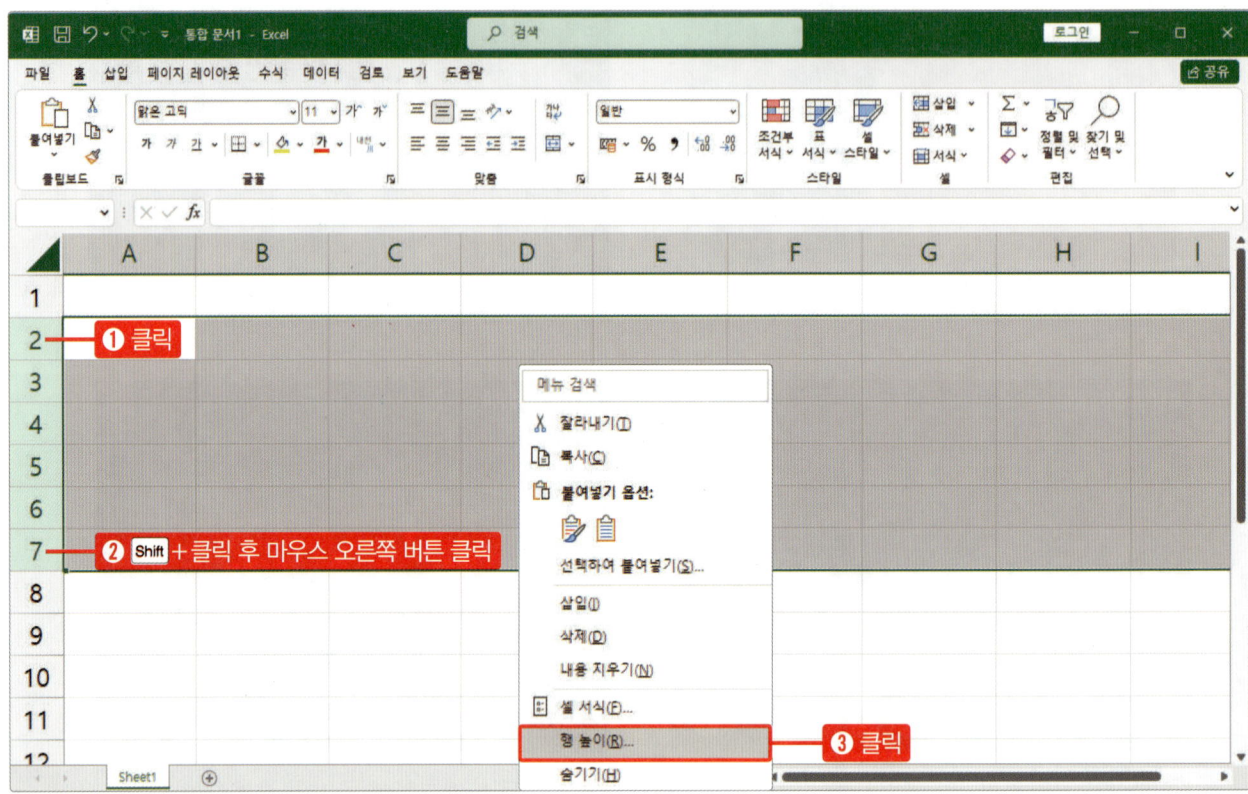

03 [행 높이] 대화상자가 나타나면 행 높이를 '49'로 입력하고 [확인]을 클릭해요.

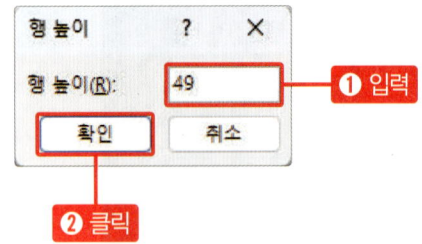

04 [B2] 셀을 클릭하고 Shift 키를 누른 상태로 [F7] 셀을 클릭한 후 [홈] 탭-[글꼴] 그룹-[테두리]-[선 색]-[황금색, 강조 4]를 클릭해요.

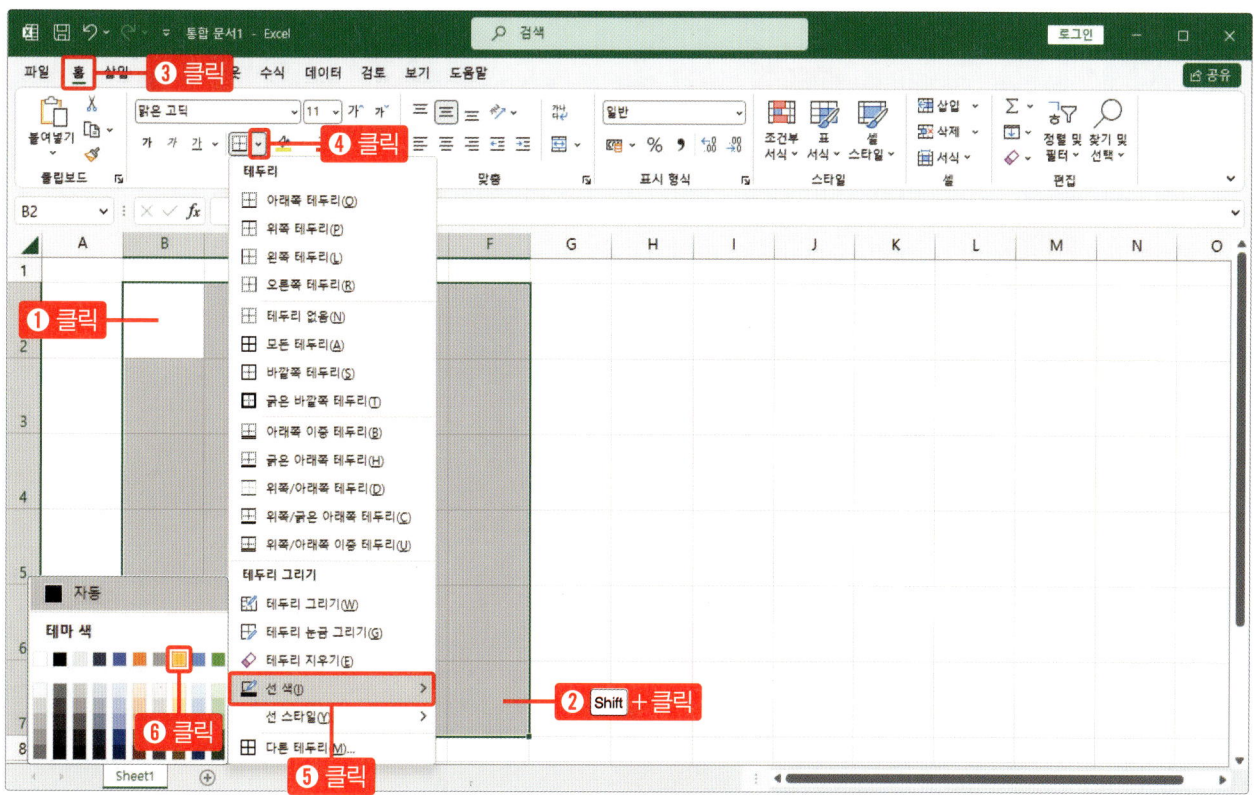

05 [테두리]-[모든 테두리]를 클릭하고 다시 [테두리]-[굵은 바깥쪽 테두리]를 클릭해요.

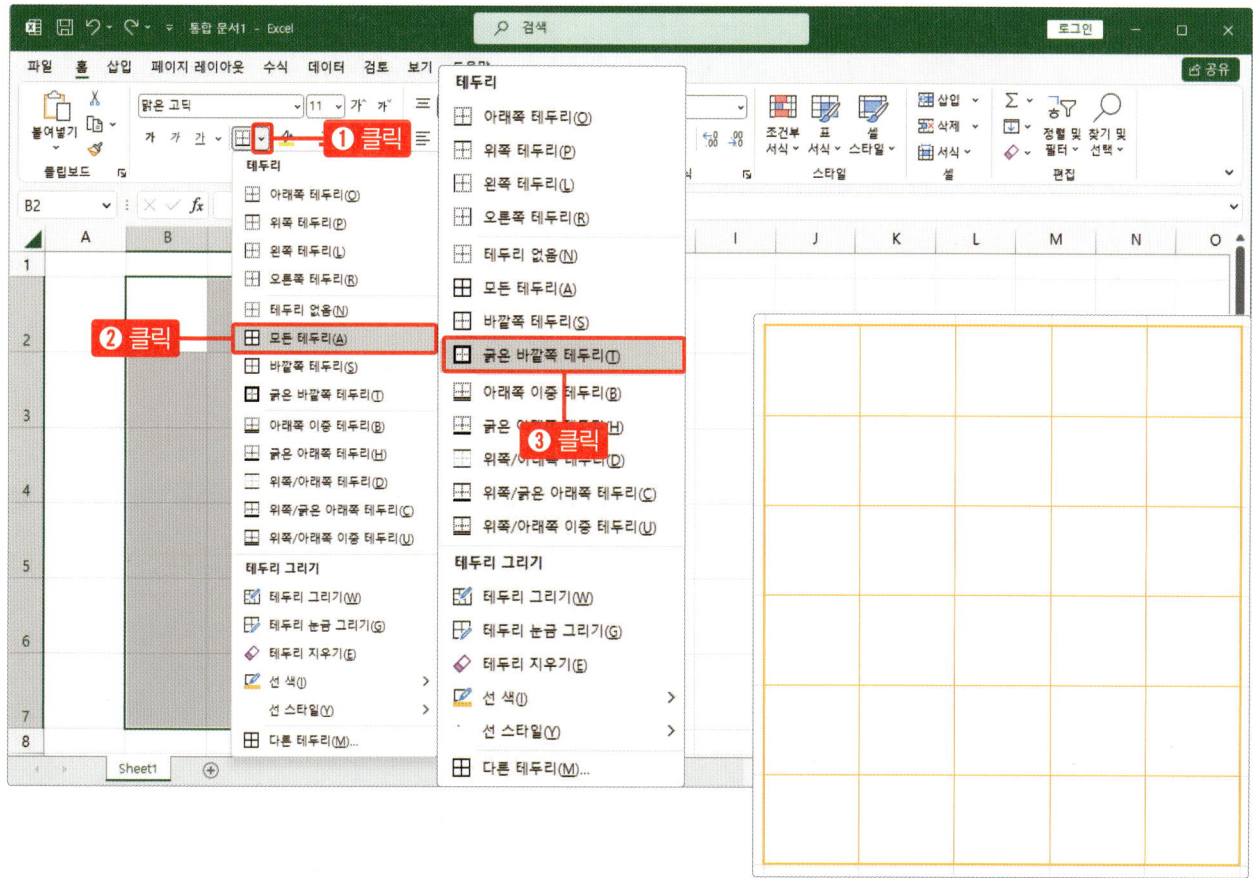

Step 07. 꿀잼! 빙고 게임판 만들기

06 [B2] 셀을 클릭하고 [홈] 탭-[글꼴] 그룹-[채우기 색]-[빨강]을 클릭해요.

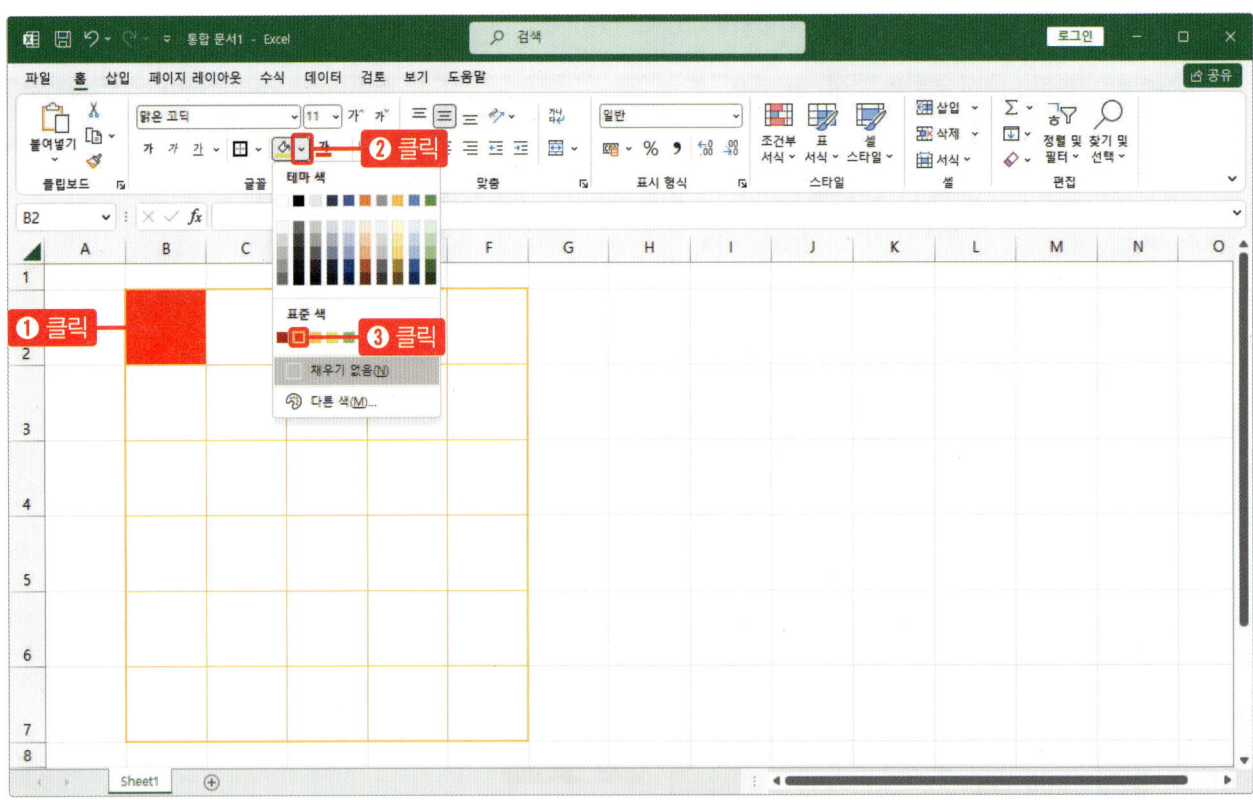

07 06과 같은 방법으로 [C2]~[F2] 셀에 채우기 색을 적용해요.

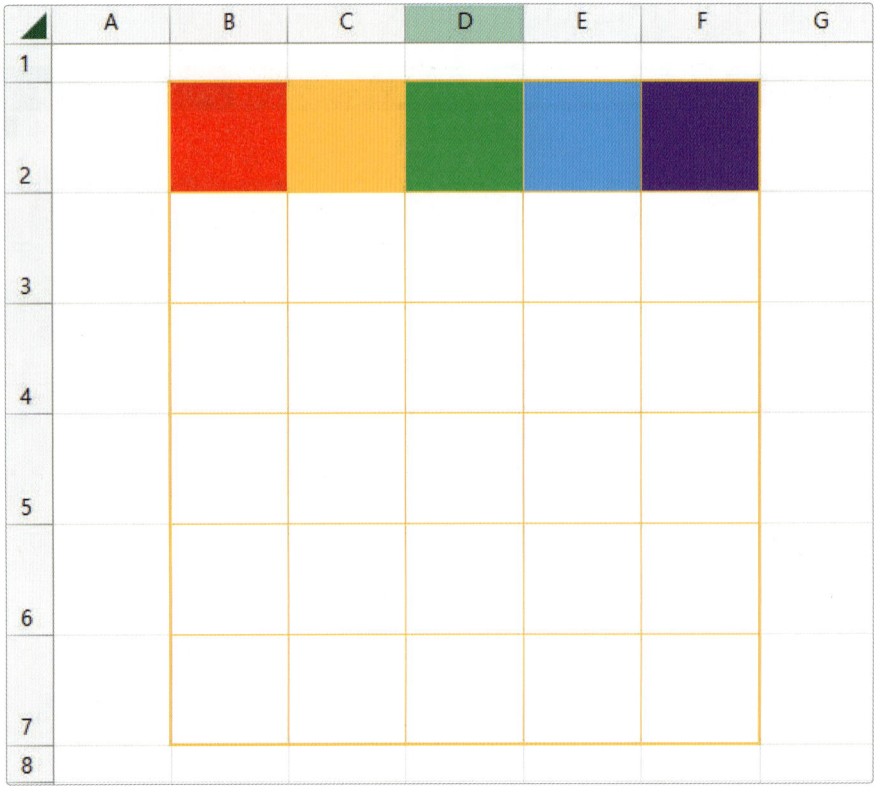

셀에 데이터 입력하고 글꼴 서식 지정하기

셀에 데이터를 입력하고 글꼴 서식을 지정해 빙고 게임판을 완성해 봐요.

01 [B2:F7] 셀에 텍스트를 입력하여 그림과 같은 빙고 게임판을 만들어요.

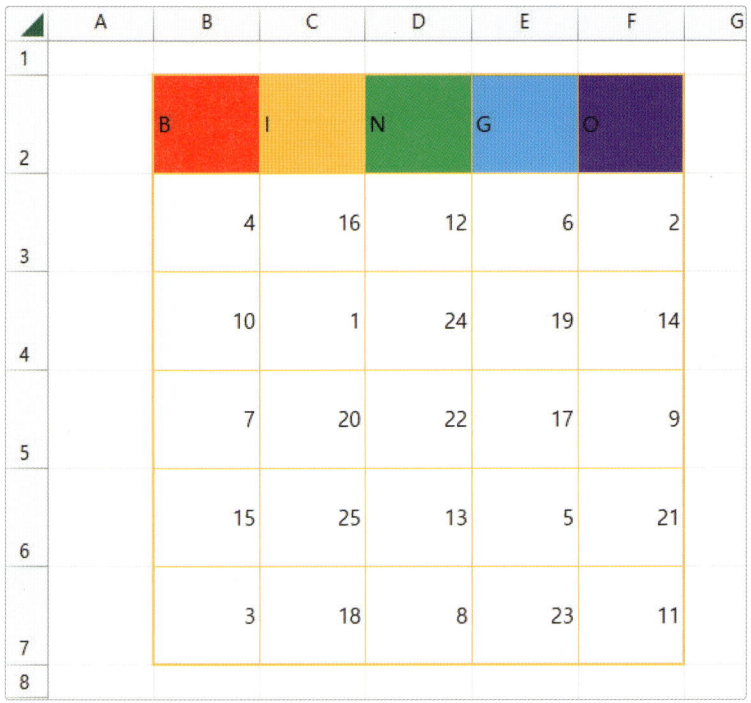

뭉이's tip
- 키보드의 방향키를 이용하여 셀을 이동하며 데이터를 입력해요.
- 숫자는 친구들과 빙고 게임을 할 수 있도록 랜덤으로 입력해요.

02 마우스를 드래그하여 [B2:F7] 셀을 영역 지정하고 [홈] 탭-[글꼴] 그룹에서 크기('28')와 스타일('굵게')을 지정한 후 [맞춤] 그룹에서 '가운데 맞춤'을 클릭해요.

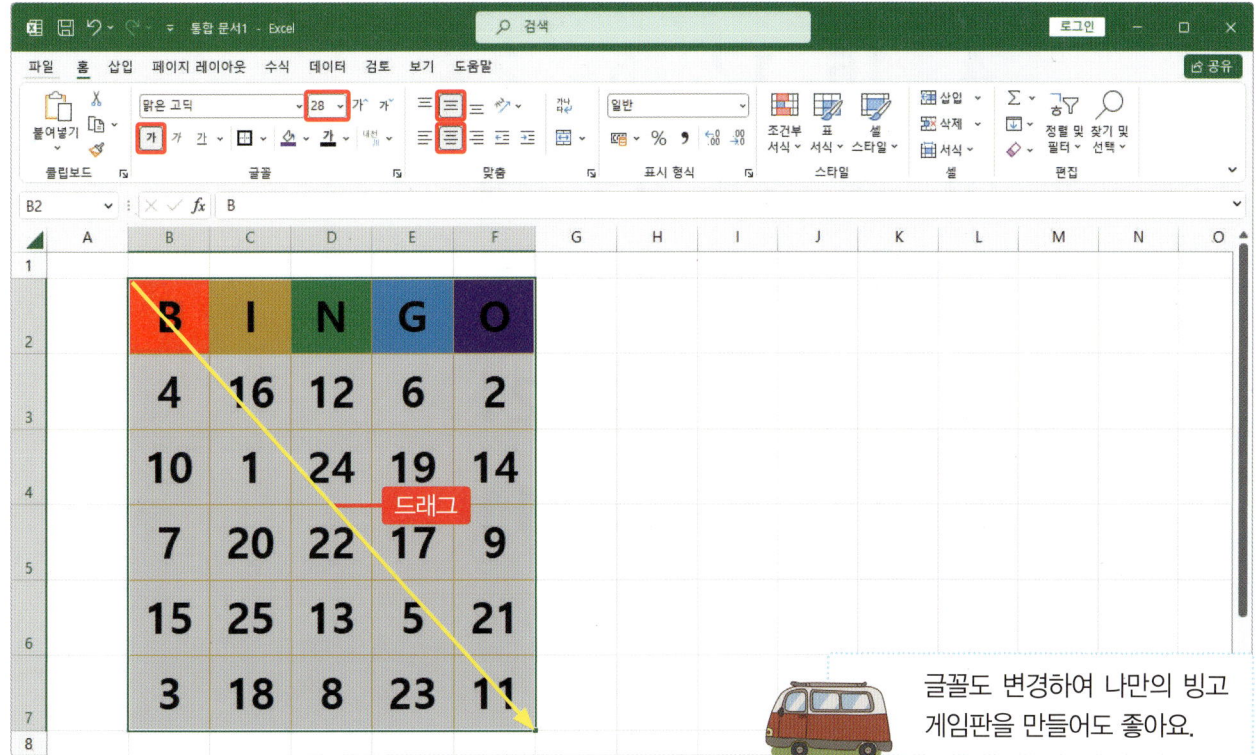

글꼴도 변경하여 나만의 빙고 게임판을 만들어도 좋아요.

Step 07. 꿀잼! 빙고 게임판 만들기 55

03 마우스를 드래그하여 [B2:F2] 셀을 영역 지정하고 글꼴 색을 '흰색, 배경 1'로 지정해요.

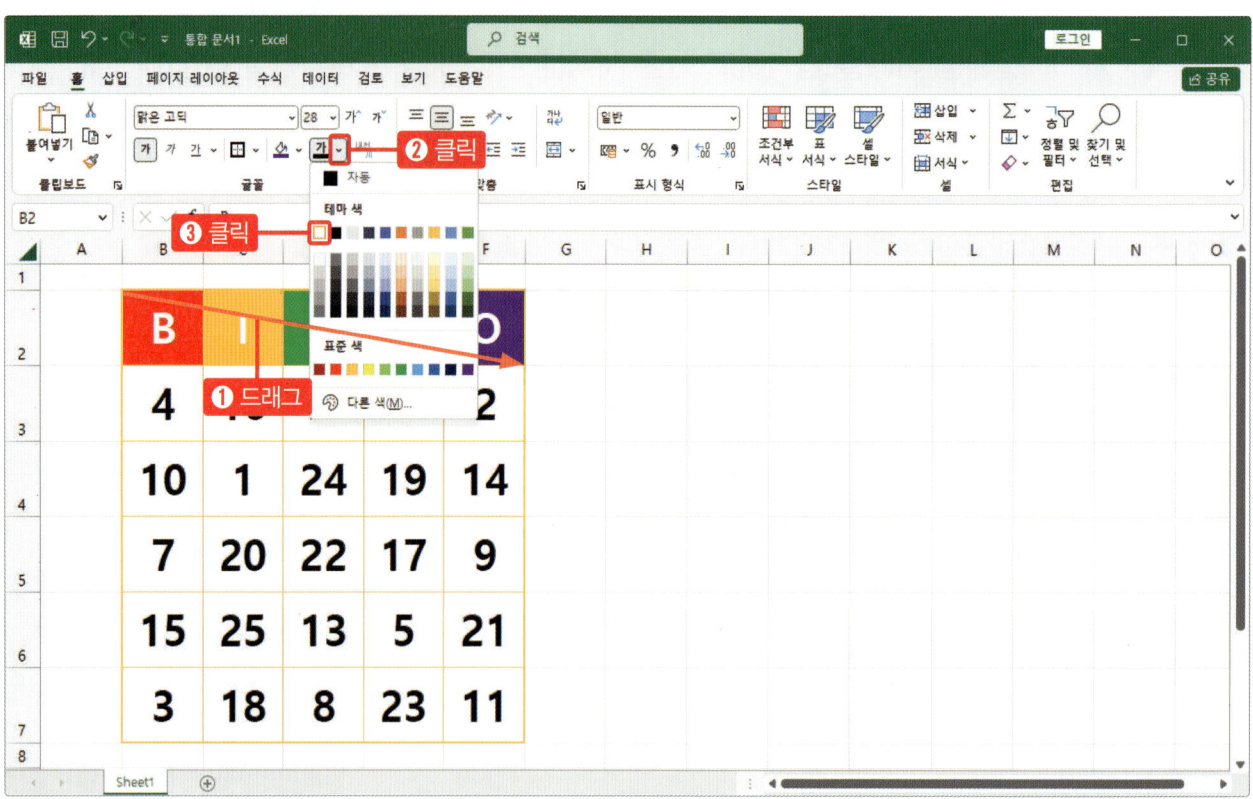

04 친구와 숫자를 하나씩 불러가며 해당 숫자에 색을 채워 빙고 게임을 진행해요.

생각 쏙쏙 실력 쑥쑥

▶ 예제 파일 : 없음　　▶ 완성 파일 : 07강 창의 완성.xlsx

1 행 높이를 조절하고 셀 테두리 서식을 지정하여 오목판을 만들어 보세요.

2 셀에 데이터를 입력하고 글꼴 서식을 지정하여 친구들과 오목 게임을 즐겨 보세요.

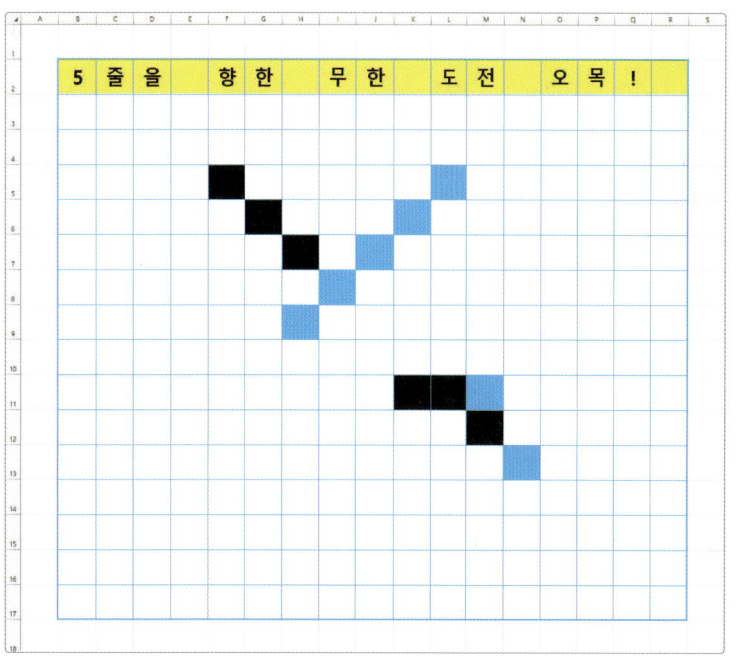

Step 08 스크롤~ 패션 디자이너 되기

오늘은 무엇을 배울까요?

- 틀 고정 기능을 이용하여 얼굴을 고정해요.
- 고정된 틀 아래쪽 셀에 색을 채워 멋진 옷을 디자인해요.

두근! AI & 예술 놀이

1. Puzzle Party를 실행해요.
2. 퍼즐 조각을 드래그하여 퍼즐을 완성해요.

엑셀 창작 놀이

● 예제 파일 : 없음   ● 완성 파일 : 08강 완성.xlsx

1. 셀에 색을 채워 얼굴을 만들고 틀 고정 기능을 이용해 고정해요.
2. 고정된 틀 아래쪽 셀에 색을 채워 멋진 옷을 만들어요.

58 처음 배우는 엑셀 2021

두근! 퍼즐 맞추기

'Puzzle Party'를 실행하고 퍼즐 조각을 드래그하여 퍼즐을 완성해 봐요.

'08강 멀티' 파일을 더블클릭하여 실행하고 흩어져 있는 퍼즐 조각을 드래그하여 퍼즐을 완성해 봐요.

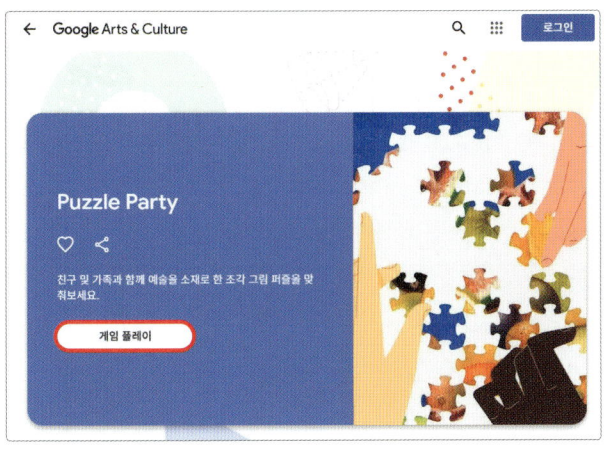

❶ [게임 플레이] 클릭하기

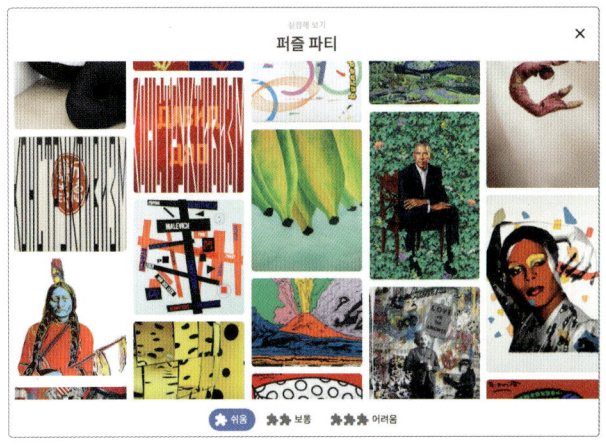

❷ 게임 난이도와 작품 선택하기

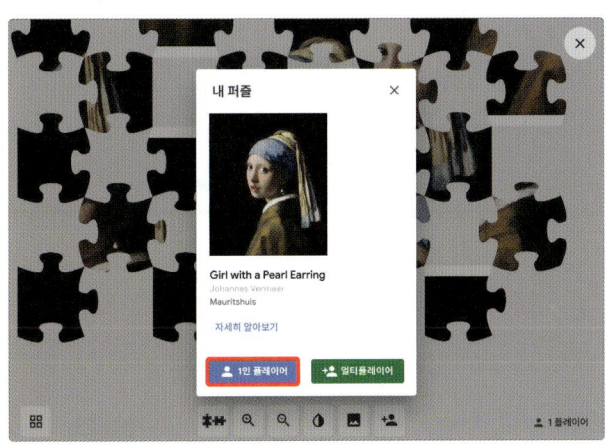

❸ [1인 플레이어] 클릭하기

❹ 퍼즐 드래그하여 조각 맞추기

❺ 완성된 퍼즐 확인하기

❻ 다른 작품 선택하여 퍼즐 조각 맞추기

Step 08. 스크롤~ 패션 디자이너 되기

셀에 색 채워 얼굴 만들기

셀에 색을 채워 캐릭터의 얼굴을 만들어 봐요.

01 엑셀 프로그램( )을 실행한 후 [홈] 탭-[새 통합 문서]를 클릭하여 새 문서를 실행해요.

02 [셀 전체 선택( )]을 클릭하고 열 너비를 그림과 같이 조절해요.

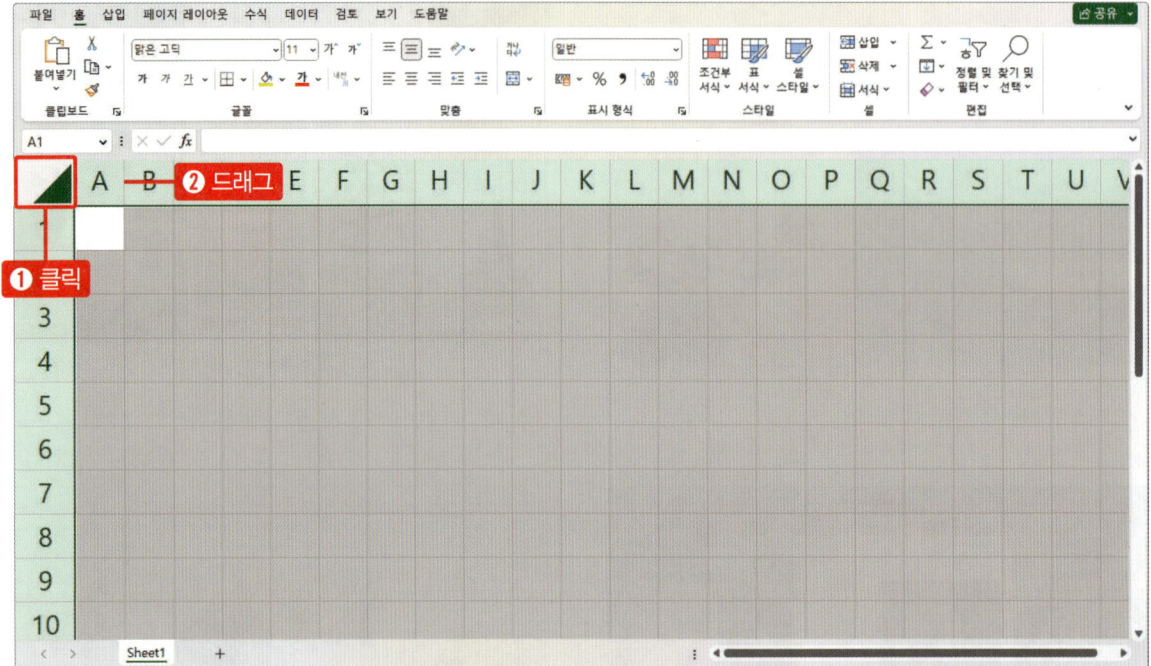

03 셀을 선택하고 [홈] 탭-[글꼴] 그룹-[채우기 색]에서 색을 선택하여 그림과 같이 얼굴을 만들어요.

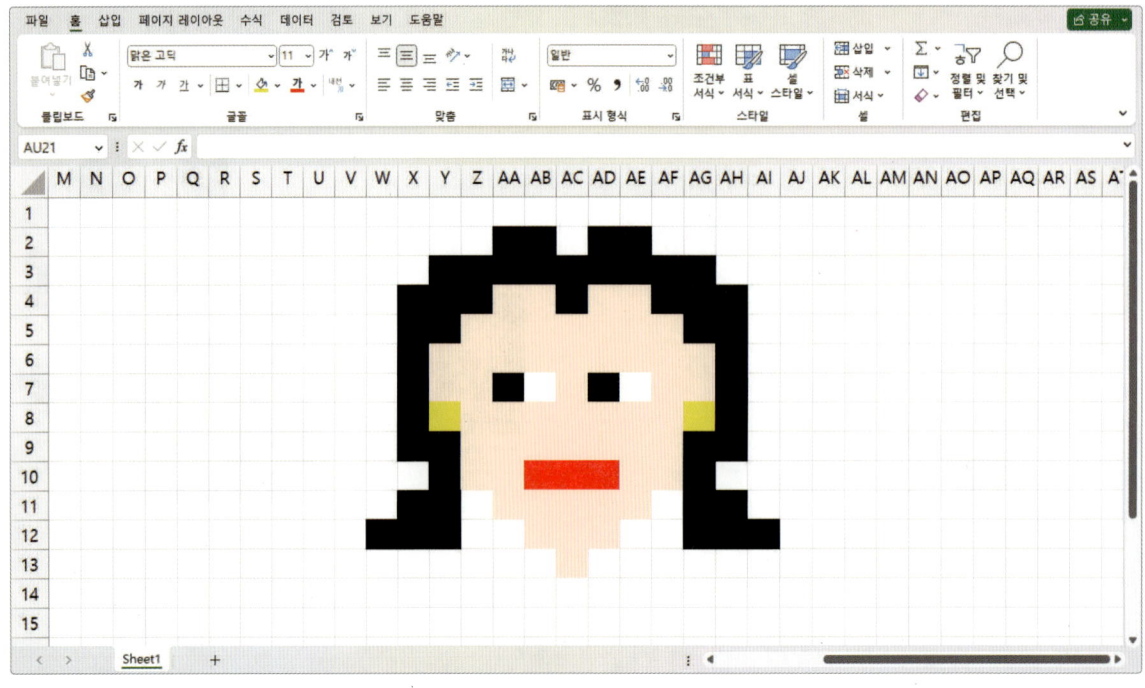

틀 고정 기능 이용하여 얼굴 고정시키기

틀 고정 기능을 이용해 얼굴을 고정시키고 스크롤바를 내려가며 다양한 옷을 만들어 봐요.

01 얼굴 아래쪽 [14]행을 클릭하고 [보기] 탭-[창] 그룹-[틀 고정(🪟)]-[틀 고정]을 클릭해요.

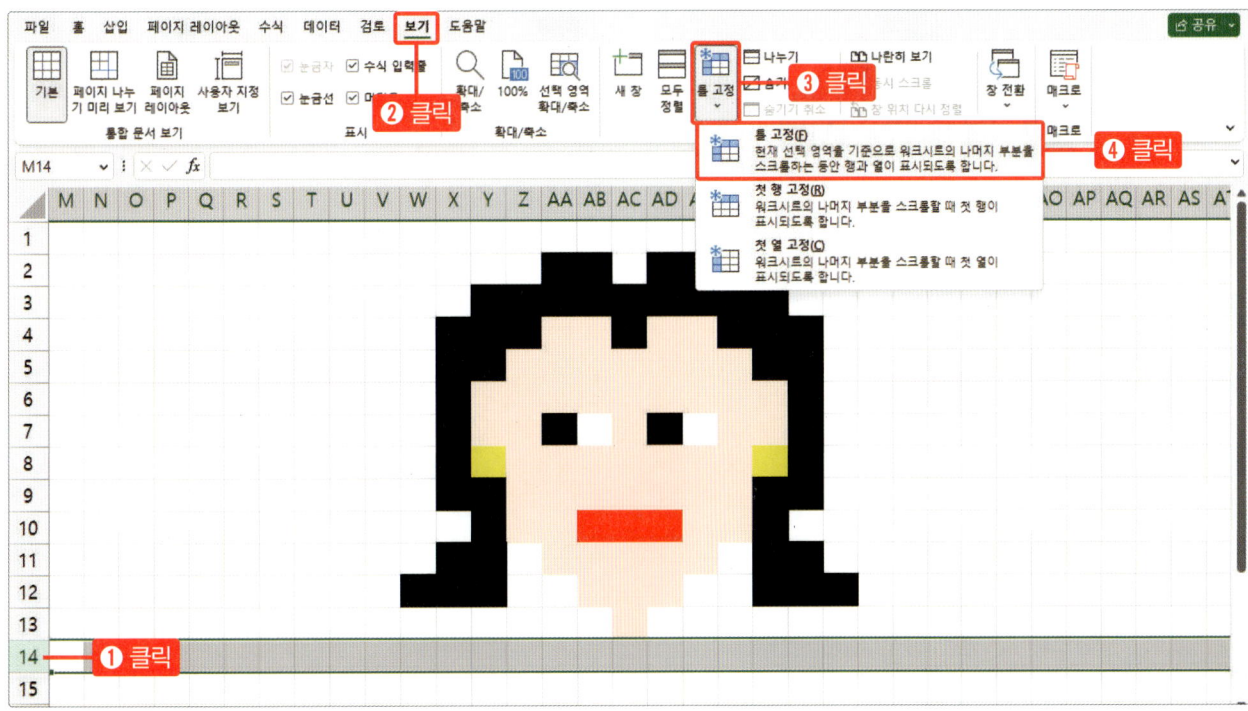

웅이's tip

틀 고정 기능은 현재 선택한 영역을 고정시켜 화면을 올리거나 내려도 선택 영역이 화면에 보이도록 하는 기능이에요.

02 스크롤바를 아래쪽으로 이동시키며 셀에 색을 채워 다양한 옷을 만들어요.

셀에 색을 채워 자유롭게 다양한 옷을 디자인해 보세요.

생각 쏙쏙 실력 쏙쏙

▶ 예제 파일 : 없음   ▶ 완성 파일 : 08강 창의 완성.xlsx

1 열 너비를 조절하고 셀에 색을 채워 다양한 과일을 만들어 보세요.

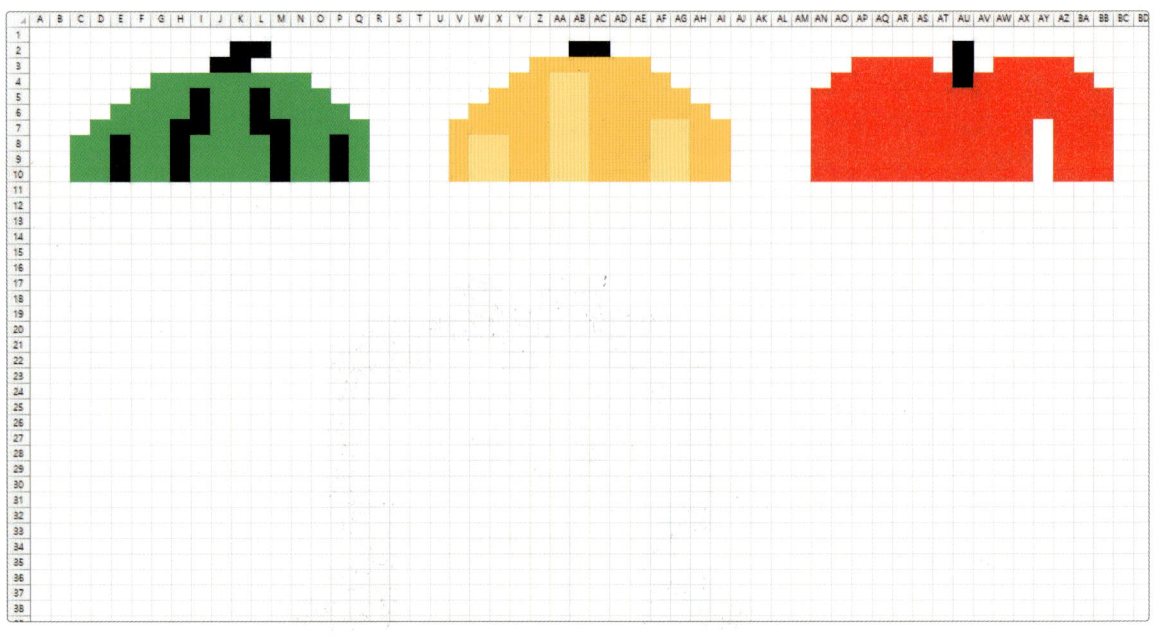

2 틀 고정 기능을 이용하여 스크롤바를 아래쪽으로 움직여 과일들의 짝을 맞춰 보세요.

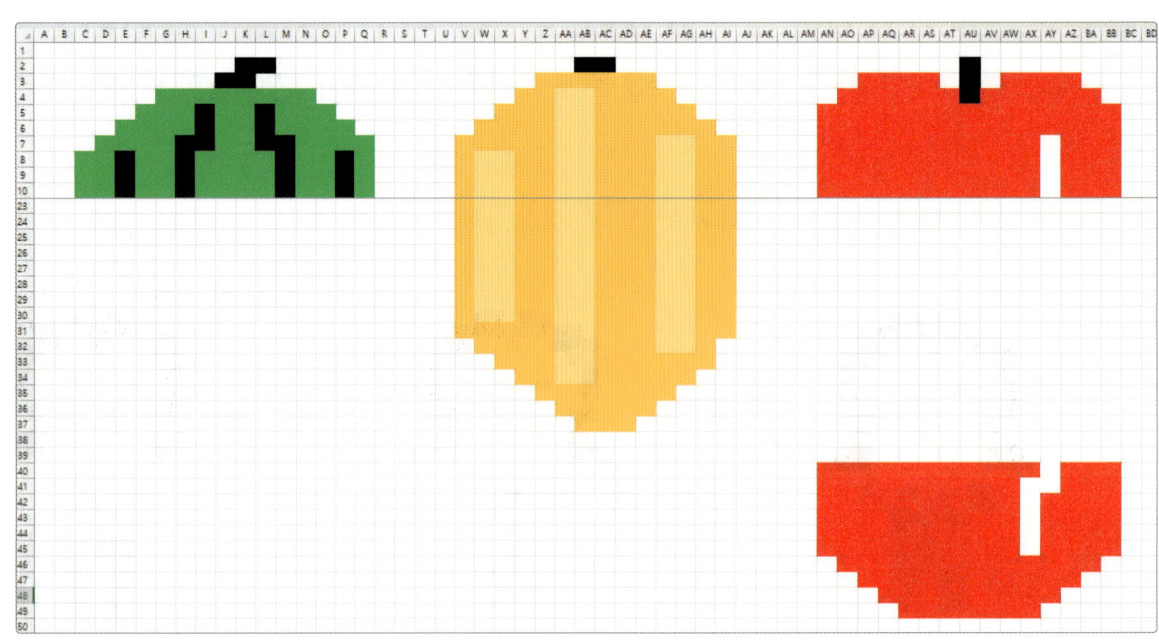

Step 09 빠샤빠샤! 건강 관리 스케줄표

오늘은 무엇을 배울까요?

- 워드아트를 삽입하여 제목을 꾸며요.
- 데이터를 입력하고 여러 셀을 병합해요.

두근! AI & 예술 놀이

1. Portrait AI를 실행해요.
2. 인물 사진을 초상화로 변경해요.

엑셀 창작 놀이

● 예제 파일 : 09강 폴더　● 완성 파일 : 09강 완성.xlsx

1. 워드아트를 삽입해 스케줄표의 제목을 꾸며요.
2. 셀에 데이터를 입력한 후 병합하고 가운데 맞춤을 적용해요.

건강 관리 스케줄표

시간	월	화	수	목	금	토
7:30~8:00	스트레칭					
17:00~18:00	태권도	발레	태권도	발레	태권도	수영
20:00~20:30	부모님과 산책					

 ## 두근! 초상화 만들기

'Portrait AI'를 실행하고 인물 사진을 업로드하여 초상화를 만들어 봐요.

'09강 멀티' 파일을 더블클릭하여 실행하고 인물 사진을 업로드하여 초상화를 만들어 봐요.

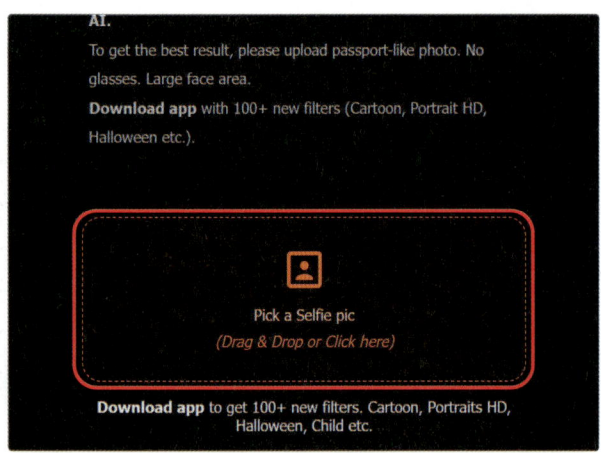

❶ [Pick a Selfie Pic] 클릭하기

❷ 인물 사진 업로드하기

❸ 초상화로 변경된 모습 확인하기

❹ 나의 사진으로 초상화 만들기

예제 파일을 업로드하거나 인터넷 브라우저에서 좋아하는 연예인 사진을 업로드하거나 본인 얼굴을 촬영하여 업로드 하여 초상화를 만들어 보세요.

미션 01. 워드아트 삽입하여 제목 꾸미기

워드아트를 삽입하여 건강 스케줄표의 제목을 꾸며봐요.

01 엑셀 프로그램(📊)을 실행한 후 '09강 예제.xlsx' 파일을 불러와요.

02 [삽입] 탭-[텍스트] 그룹-[WordArt(✏️)]-[그라데이션 채우기: 황금색, 강조색 4, 윤곽선: 황금색, 강조색 4]를 클릭해요.

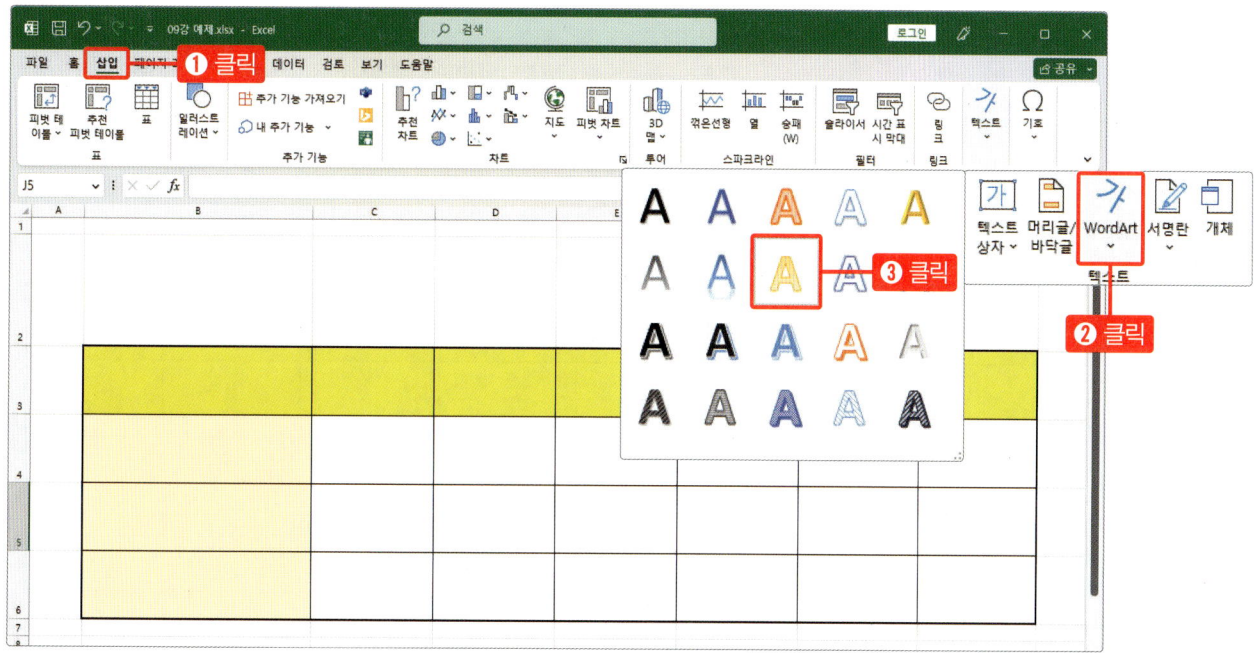

03 워드아트 개체가 삽입되면 "건강 관리 스케줄표!"를 입력하고 그림과 같이 위치를 조절한 후 [홈] 탭-[글꼴] 그룹에서 글꼴('HY엽서M')과 크기('54'), 스타일('굵게')을 지정해요.

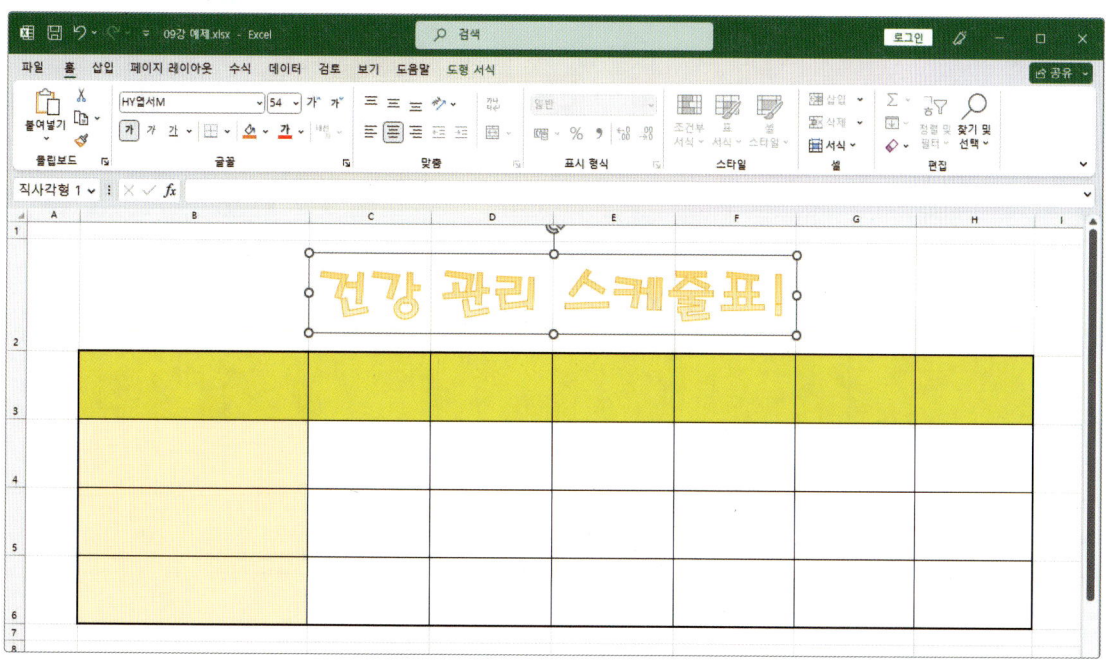

미션 02 여러 셀 병합하기

데이터를 입력한 후 병합하고 가운데 맞춤을 적용하여 여러 셀을 하나의 셀로 만들어 봐요.

01 각각의 셀에 그림과 같이 데이터를 입력해요.

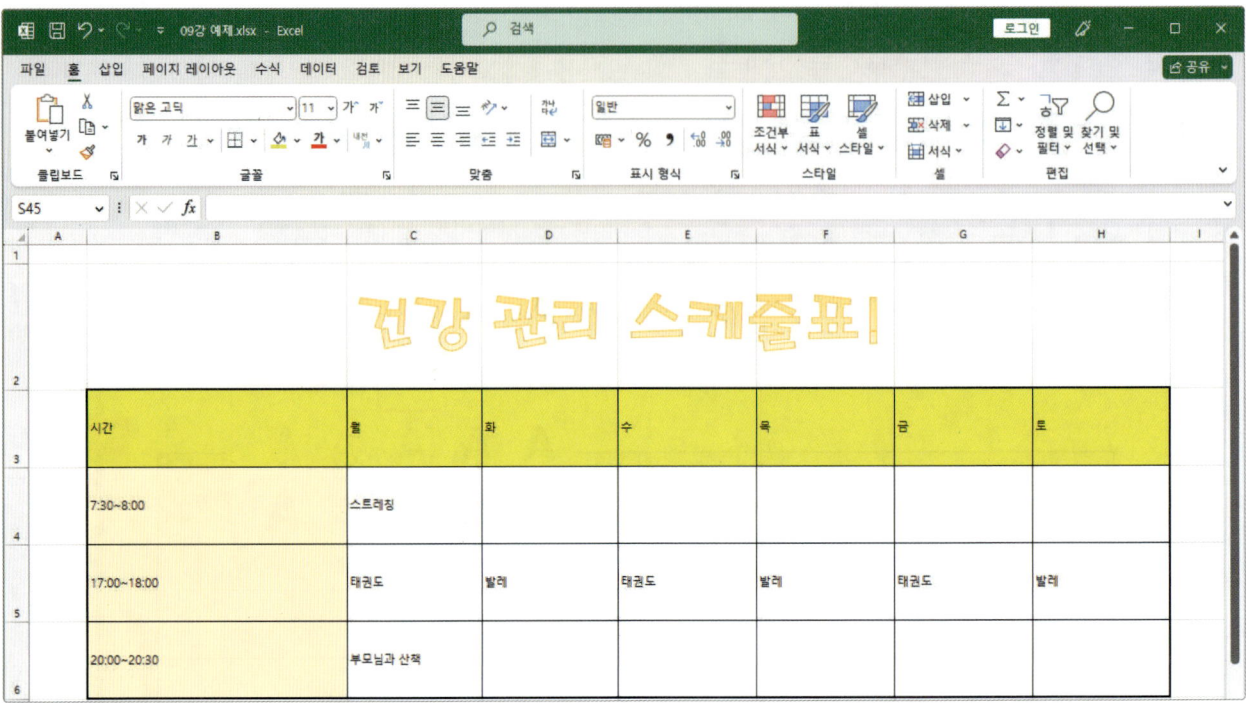

02 [B2:H2] 셀을 드래그하여 영역 지정하고 [홈] 탭-[맞춤] 그룹-[병합하고 가운데 맞춤(🔲)]을 클릭해요.

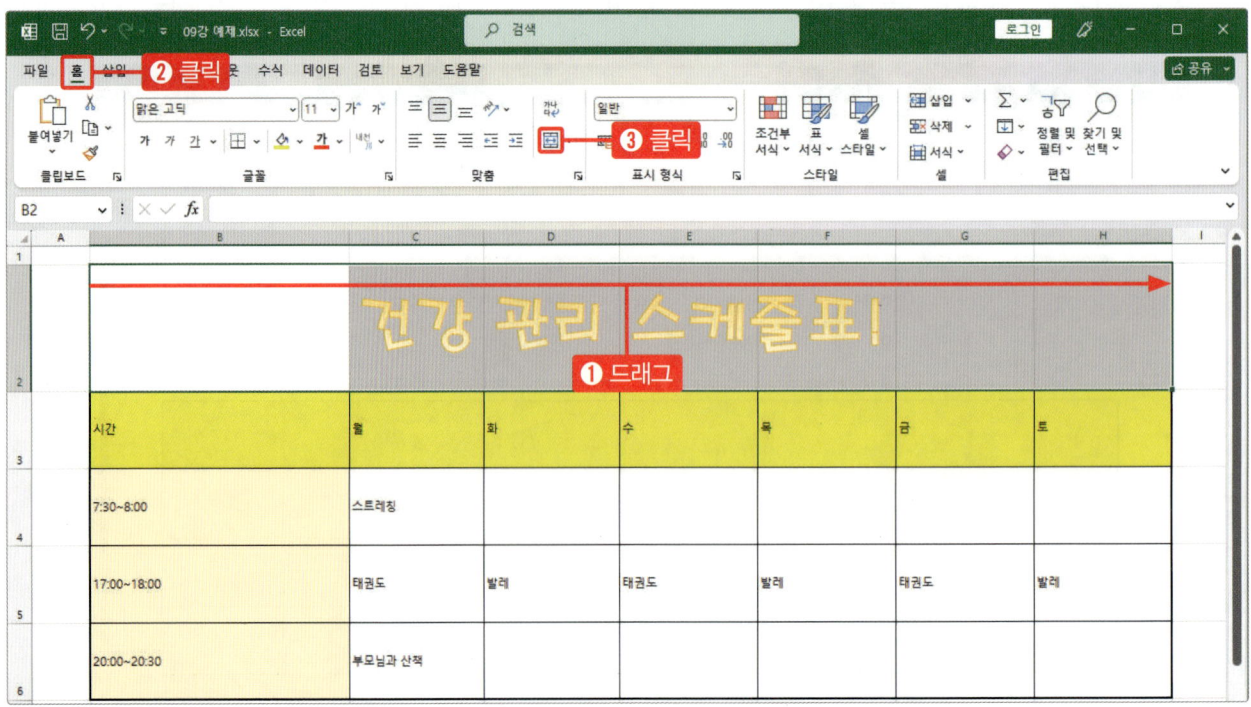

03 02와 같은 방법으로 [C4:H4], [C6:H6] 셀을 각각 영역 지정하고 '병합하고 가운데 맞춤'을 지정해요.

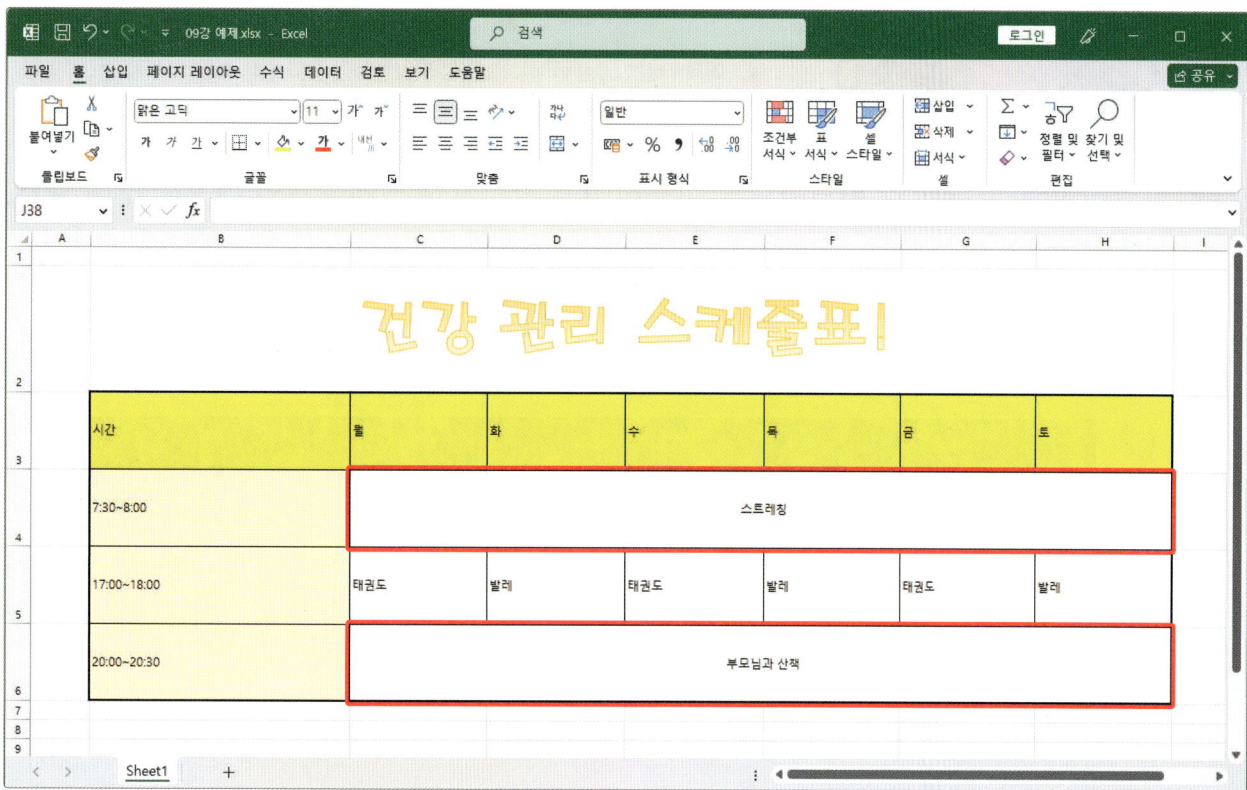

04 [B3:H6] 셀을 드래그하여 영역 지정하고 [홈] 탭-[글꼴] 그룹에서 글꼴, 크기, 글꼴 색, 스타일을 자유롭게 지정한 후 [맞춤] 그룹에서 '가운데 맞춤'을 지정해요.

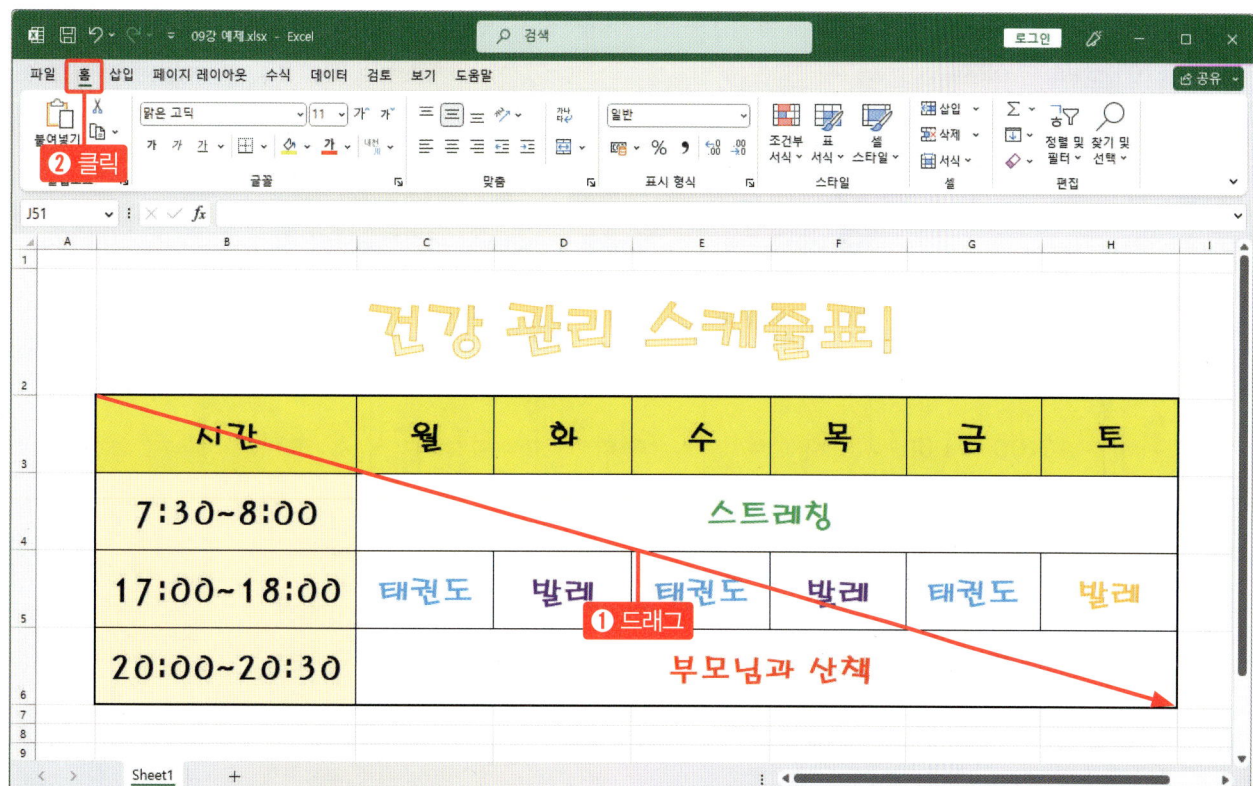

① 실습 파일을 불러와 워드아트를 이용하여 방과후학교 스케줄표의 제목을 꾸며 보세요.

② 데이터를 입력하고 병합하고 가운데 맞춤을 적용하여 셀을 병합한 후 글꼴 서식을 지정해 보세요.

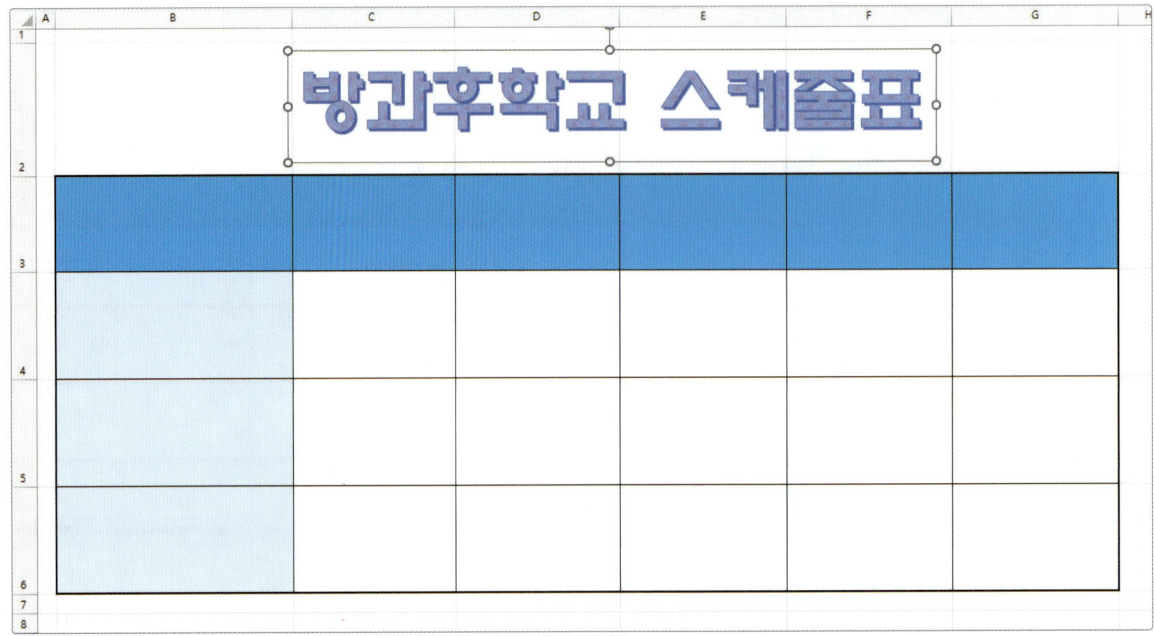

Step 10 해피해피! 생일 축하 캘린더

오늘은 무엇을 배울까요?

- 자동 채우기 핸들을 이용하여 달력 데이터를 입력해요.
- 온라인 그림을 삽입하여 달력에 나의 생일을 표시해요.

1. What the Art?를 실행해요.
2. 그려지는 그림을 보고 관련이 있는 예술 작품을 선택해요.

● 예제 파일 : 10강 폴더   ● 완성 파일 : 10강 완성.xlsx

엑셀 창작 놀이

1. 자동 채우기 핸들을 이용해 달력 데이터를 입력해요.
2. 온라인 그림을 삽입해 달력에 나의 생일을 표시해요.

CALENDAR			2월			
일요일	월요일	화요일	수요일	목요일	금요일	토요일
						1
2	3	4	5	6	7	8
9	10	11	12	13	14	15
16	17	18	19	20	21	22
23	24	25	26	27	28	29

Step 10. 해피해피! 생일 축하 캘린더 69

 ## 두근! 그림 실력 테스트하기

'What the Art?'를 실행하고 캔버스에 그려지는 그림이 어떤 예술 작품인지 골라 봐요.

'10강 멀티' 파일을 더블클릭하여 실행하고 캔버스에 그려지는 그림을 확인하며 어떤 예술 작품인지 골라봐요.

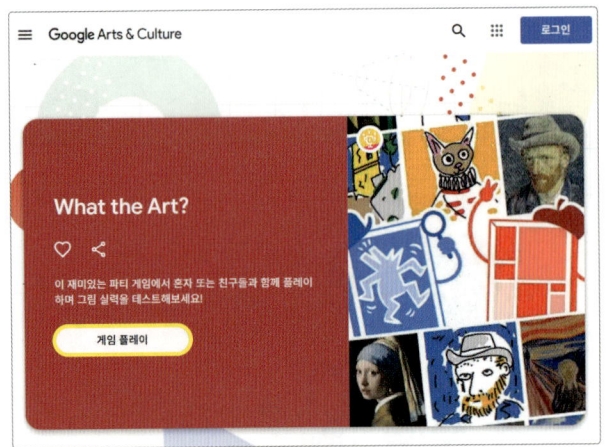

❶ [게임 플레이] 클릭하기

❷ [SINGLE PLAYER] 클릭하기

❸ 캔버스에 그려지는 그림 확인하기

❹ 여러 작품 중 그림에 맞는 작품 선택하기

캔버스에 그려지는 그림을 보고 관련된 작품을 빠른 시간에 찾을수록 더욱 높은 점수를 얻을 수 있어요.

자동으로 데이터 채우기

자동 채우기 핸들을 이용하여 달력에 데이터를 입력해 봐요.

01 엑셀 프로그램( )을 실행한 후 '10강 예제.xlsx' 파일을 불러와요.

02 작업 표시줄 오른쪽 끝에 위치한 알림 영역을 클릭하고 본인의 생일이 있는 달을 찾아 첫 번째 날의 요일과 마지막 날의 날짜를 작성해요.

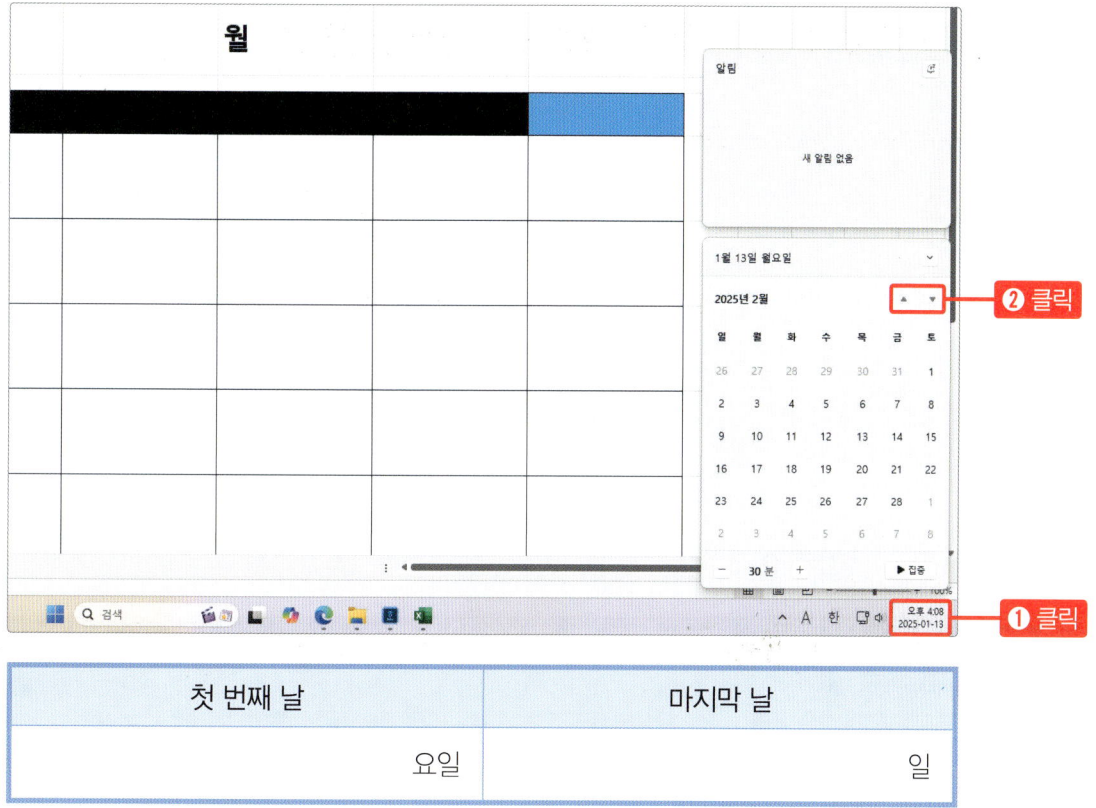

첫 번째 날	마지막 날
요일	일

03 [B4] 셀을 선택하고 "일요일"을 입력한 후 [B4] 셀 오른쪽 하단의 자동 채우기 핸들을 [H4] 셀까지 드래그해요.

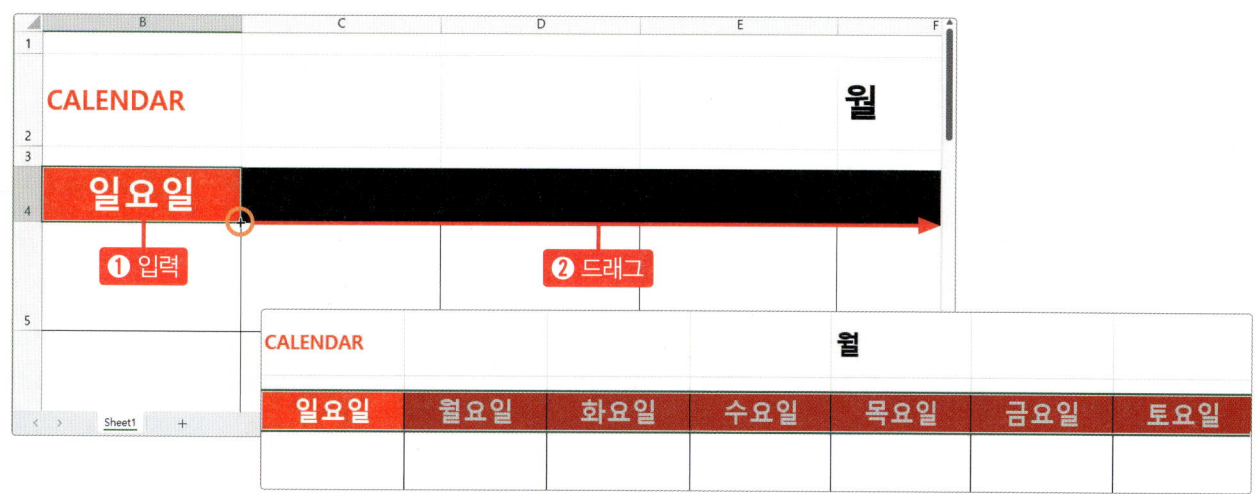

Step 10. 해피해피! 생일 축하 캘린더 **71**

04 자동 채우기가 적용되어 셀 서식이 변경되면 [자동 채우기 옵션(📋)]-[서식 없이 채우기]를 클릭해요.

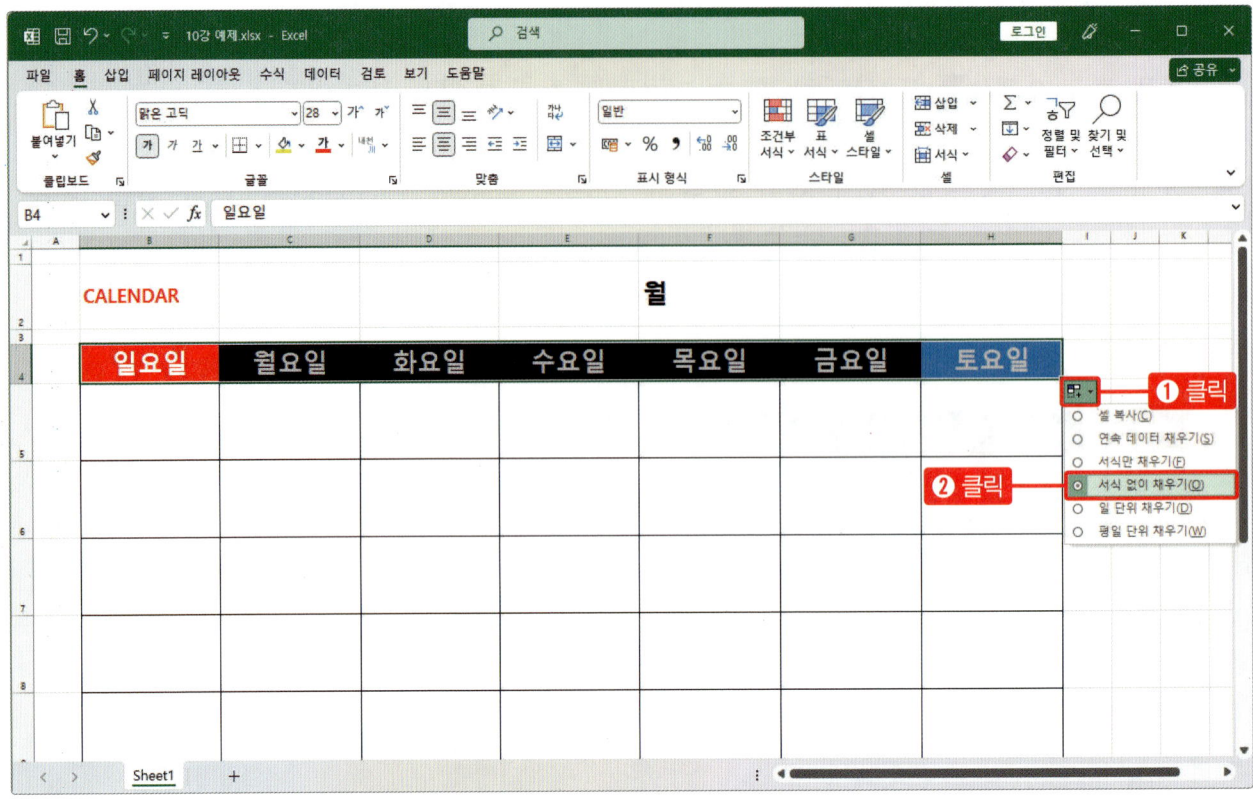

05 그림과 같이 데이터를 입력해요.

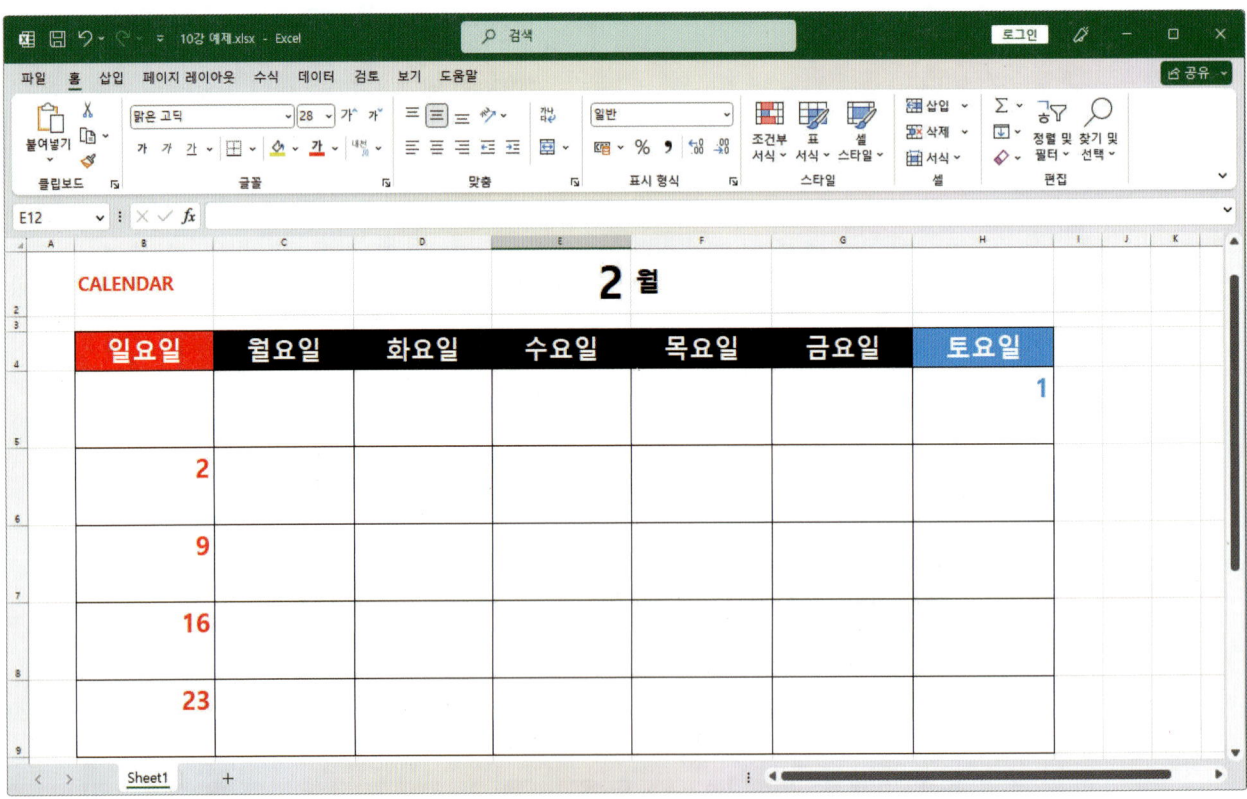

06 [B6] 셀을 클릭하고 Ctrl 키를 누른 상태로 자동 채우기 핸들을 [H6] 셀까지 드래그하여 날짜를 채워요.

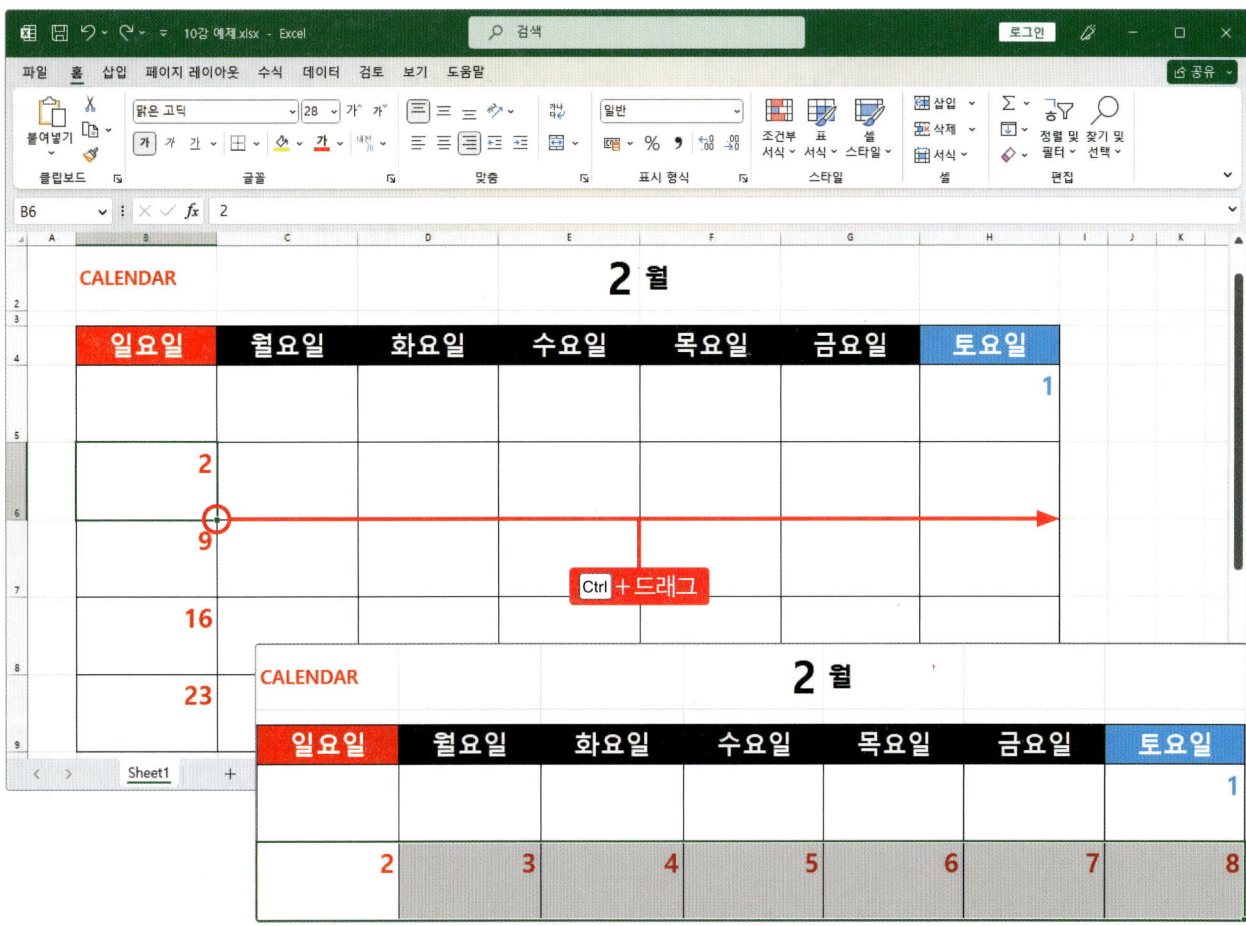

07 06과 같은 방법으로 자동 채우기 핸들을 이용하여 달력에 데이터를 입력하고 글꼴 서식을 지정해요.

온라인 그림 삽입하기

온라인 그림을 삽입하여 달력에 나의 생일을 표시해 봐요.

01 [삽입] 탭-[일러스트레이션] 그룹-[그림(🖼)]-[온라인 그림]을 클릭하여 [온라인 그림] 창이 나타나면 검색창에 '생일'을 검색해요.

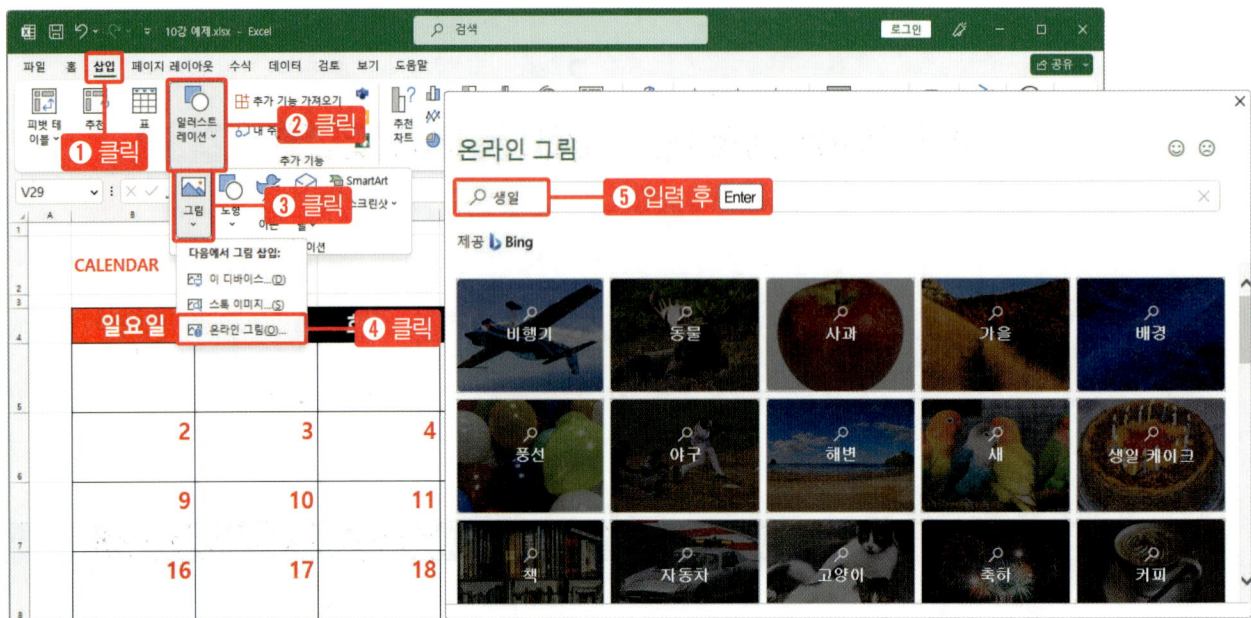

02 생일과 관련된 이미지들이 검색되면 원하는 이미지를 선택하고 [삽입]을 클릭한 후 크기와 위치를 조절하여 본인의 생일을 표시해 봐요.

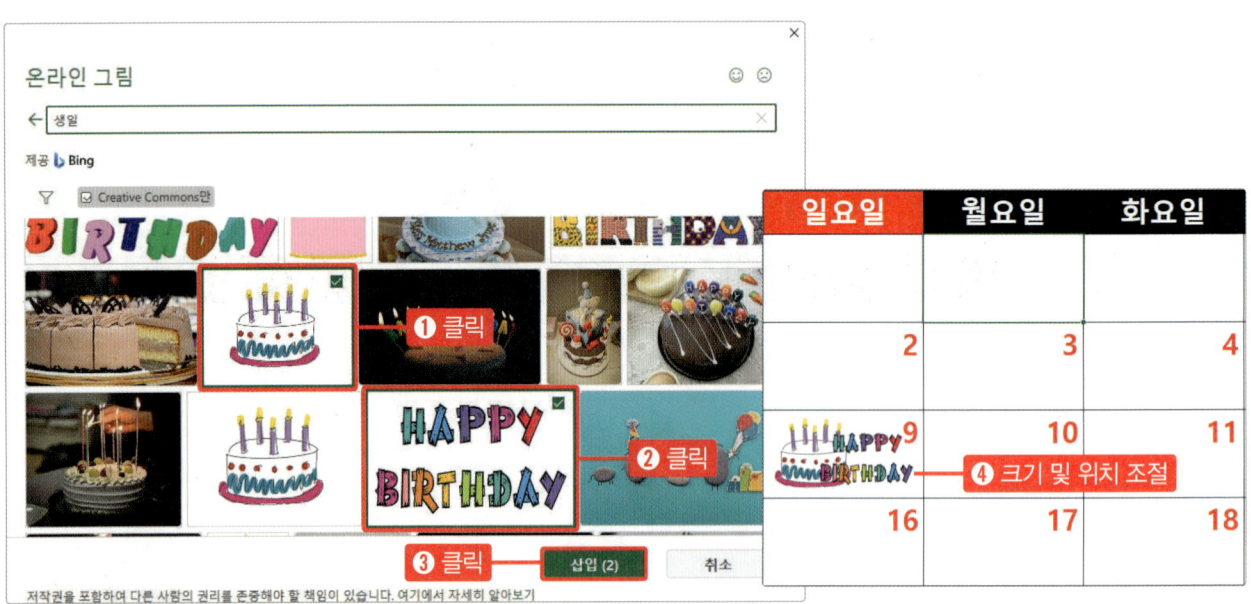

삽입된 온라인 그림이 작업 화면에 보이지 않는다면 화면을 축소해 보세요.

생각 쏙쏙 실력 쑥쑥

▶ 예제 파일 : 10강 폴더   ▶ 완성 파일 : 10강 창의 완성.xlsx

1 실습 파일을 불러와 날짜와 데이터를 입력해 보세요.

해람이 의 용돈기입장

날짜	무엇을?	어디?	들어온 돈	나간돈	남은돈
1월 1일	용돈 받음		10000		10000
1월 2일	떡볶이	간식		1500	8500
1월 3일	슬라임	취미		2600	5900
1월 4일	심부름		2000		7900
1월 5일	딸기우유	간식		1300	6600
1월 6일	지우개	문구		900	5700
1월 7일	뽑기	취미		3500	2200
1월 8일	저금통	저축		2200	0

짝짝힌트 자동 채우기 핸들을 이용해 날짜를 입력하고 나머지 셀에는 직접 데이터를 입력해 보세요.

2 온라인 그림을 삽입하여 용돈 기입장을 완성해 보세요.

♥ 해람이 의 용돈기입장

날짜	무엇을?	어디?	들어온 돈	나간돈	남은돈
1월 1일	용돈 받음		10000		10000
1월 2일	떡볶이	간식		1500	8500
1월 3일	슬라임	취미		2600	5900
1월 4일	심부름		2000		7900
1월 5일	딸기우유	간식		1300	6600
1월 6일	지우개	문구		900	5700
1월 7일	뽑기	취미		3500	2200
1월 8일	저금통	저축		2200	0

짝짝힌트 [온라인 그림] 창에서 '하트', '돈', '캐릭터'를 검색해 보세요.

Step 11 장난감 결재 서식 만들기

오늘은 무엇을 배울까요?

- 줄을 바꾸어 데이터를 입력하고 시트를 추가해요.
- 추가된 시트에 결재 칸을 만들고 결재 칸을 복사하여 붙여 넣어요.

두근! AI & 예술 놀이

1. Daily Gallery를 실행해요.
2. 배송된 물품으로 나의 갤러리를 꾸며요.

엑셀 창작 놀이

1. 셀 안에서 줄을 바꿔 데이터를 입력하고 결재 칸 시트를 추가해요.
2. 추가된 시트에 결재 칸을 만들고 결재 칸을 복사해 붙여 넣어요.

● 예제 파일 : 11강 폴더　● 완성 파일 : 11강 완성.xlsx

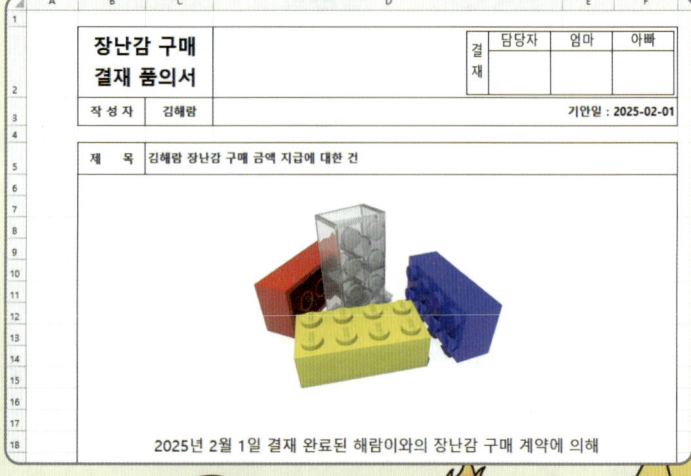

두근! 나만의 갤러리 꾸미기

'Daily Gallery'를 실행하고 배송된 물품으로 나만의 갤러리를 꾸며봐요.

'11강 멀티' 파일을 더블클릭하여 실행하고 나만의 갤러리를 꾸며봐요.

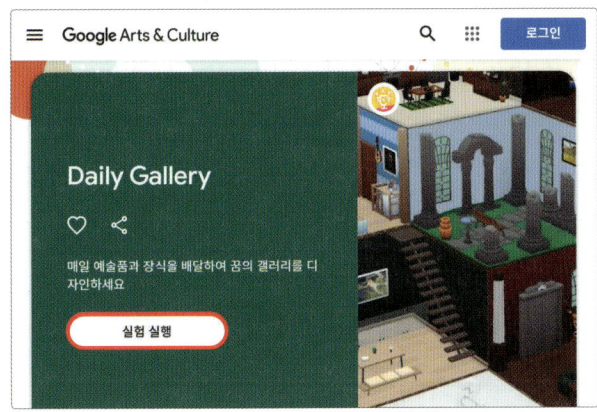

❶ [실험 실행] 클릭하기

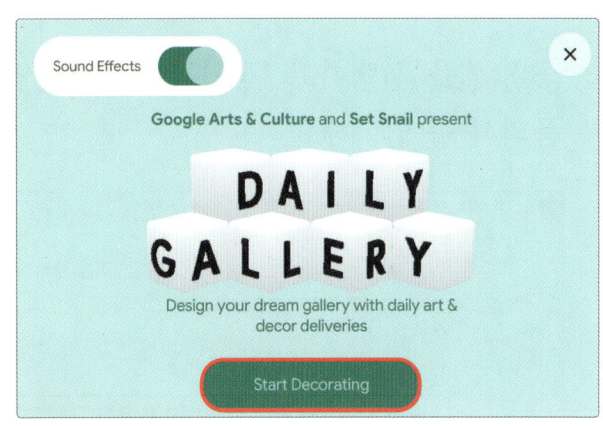

❷ [Start Decorating] 클릭하기

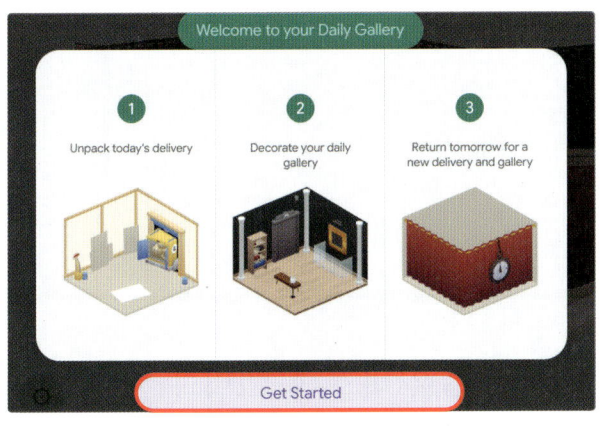

❸ [Get Started] 클릭하기

❹ 잠금 버튼 클릭하여 배송 물품 확인하기

❺ [Decorate your room] 클릭하기

❻ 다양한 물품으로 갤러리 꾸미기

화면 왼쪽 메뉴에서 다양한 물품을 선택하여 갤러리를 꾸미고 오늘의 작품을 배치해 보세요.

줄 바꿔 데이터 입력하기

셀 안에서 줄을 바꿔 데이터를 입력해 장난감 결재 서식을 만들어 봐요.

01 엑셀 프로그램( )을 실행한 후 '11강 예제.xlsx' 파일을 불러와요.

02 [B2] 셀을 선택하고 "장난감 구매"를 입력하고 Alt + Enter 키를 눌러 줄을 바꾼 후 "결재 품의서"를 입력해요.

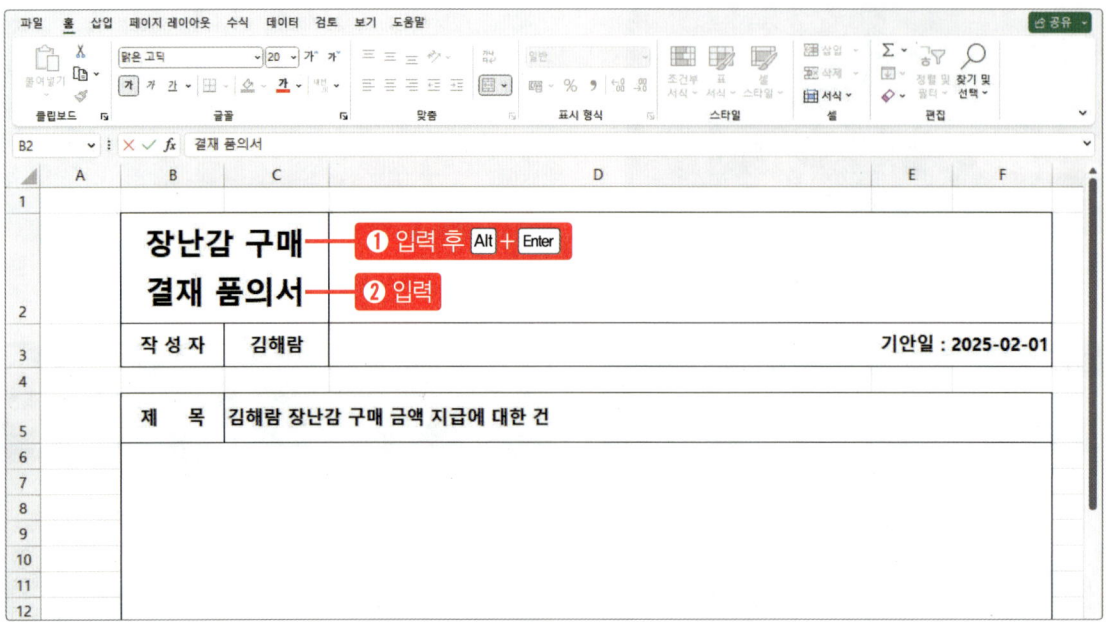

03 [B6] 셀을 선택하고 Alt + Enter 키를 여러 번 눌러 줄을 바꾼 후 그림과 같이 데이터를 입력해요.

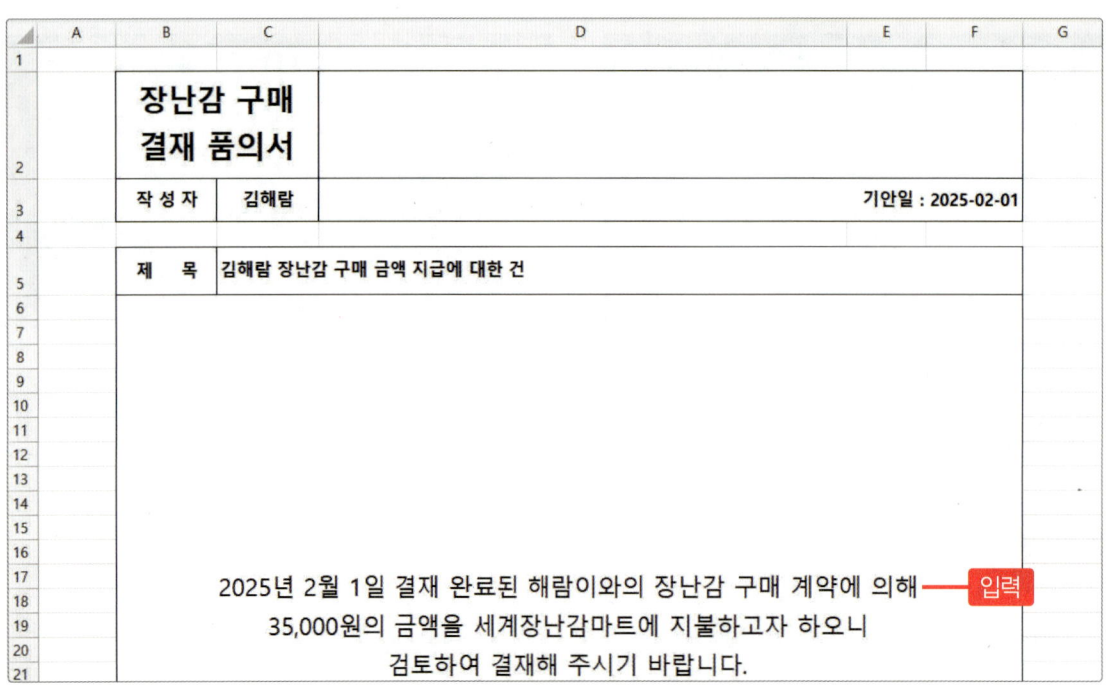

미션 02 시트 추가하고 결재 칸 만들기

결재 칸 시트를 추가하고 결재 칸을 만들어 봐요.

01 [새 시트(+)]를 클릭하여 [Sheet2]가 추가되면 시트를 더블클릭하고 시트 이름을 '결재 칸'으로 변경해요.

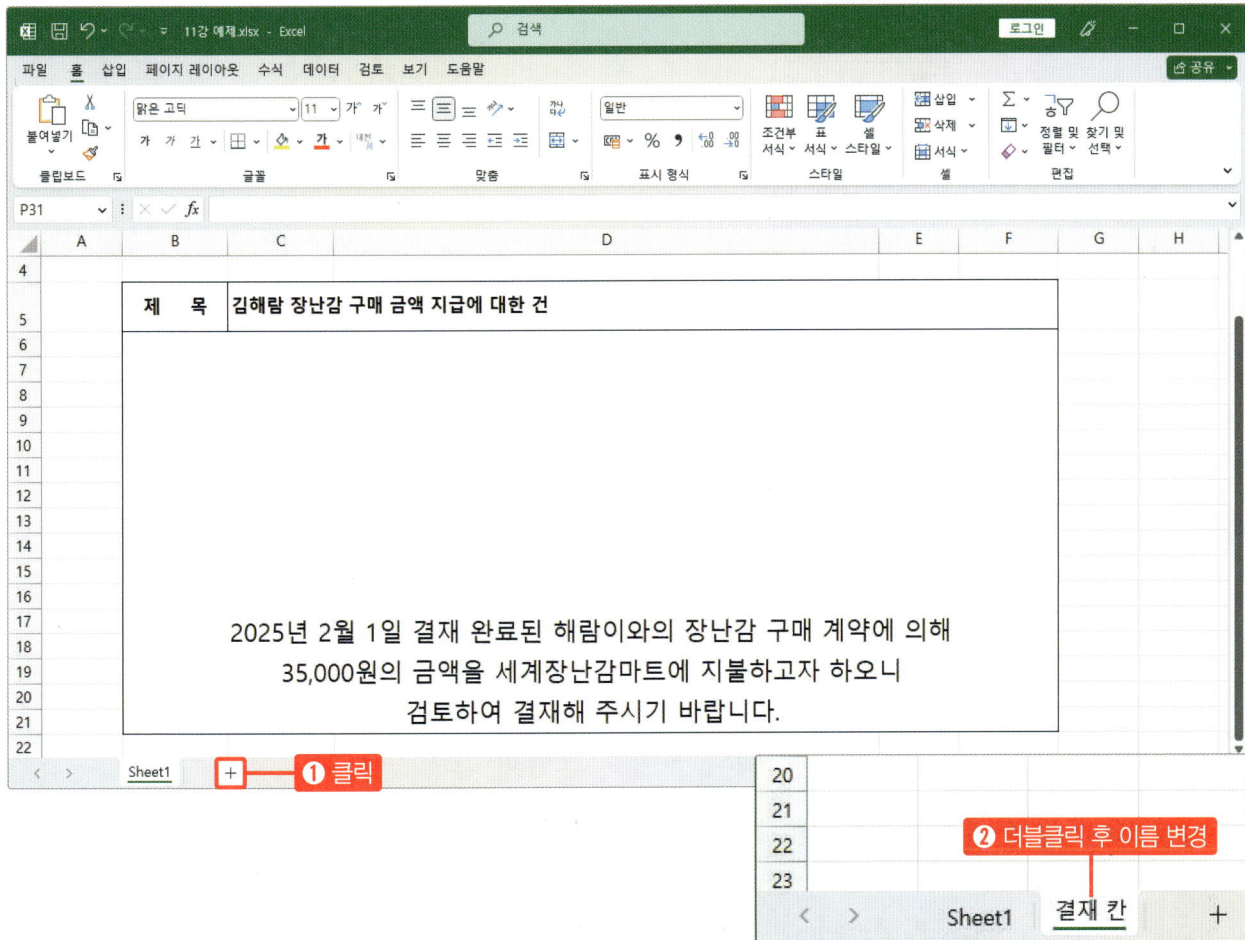

02 [B2] 셀을 선택하고 "결"을 입력한 후 Alt + Enter 키를 눌러 줄을 바꾸고 "재"를 입력해요.

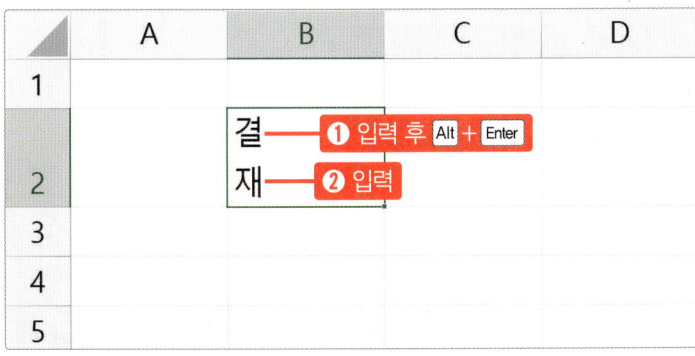

Step 11. 장난감 결재 서식 만들기 **79**

03 [B2:B3] 셀을 드래그하여 영역 지정하고 [홈] 탭-[맞춤] 그룹-[병합하고 가운데 맞춤(🔁)]을 클릭한 후 그림과 같이 데이터를 입력해요.

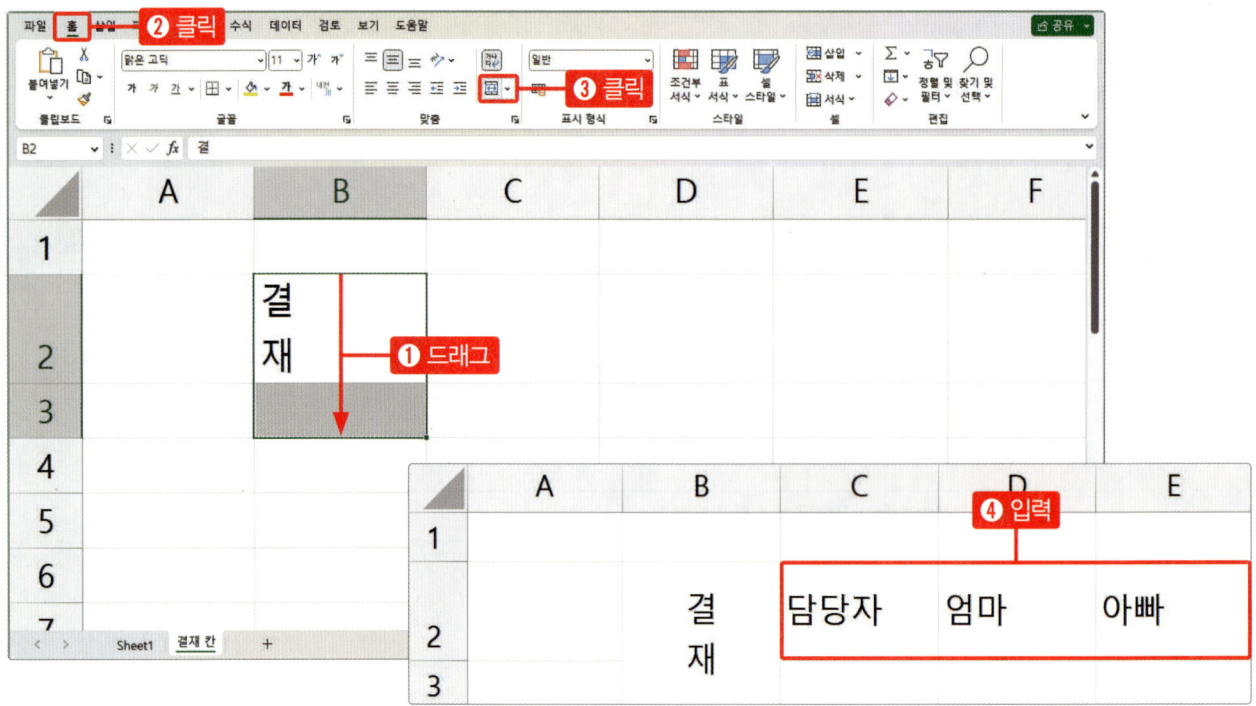

04 [B2:E3] 셀을 드래그하여 영역 지정하고 [홈] 탭-[글꼴] 그룹-[테두리]-[모든 테두리]를 클릭한 후 가로, 세로 맞춤을 '가운데 맞춤'으로 지정해요.

05 이어서 [B]열의 너비와 [2], [3]행의 높이를 그림과 같이 변경해요.

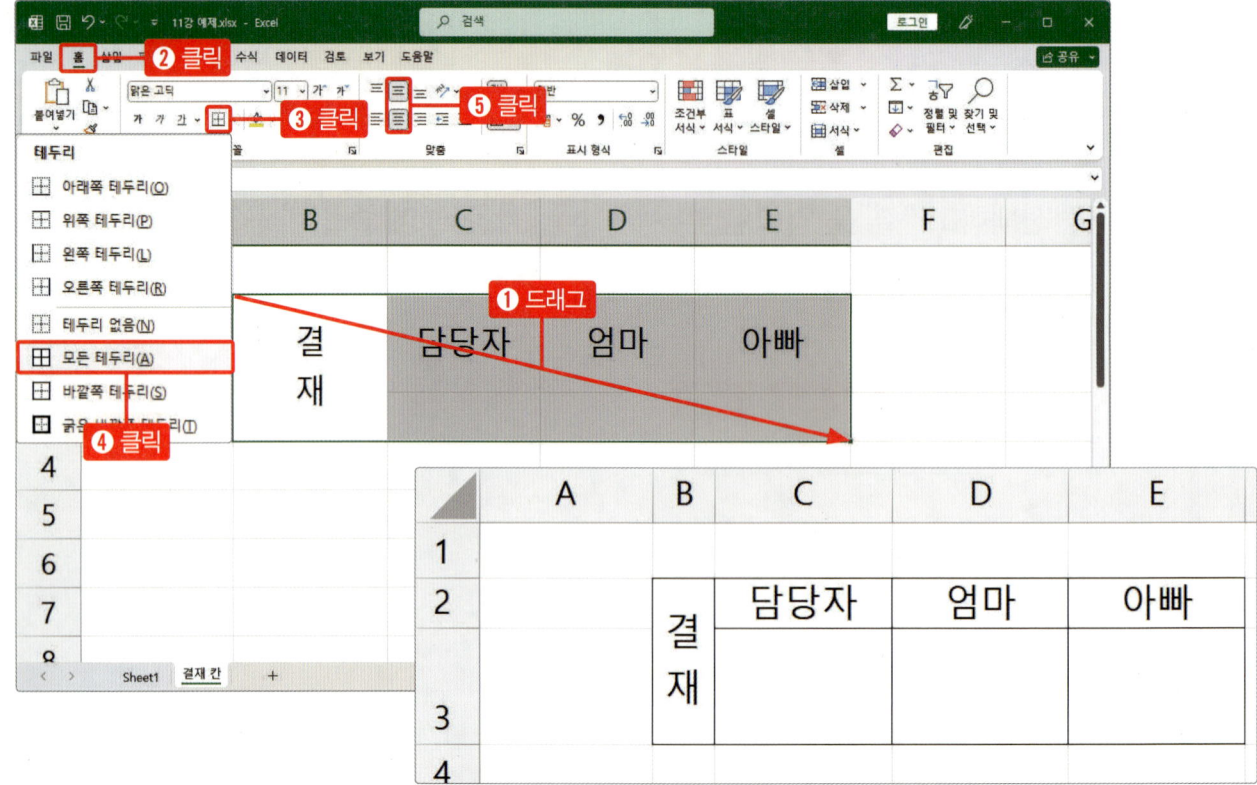

미션 03 결재 칸 그림으로 붙여넣기

결재 칸 시트에서 만든 결재 칸을 결재 서식에 그림으로 붙여 넣어봐요.

01 [B2:E3] 셀을 드래그하여 영역 지정하고 [홈] 탭-[클립보드] 그룹-[복사()]-[그림으로 복사]를 클릭하여 [그림 복사] 대화상자가 나타나면 [확인]을 클릭해요.

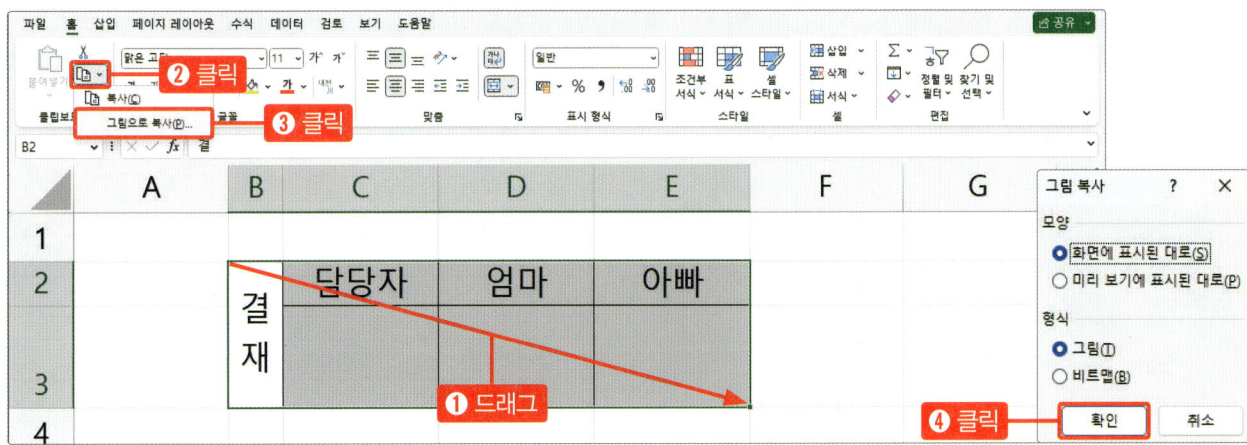

02 [Sheet1] 시트를 클릭하고 [홈] 탭-[클립보드] 그룹-[붙여넣기()]를 클릭하여 앞서 복사한 결재 칸이 나타나면 그림과 같이 크기와 위치를 조절해요.

03 이어서 [삽입] 탭-[일러스트레이션] 그룹-[그림()]-[온라인 그림]을 클릭하여 장난감 이미지를 추가한 후 그림과 같이 크기와 위치를 조절해요.

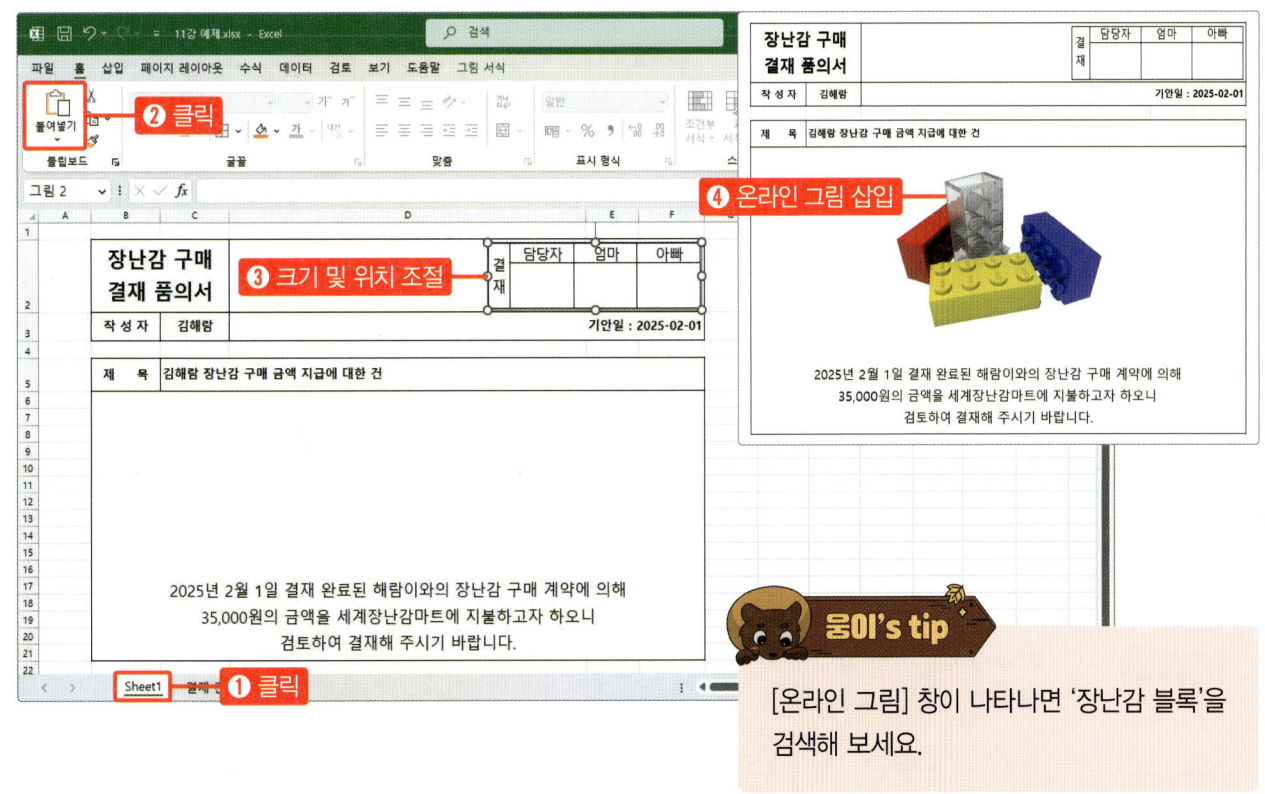

웅이's tip

[온라인 그림] 창이 나타나면 '장난감 블록'을 검색해 보세요.

1 실습 파일을 불러와 줄 바꿈 기능을 이용하여 그림과 같이 데이터를 입력해 보세요.

2 결재 칸을 만들고 그림으로 복사하여 붙여 넣어 간식 구입 결재 서식을 완성해 보세요.

짹짹힌트: 시트를 추가하고 시트 이름을 '결재 칸'으로 변경한 후 결재 칸을 만들어 보세요.

Step 12 키득키득 EBS 키즈 방송 편성표

오늘은 무엇을 배울까요?

- 셀 서식을 이용하여 표시 형식을 변경하고 특수 문자를 입력해요.
- 단축키를 이용하여 오늘의 날짜를 표시해요.

1. Musical Canvas를 실행해요.
2. AI로 내가 그린 그림과 어울리는 음악을 생성해요.

● 예제 파일 : 12강 폴더   ● 완성 파일 : 12강 완성.xlsx

1. 셀 서식을 이용해 표시 형식을 변경하고 특수 문자를 추가해요.
2. 단축키를 이용해 오늘의 날짜를 표시해요.

두근! 나의 그림으로 음악 생성하기

'Musical Canvas'를 실행하고 그림을 그린 후 AI로 그린 그림과 어울리는 음악을 생성해 봐요.

'12강 멀티' 파일을 더블클릭하여 실행하고 그림을 그려 음악을 생성해 봐요.

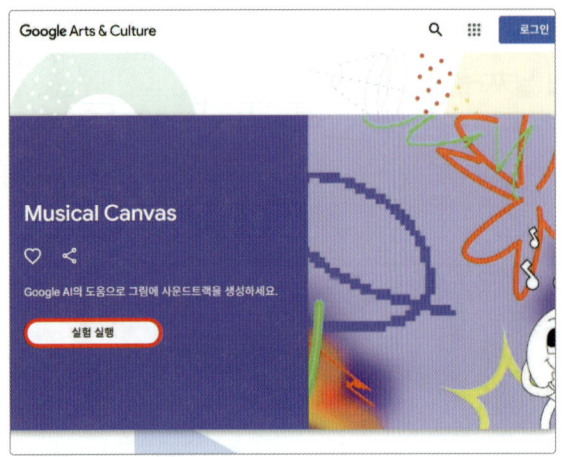

❶ [실험 실행] 클릭하기

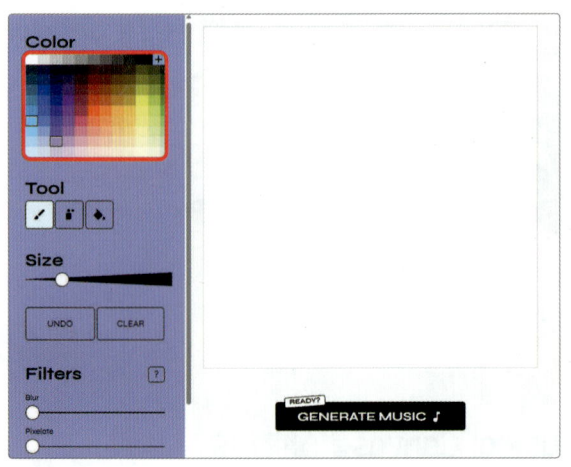

❷ 색상 선택하기

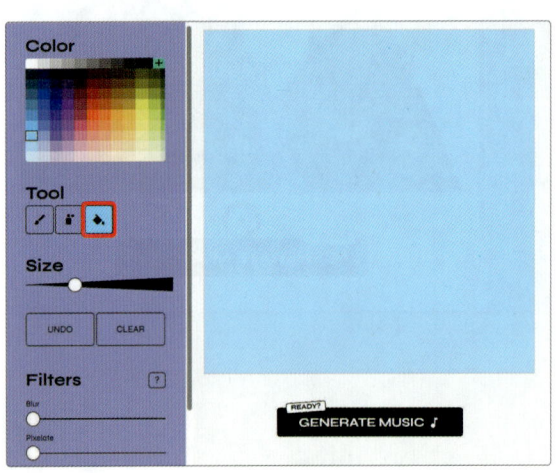

❸ 페인트통으로 배경 채우기

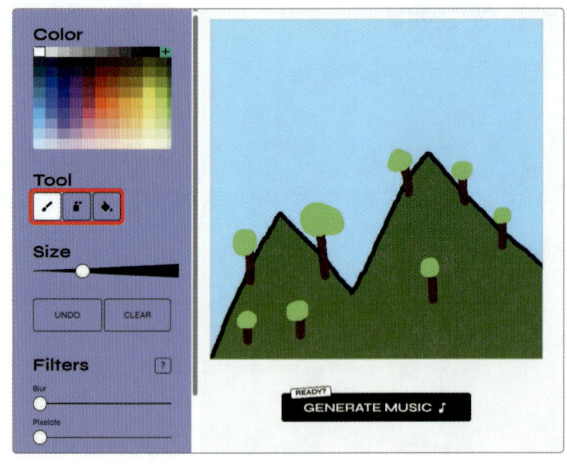

❹ 다양한 도구로 그림 그리기

❺ [GENERATE MUSIC] 클릭하기

❻ AI가 생성한 음악 감상하기

셀 서식으로 날짜와 시간 표시하기

셀 서식을 이용하여 날짜와 시간의 표시 형식을 변경해 봐요.

01 엑셀 프로그램(📊)을 실행한 후 '12강 예제.xlsx' 파일을 불러와요.

02 [C4:I4] 셀을 드래그하여 영역 지정하고 [홈] 탭-[표시 형식] 그룹에서 [표시 형식(🔽)]을 클릭해요.

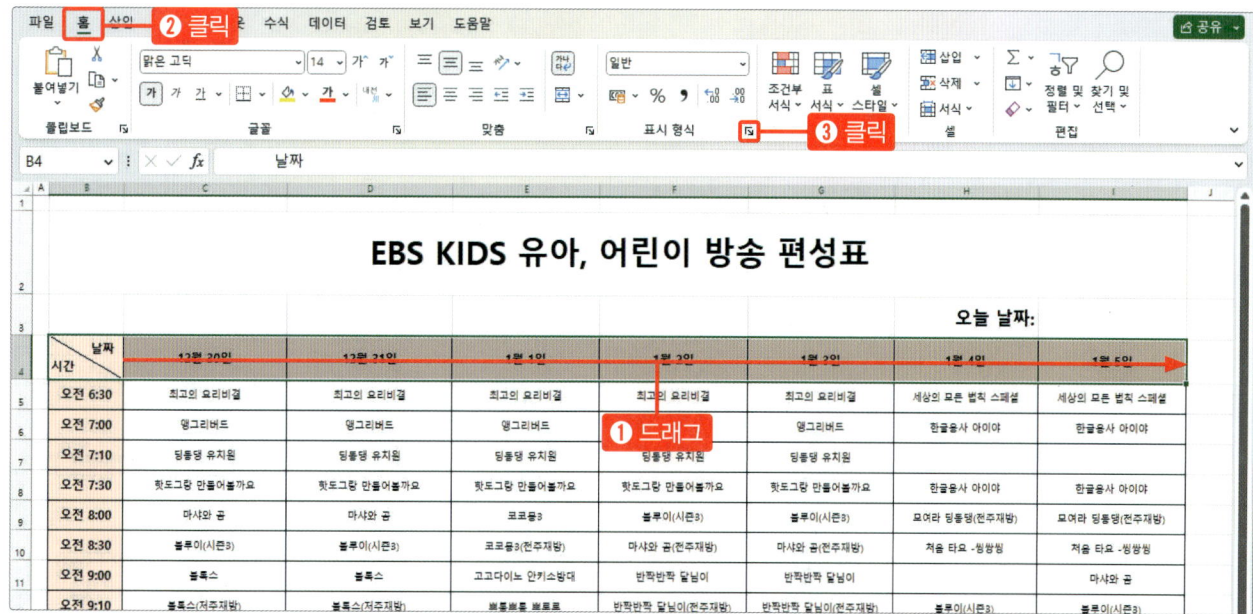

03 [셀 서식] 대화상자가 나타나면 [표시 형식] 탭-[범주]-[날짜]를 클릭하고 [형식]에서 날짜 형식을 선택한 후 [확인]을 클릭해요.

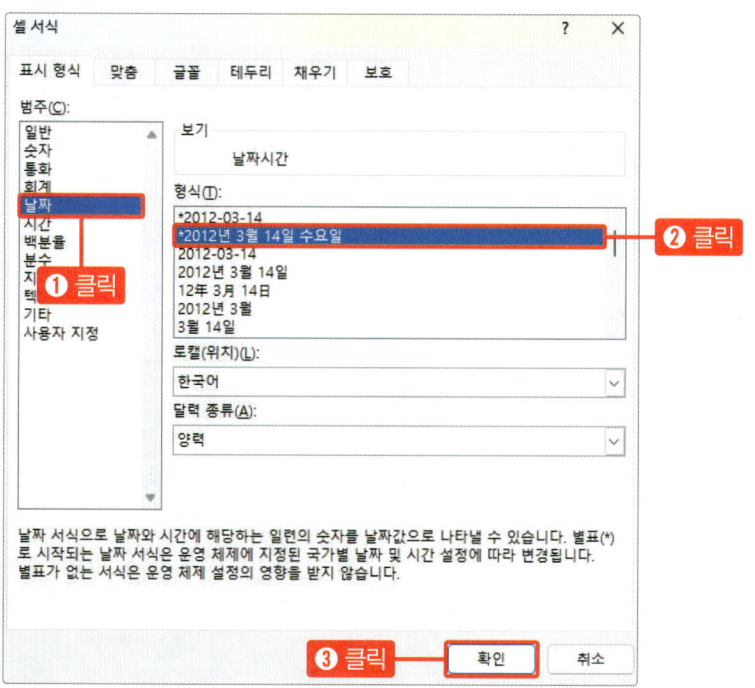

Step 12. 키득키득 EBS 키즈 방송 편성표

04 [B5:B13] 셀을 드래그하여 영역 지정하고 [홈] 탭-[표시 형식] 그룹에서 [표시 형식(🔽)]을 클릭해요.

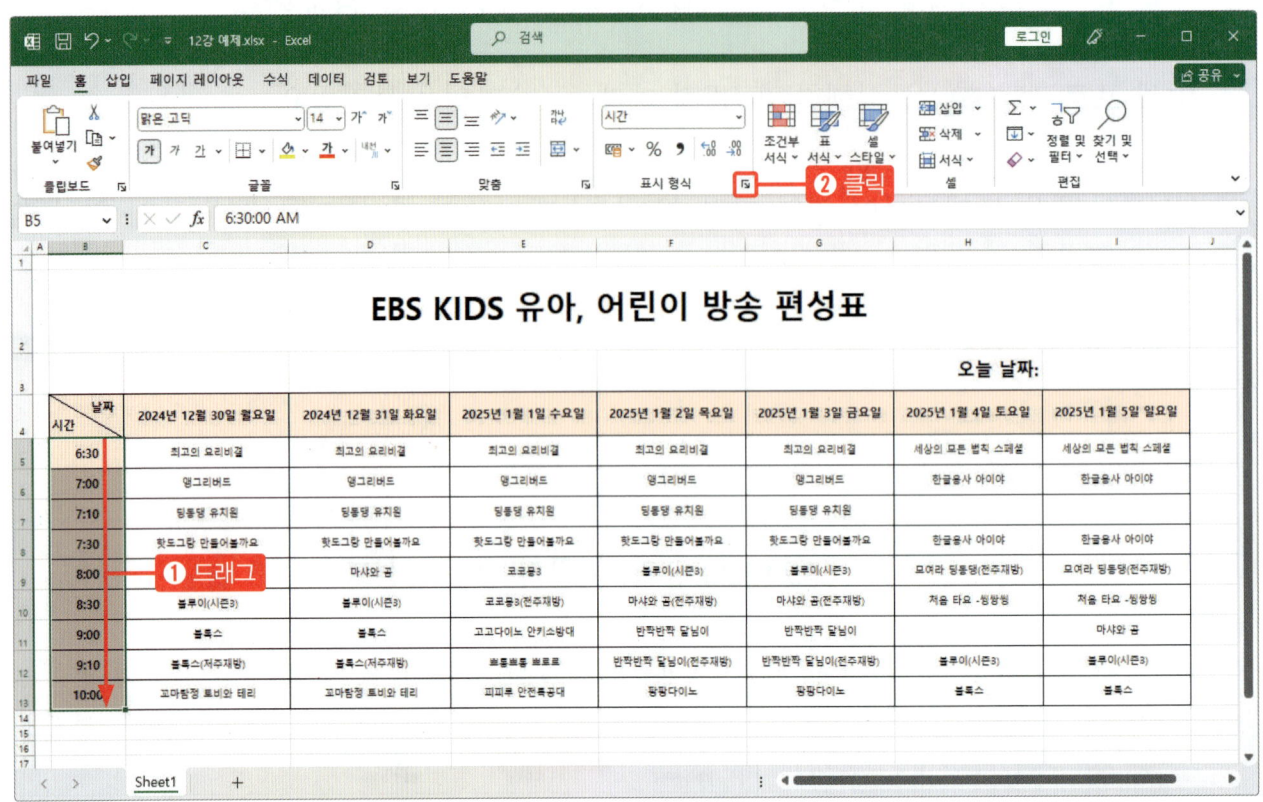

05 [셀 서식] 대화상자가 나타나면 [표시 형식] 탭-[범주]-[시간]을 클릭하고 [형식]에서 시간 표시 형식을 선택한 후 [확인]을 클릭해요.

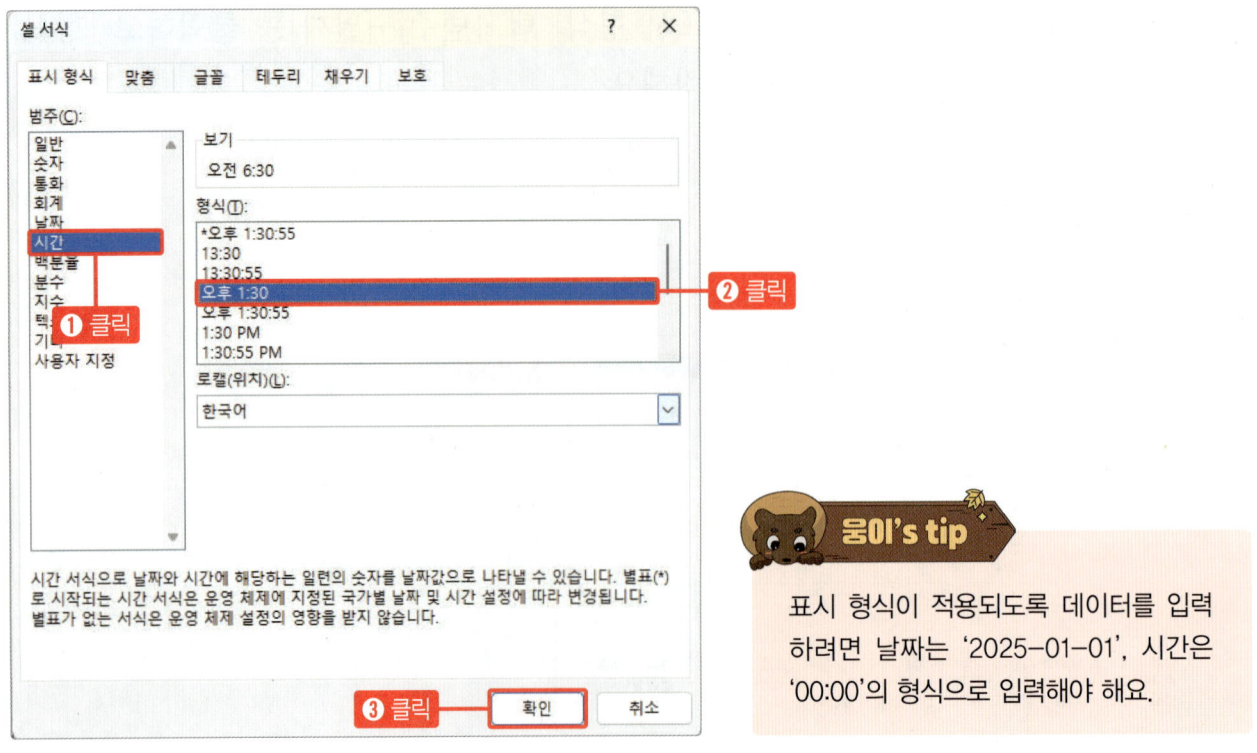

뭉이's tip

표시 형식이 적용되도록 데이터를 입력하려면 날짜는 '2025-01-01', 시간은 '00:00'의 형식으로 입력해야 해요.

미션 02. 셀 서식으로 특수 문자 추가하기

셀 서식을 이용하여 내가 좋아하는 프로그램에 특수 문자를 추가해 봐요.

01 Ctrl 키를 누른 상태로 내가 좋아하는 프로그램을 각각 선택해요.

02 [홈] 탭-[표시 형식] 그룹에서 [표시 형식(⤢)]을 클릭하여 [셀 서식] 대화상자가 나타나면 [표시 형식] 탭-[범주]-[사용자 지정]을 클릭해요.

03 [형식] 입력 칸에 "@"을 입력하고 "ㅁ"을 누르고 한자 키를 눌러 '★' 특수 문자를 선택한 후 [확인]을 클릭해요.

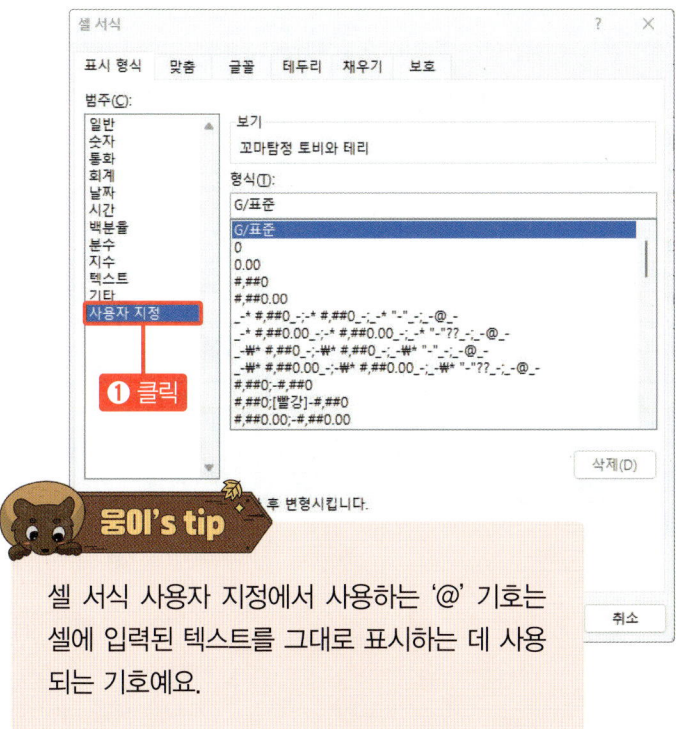
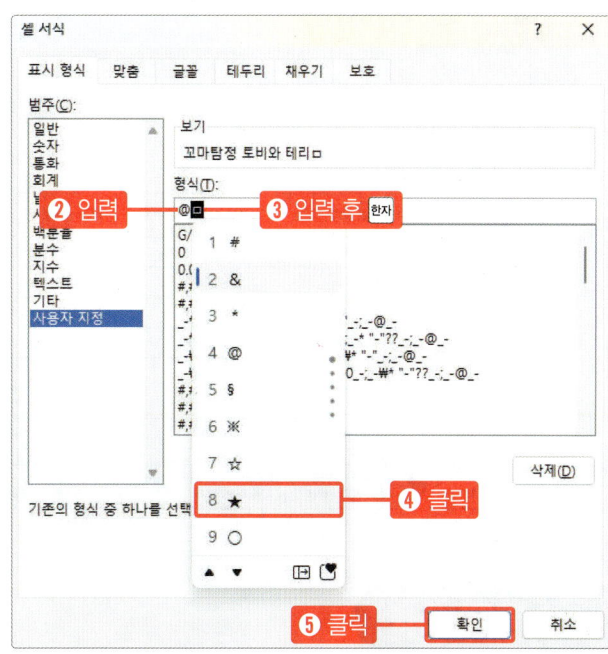

뭉이's tip

셀 서식 사용자 지정에서 사용하는 '@' 기호는 셀에 입력된 텍스트를 그대로 표시하는 데 사용되는 기호예요.

미션 03 단축키로 오늘 날짜 표시하기

단축키를 이용하여 오늘의 날짜가 표시되도록 해봐요.

01 [I3] 셀을 선택하고 Ctrl 키를 누른 상태로 ";"을 입력하여 오늘의 날짜가 표시되는 것을 확인해요.

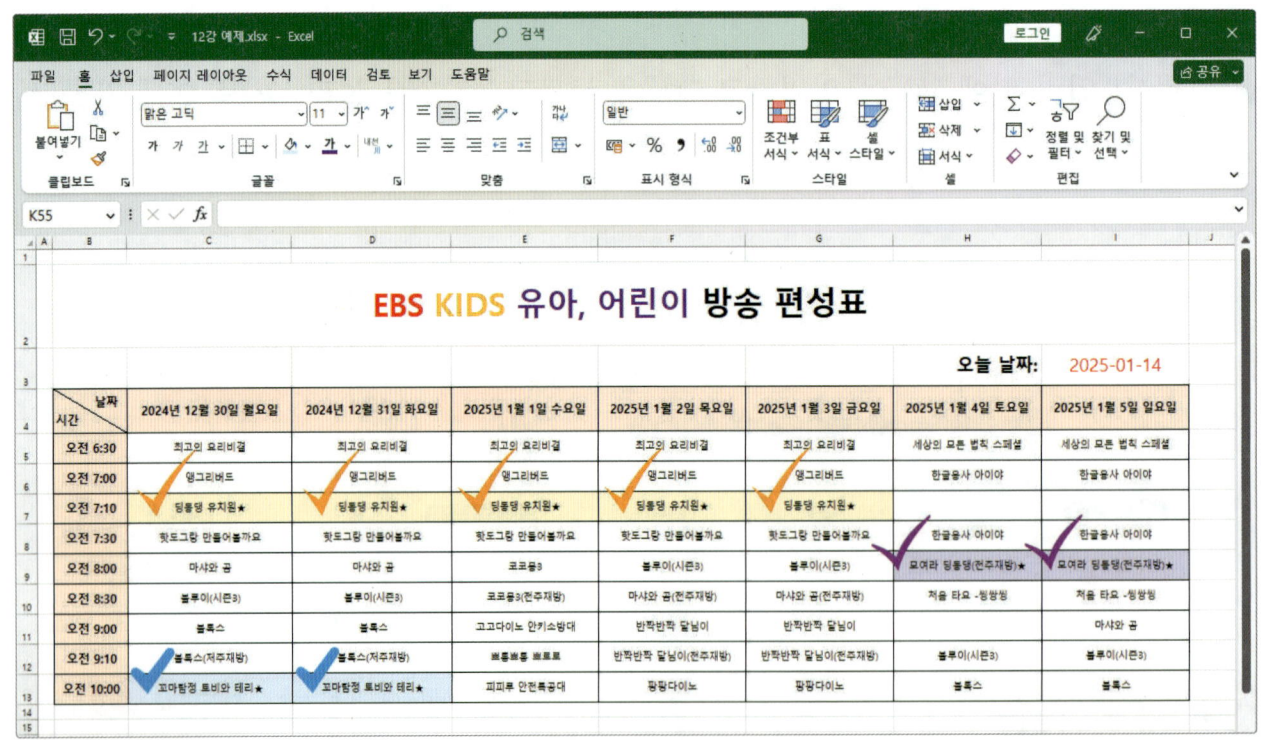

02 온라인 그림을 삽입하고 셀 서식, 글꼴 서식을 자유롭게 지정하여 방송 편성표를 완성해요.

[온라인 그림] 창에서 '체크'를 검색해 보세요.

① 실습 파일을 불러와 셀 서식을 이용하여 날짜 표시 형식을 변경하고 내가 보고 싶은 야구 경기에 특수 문자를 적용해 보세요.

짹짹힌트 셀 서식을 이용하여 특수 문자를 추가하고 셀에 채우기 색을 적용해 보세요.

② 단축키를 이용해 오늘의 날짜를 표시하여 야구 경기 일정표를 완성해 보세요.

짹짹힌트 [온라인 그림] 창에서 '야구'를 검색하여 원하는 이미지를 삽입해 보세요.

Step 13 도전! 청기백기 게임

오늘은 무엇을 배울까요?

- 도형을 삽입하여 청기 버튼과 백기 버튼을 만들어요.
- 청기 버튼과 백기 버튼에 매크로를 지정해요.

두근! AI & 예술 놀이

1. 3D Pottery를 실행해요.
2. 마우스로 도자기를 빚어요.

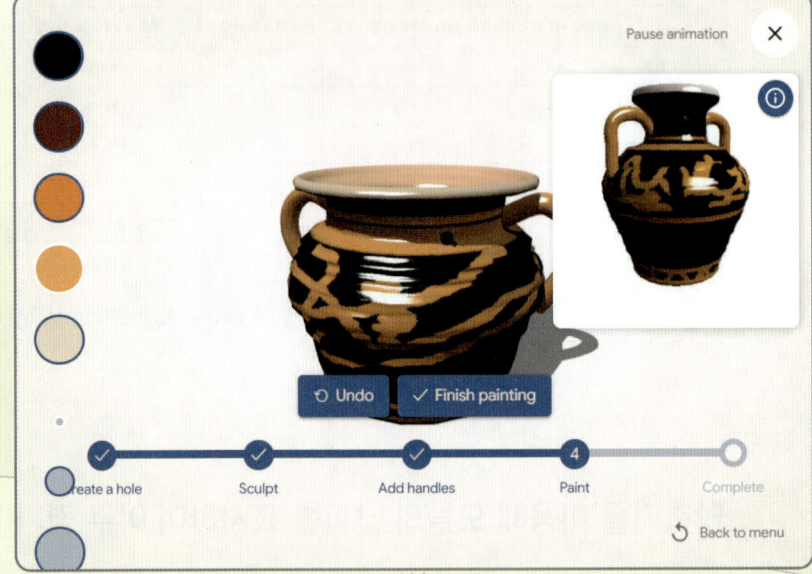

엑셀 창작 놀이

● 예제 파일 : 13강 폴더   ● 완성 파일 : 13강 완성.xltm

1. 도형을 삽입하고 서식을 지정하여 청기, 백기 버튼을 만들어요.
2. 청기, 백기 버튼에 매크로를 지정하고 청기백기 게임을 진행해요.

90 처음 배우는 엑셀 2021

 **두근! 마우스로 도자기 빚기**

'3D Pottery'를 실행하고 마우스를 이용해 예쁜 도자기를 만들어 봐요.

'13강 멀티' 파일을 더블클릭하여 실행하고 마우스를 이용하여 도자기를 만들어 봐요.

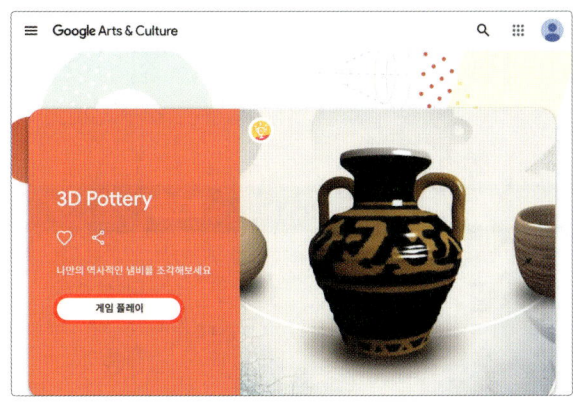

❶ [게임 플레이] 클릭하기

❷ [Start] 클릭하기

❸ 만들 도자기 선택하기

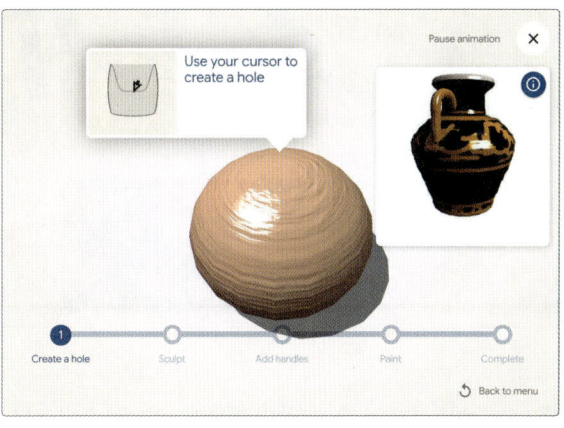

❹ 단계별로 도자기 빚기

❺ 손잡이 그리고 [Duplicate handle] 클릭하기

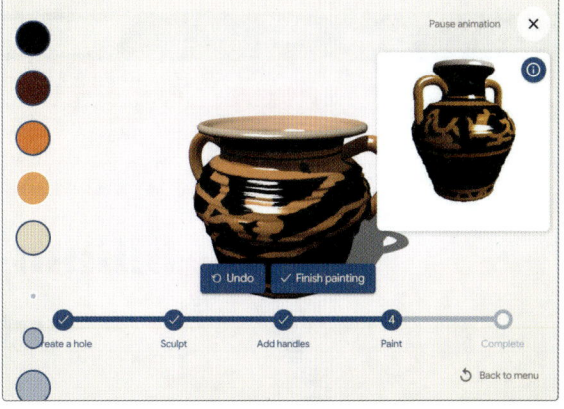

❻ 도자기에 색 입히기

 **웅이's tip**

위쪽에 나타난 설명을 보고 같은 모양으로 도자기를 빚어요. 빈 화면을 드래그하면 방향을 위아래로 변경할 수 있어요.

청기, 백기 버튼 만들기

도형을 삽입하고 도형 서식을 변경하여 청기, 백기 버튼을 만들어 봐요.

01 엑셀 프로그램(	)을 실행한 후 '13강 예제.xlsx' 파일을 불러와요.

02 [삽입] 탭-[일러스트레이션] 그룹-[도형(○)]-[직사각형(□)] 도형을 삽입하고 도형 안에 "백기"를 입력해요.

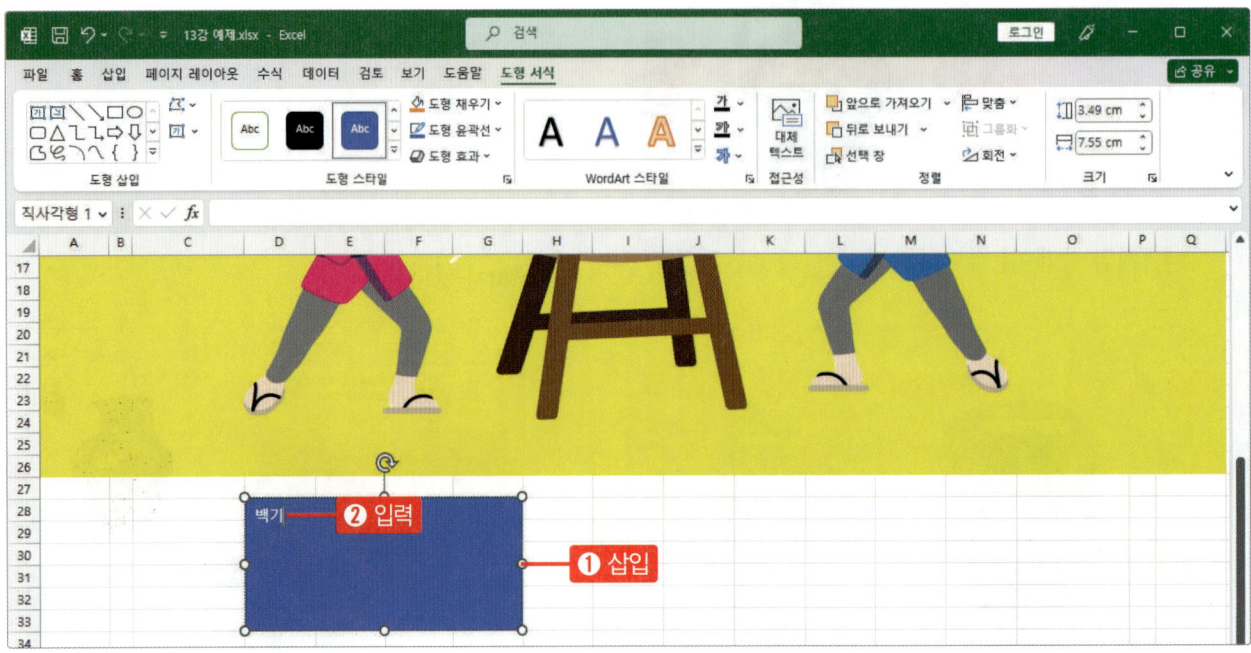

03 '직사각형' 도형을 선택하고 [도형 서식] 탭-[도형 스타일] 그룹-[도형 채우기]-[흰색, 배경 1]을 클릭해요.

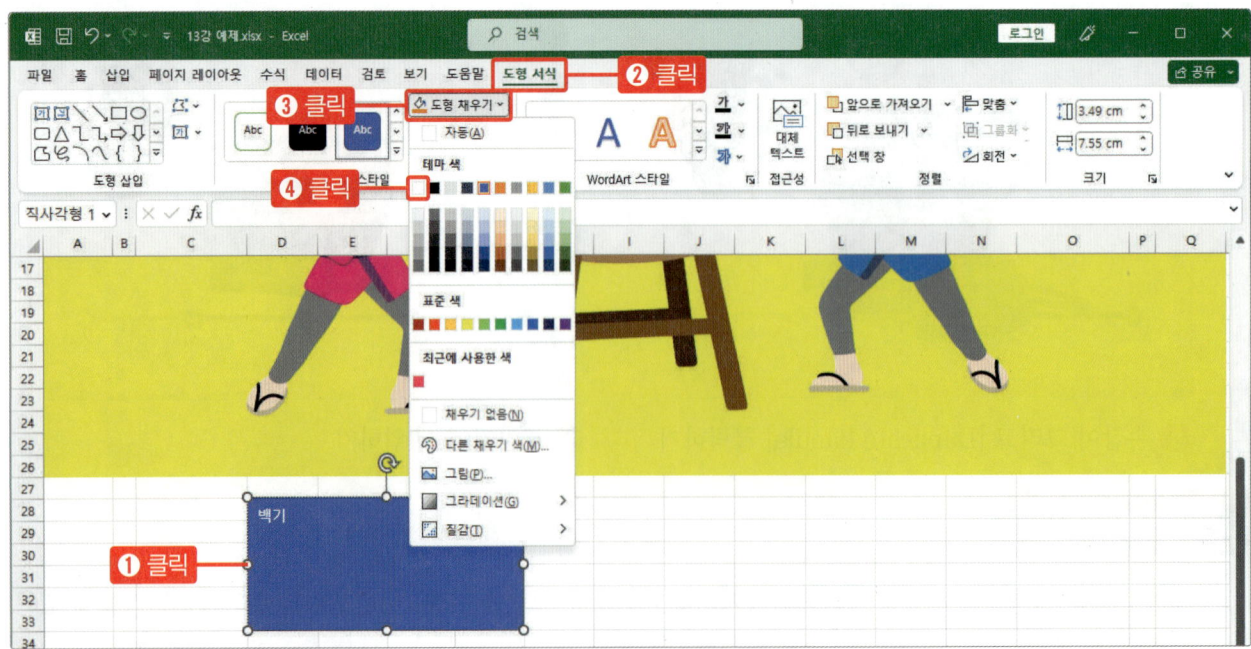

04 이어서 [도형 윤곽선]-[검정, 텍스트 1]을 클릭하고 [두께]-[6pt]를 클릭한 후 글꼴 서식을 자유롭게 지정하여 '백기' 버튼을 완성해요.

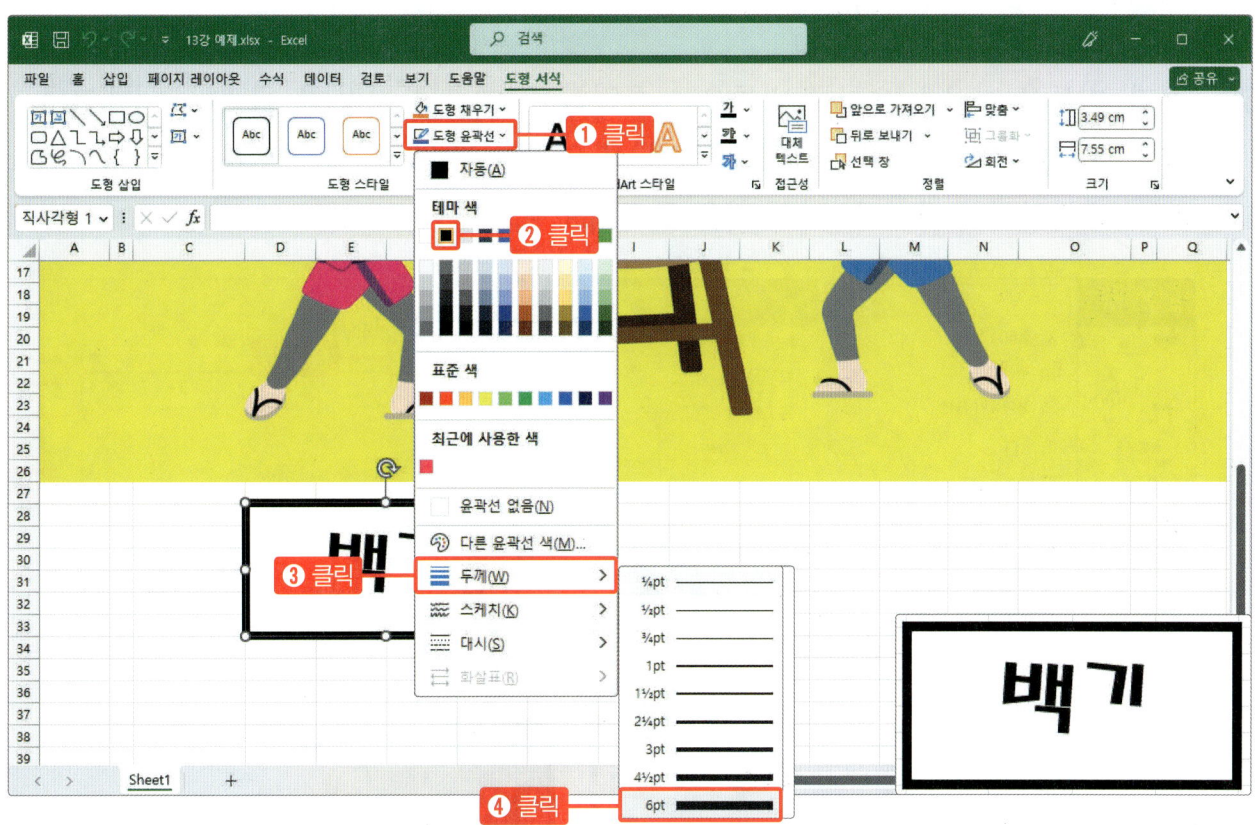

05 01~04와 같은 방법으로 '직사각형' 도형을 삽입하고 도형 서식과 글꼴 서식을 지정하여 '청기' 버튼을 완성해요.

미션 02 버튼에 매크로 적용하기

청기, 백기 버튼에 매크로를 기록하고 매크로를 적용해 봐요.

01 '백기' 버튼을 마우스 오른쪽 버튼으로 클릭하여 [매크로 지정]을 클릭하고 [매크로 지정] 대화상자가 나타나면 매크로 이름('백기')을 입력한 후 [기록]을 클릭해요. 이어서 [매크로 기록] 대화상자가 나타나면 [확인]을 클릭해요.

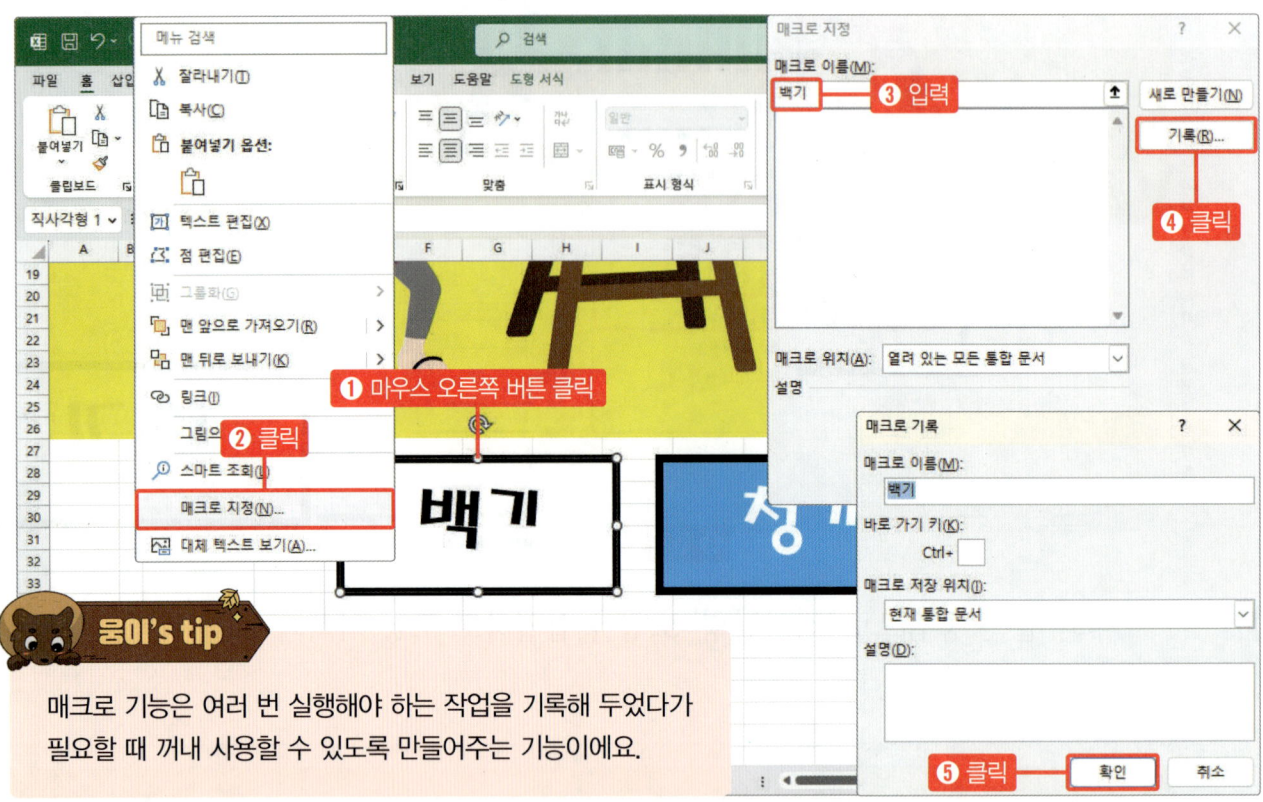

> **뭉이's tip**
> 매크로 기능은 여러 번 실행해야 하는 작업을 기록해 두었다가 필요할 때 꺼내 사용할 수 있도록 만들어주는 기능이에요.

02 [C5:C10] 셀을 드래그하여 영역 지정하고 [홈] 탭-[글꼴] 그룹-[채우기 색]-[흰색, 배경 1]을 클릭한 후 [O5:O10] 셀을 드래그하여 영역 지정하고 [채우기 색]-[노랑]을 클릭합니다.

03 빈 셀을 클릭한 후 [보기] 탭-[매크로(📋)]-[기록 중지]를 클릭하여 매크로 기록을 중지해요.

04 01과 같은 방법으로 '청기' 버튼에 매크로를 지정해요.

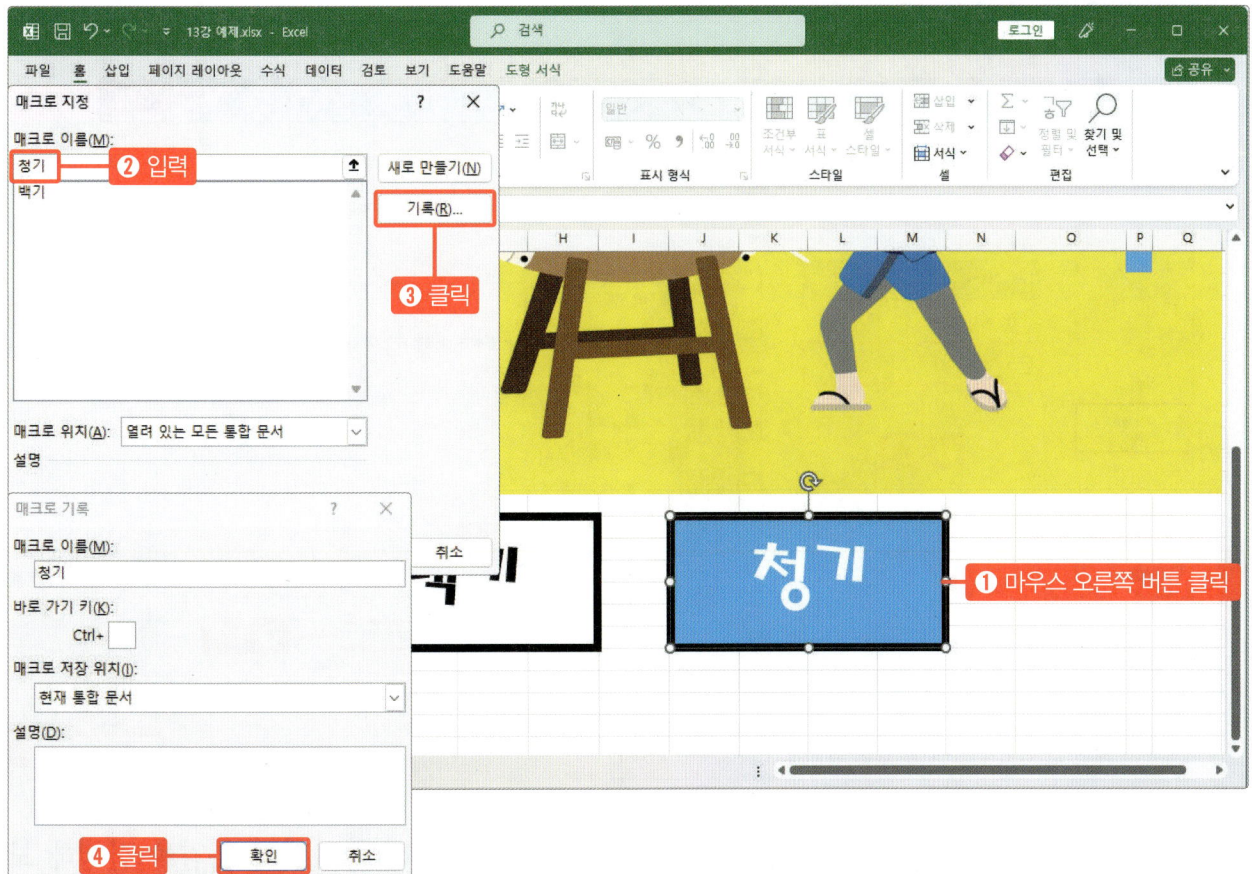

05 02~03과 같은 방법으로 [C5:C10] 셀을 '노랑'으로, [O5:O10] 셀을 '연한 파랑'으로 지정하고 매크로 기록을 중지해요.

06 [파일] 탭-[다른 이름으로 저장]-[찾아보기]를 클릭하여 [다른 이름으로 저장] 대화상자가 나타나면 파일 이름('청기백기')과 파일 형식('Excel 매크로 사용 서식 파일')을 지정하고 [저장]을 클릭해요.

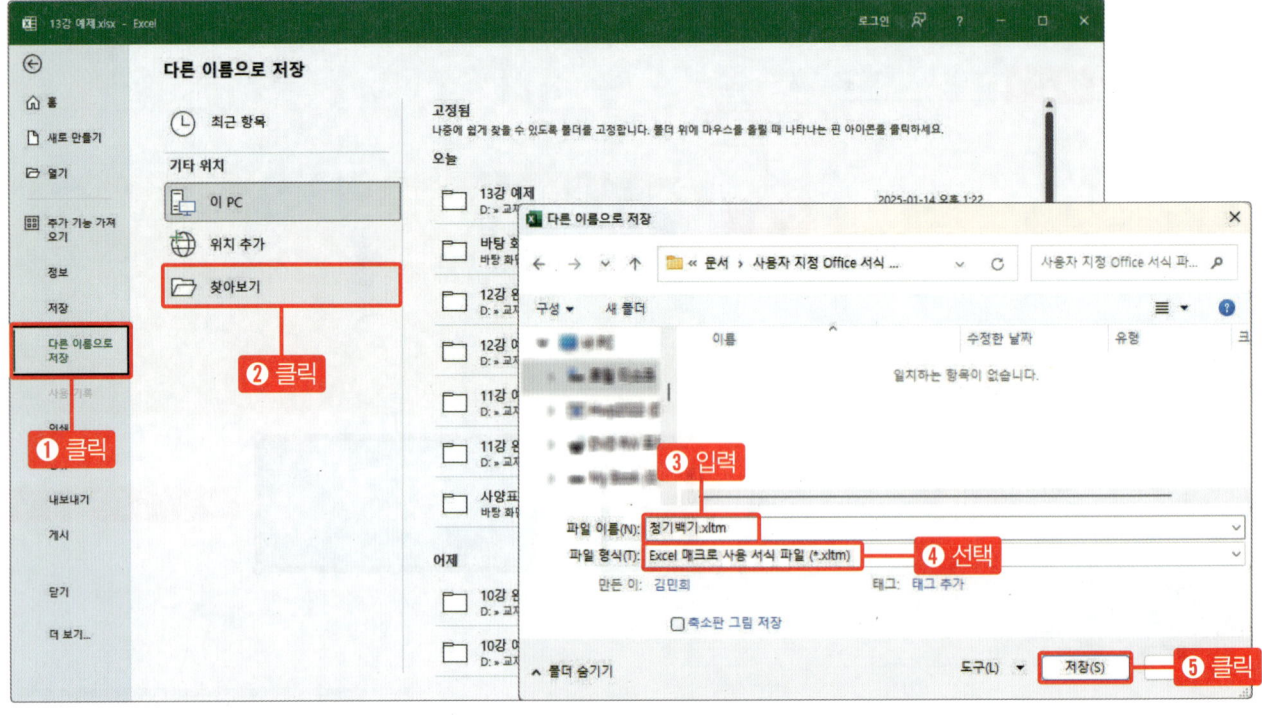

07 선생님이 '청기', '백기'를 외치면 '청기', '백기' 버튼을 클릭해 청기백기 게임을 진행해 보세요.

1. 실습 파일을 불러와 도형을 이용하여 슈퍼 마리오의 옷 색깔 버튼을 만들어 보세요.

2. 옷 색깔 버튼에 매크로를 지정하여 슈퍼 마리오의 옷 색깔을 변경해 보세요.

Step 14 궁금! 해람이가 좋아하는 것은?

오늘은 무엇을 배울까요?

- 데이터에 필터를 적용해요.
- 필터 기능을 이용하여 원하는 데이터를 추출해요.

두근! AI & 예술 놀이

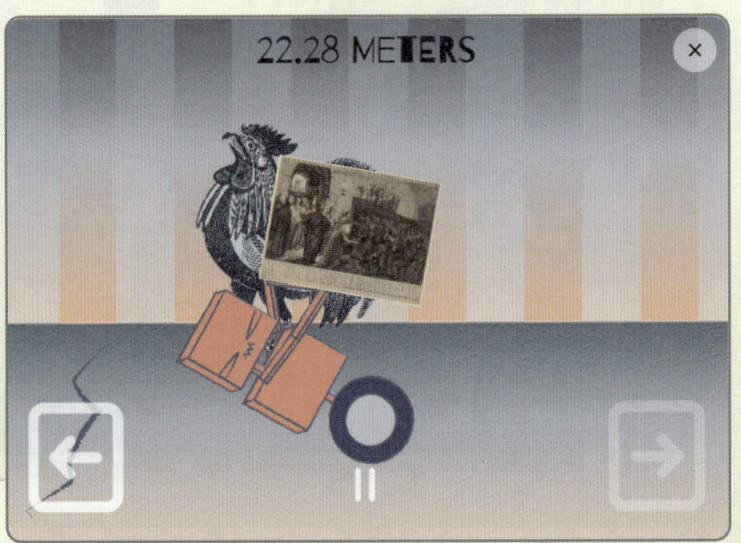

1. The Art Handler를 실행해요.
2. 균형을 유지하며 예술 작품을 멀리 이동시켜요.

엑셀 창작 놀이

● 예제 파일 : 14강 폴더   ● 완성 파일 : 14강 완성.xlsx

1. 데이터에 필터를 적용해요.
2. 필터 기능을 이용해 해람이가 가장 좋아하는 과일을 추출해요.

 **두근! 예술 작품 이동시키기**

'The Art Handler'를 실행하고 쓰러지지 않고 균형을 유지하며 예술 작품을 이동시켜 봐요.

'14강 멀티' 파일을 더블클릭하여 실행하고 키보드의 방향키를 이용하여 쓰러지지 않고 균형을 유지하며 예술 작품을 이동시켜 봐요.

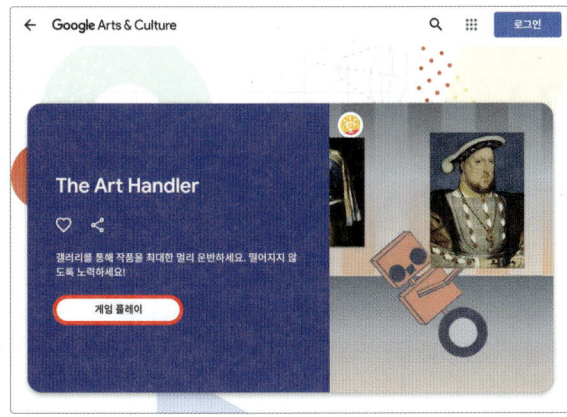

❶ [게임 플레이] 클릭하기

❷ [Play] 클릭하기

❸ ←, → 키 이용하여 로봇 이동시키기

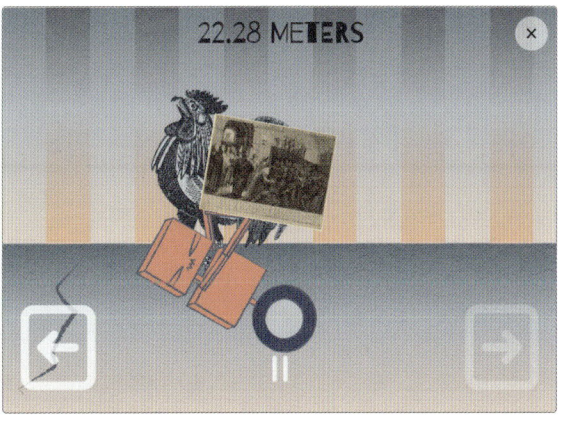

❹ 로봇이 앞이나 뒤로 쓰러지지 않도록 조절하기

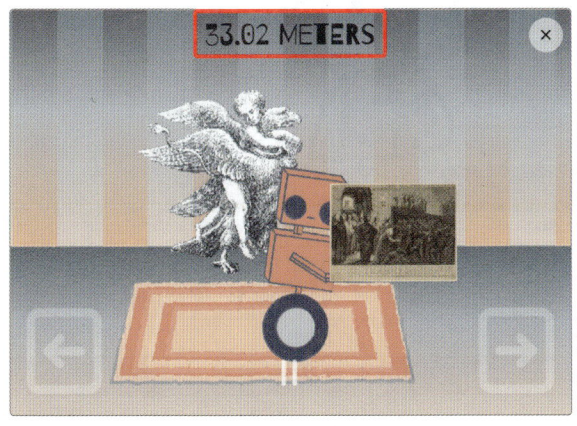

❺ 화면 위쪽 이동한 거리 확인하기

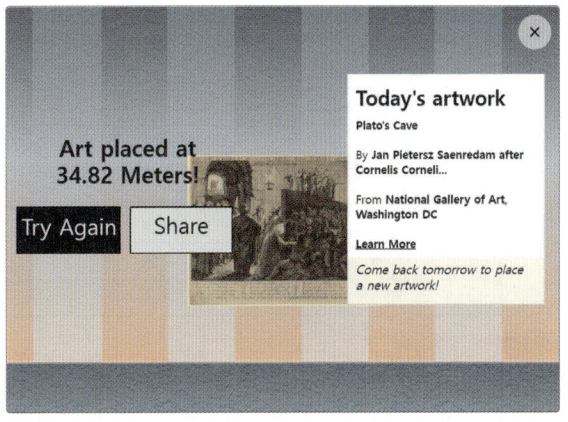

❻ 결과 확인하기

미션 01 데이터에 필터 적용하기

실습 파일을 불러와 데이터에 필터를 적용해 봐요.

01 엑셀 프로그램( )을 실행한 후 '14강 예제.xlsx' 파일을 불러와요.

02 [B7:E7] 셀을 드래그하여 영역 지정해요.

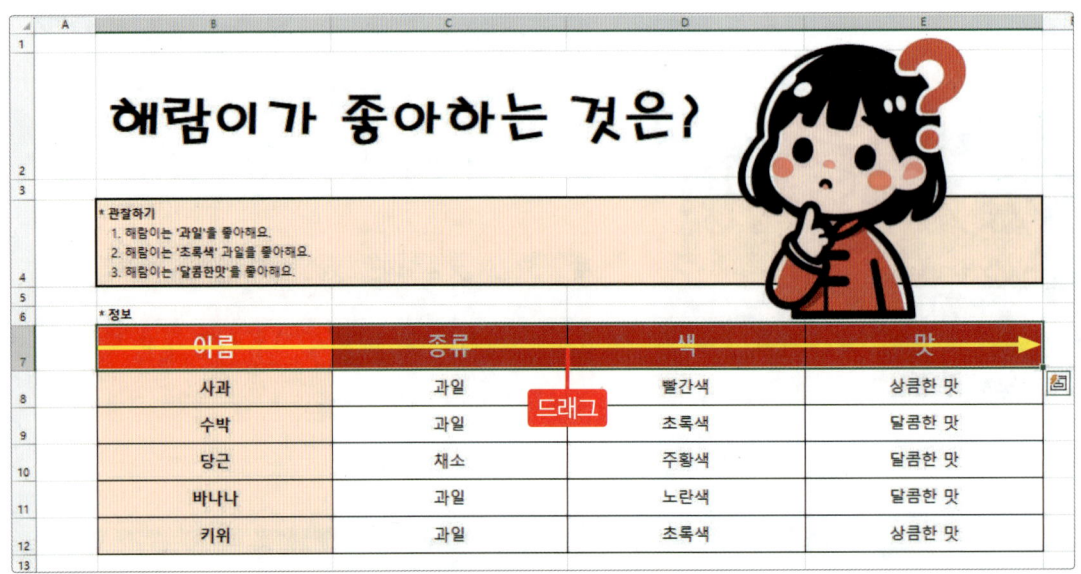

03 [데이터] 탭-[정렬 및 필터] 그룹-[필터( )]를 클릭해요.

뭉이's tip

필터가 적용되면 셀 오른쪽 하단에 목록 버튼( )이 나타나요.

원하는 데이터 추출하기

필터 기능을 이용하여 해람이가 가장 좋아하는 과일을 추출해 봐요.

관찰 ① 해람이는 '과일'을 좋아해요.

01 관찰 ①의 내용을 필터링하기 위해 [C7] 셀을 선택하고 목록 버튼(▼)을 클릭한 후 '채소'에 체크 해제하고 [확인]을 클릭해요.

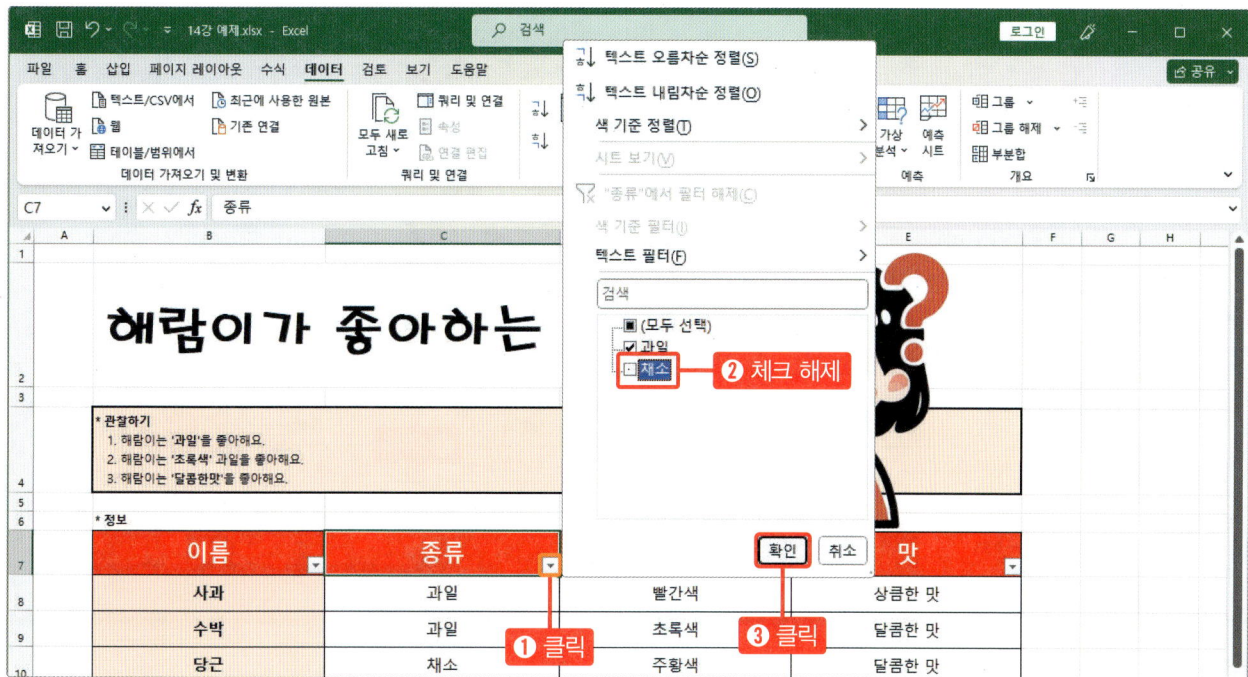

02 종류가 '과일'인 데이터만 추출된 모습을 확인해요.

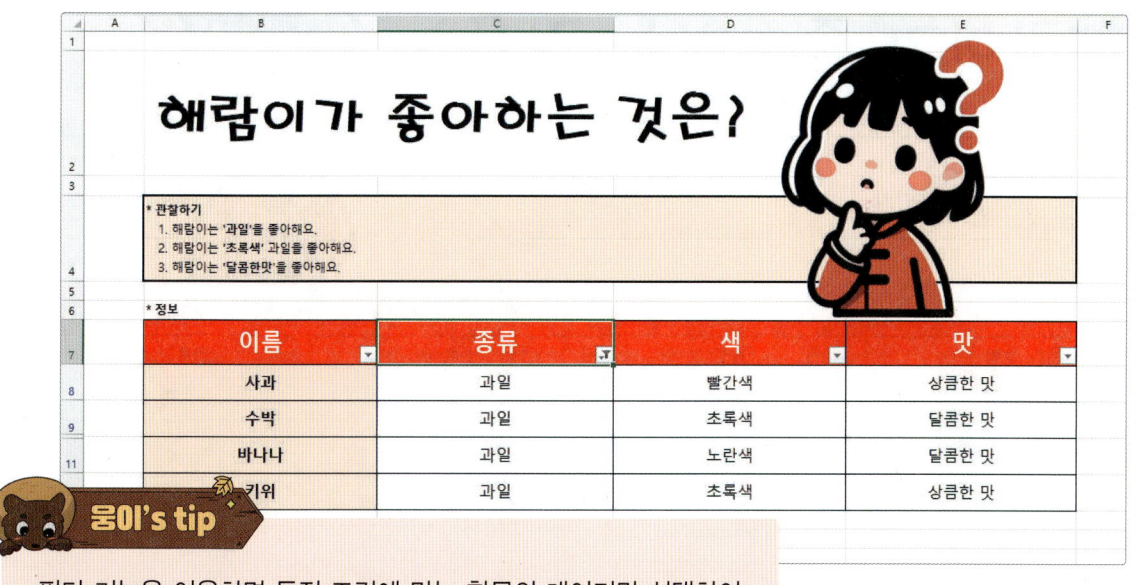

뭉이's tip

필터 기능을 이용하면 특정 조건에 맞는 항목의 데이터만 선택하여 표시할 수 있어 필요한 정보를 쉽게 찾고 분석할 수 있어요.

| 관찰 ❷ | **해람이는 '초록색'을 좋아해요.** |

01 관찰 ❷ 의 내용을 필터링하기 위해 [D7] 셀을 선택하고 목록 버튼(▼)을 클릭한 후 '노란색', '빨간색'에 체크 해제하고 [확인]을 클릭해요.

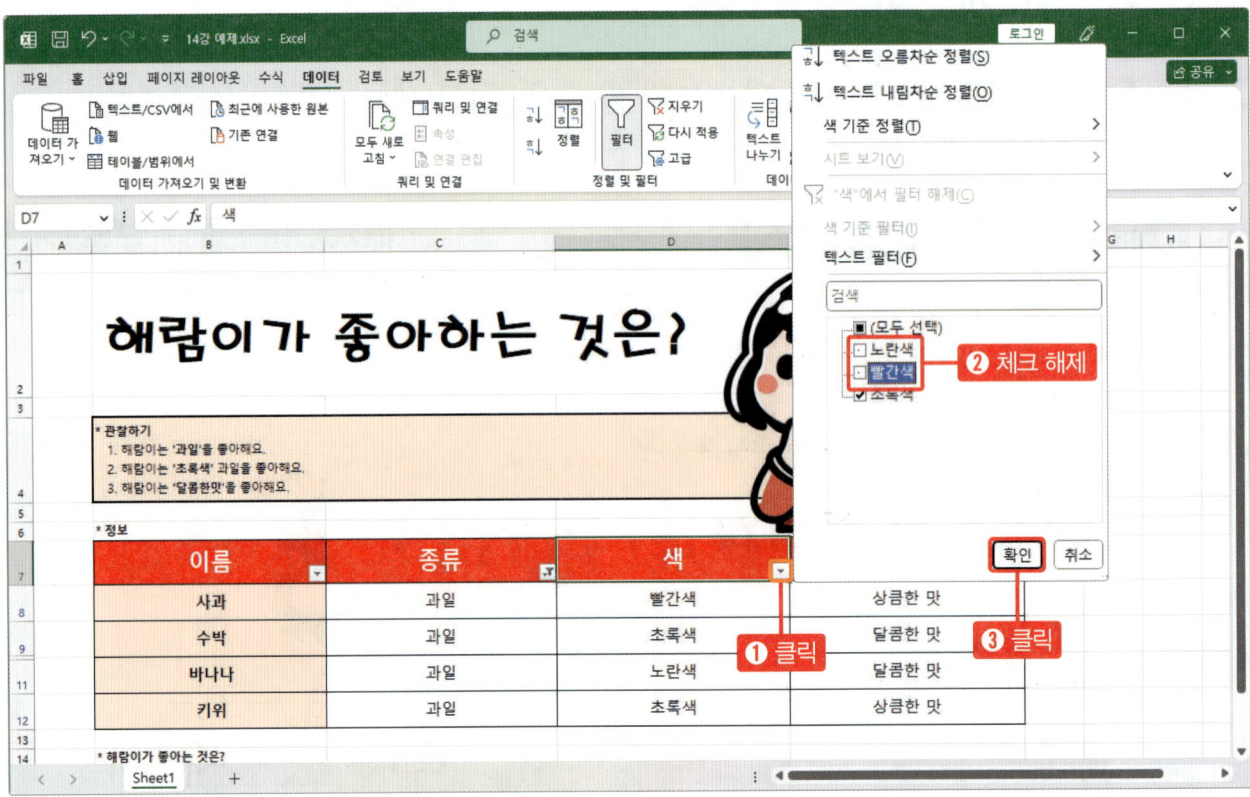

02 종류가 '과일'이고 색이 '초록색'인 데이터만 추출된 모습을 확인해요.

관찰 ❸ 해람이는 '달콤한 맛'을 좋아해요.

01 관찰 ❸ 의 내용을 필터링하기 위해 [E7] 셀을 선택하고 목록 버튼(▼)을 클릭한 후 '상큼한 맛'에 체크 해제하고 [확인]을 클릭해요.

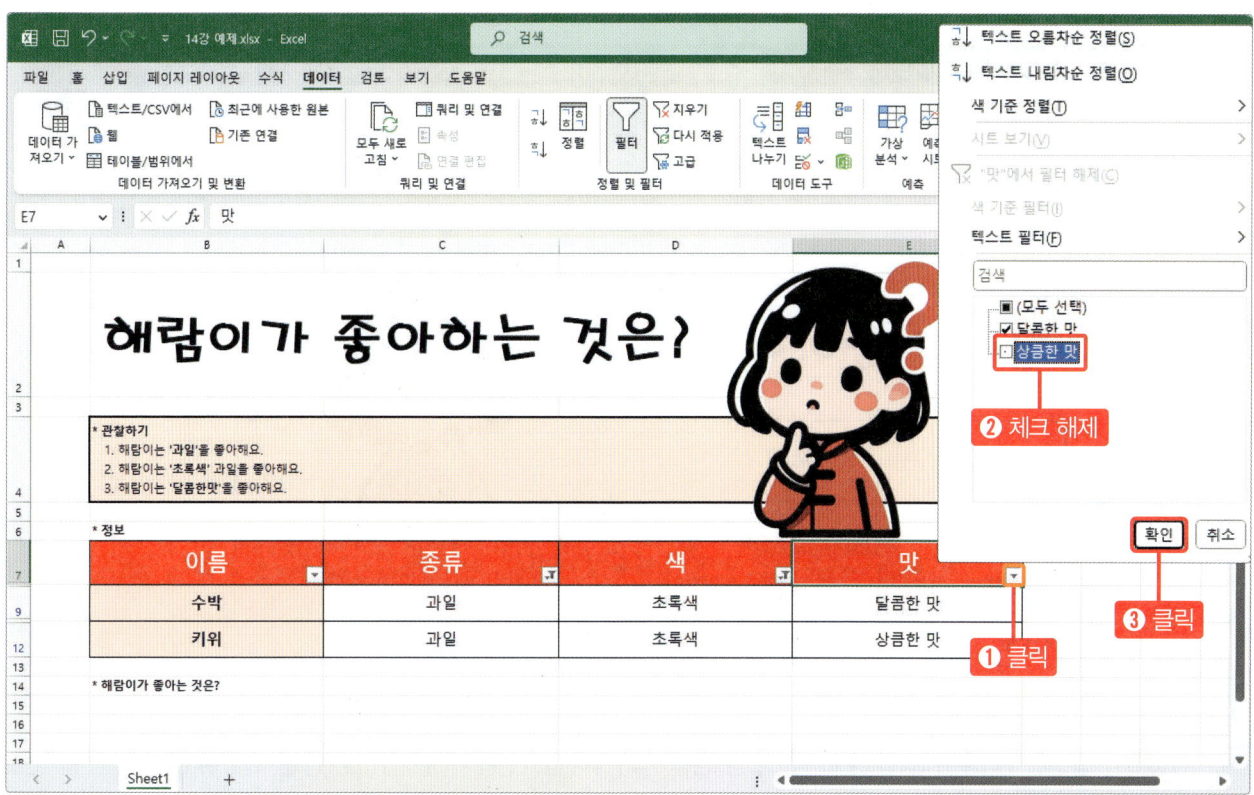

02 해람이 가장 좋아하는 과일이 무엇인지 확인해 봐요.

미션 03 추출한 데이터 복사하기

추출한 데이터를 복사하고 다른 셀에 붙여 넣어 봐요.

01 [B7:E9] 셀을 영역 지정하고 [홈] 탭-[클립보드] 그룹-[복사()]를 클릭해요.

02 [B15] 셀을 선택하고 [홈] 탭-[클립보드] 그룹-[붙여넣기()]를 클릭하여 추출된 데이터를 붙여 넣어요.

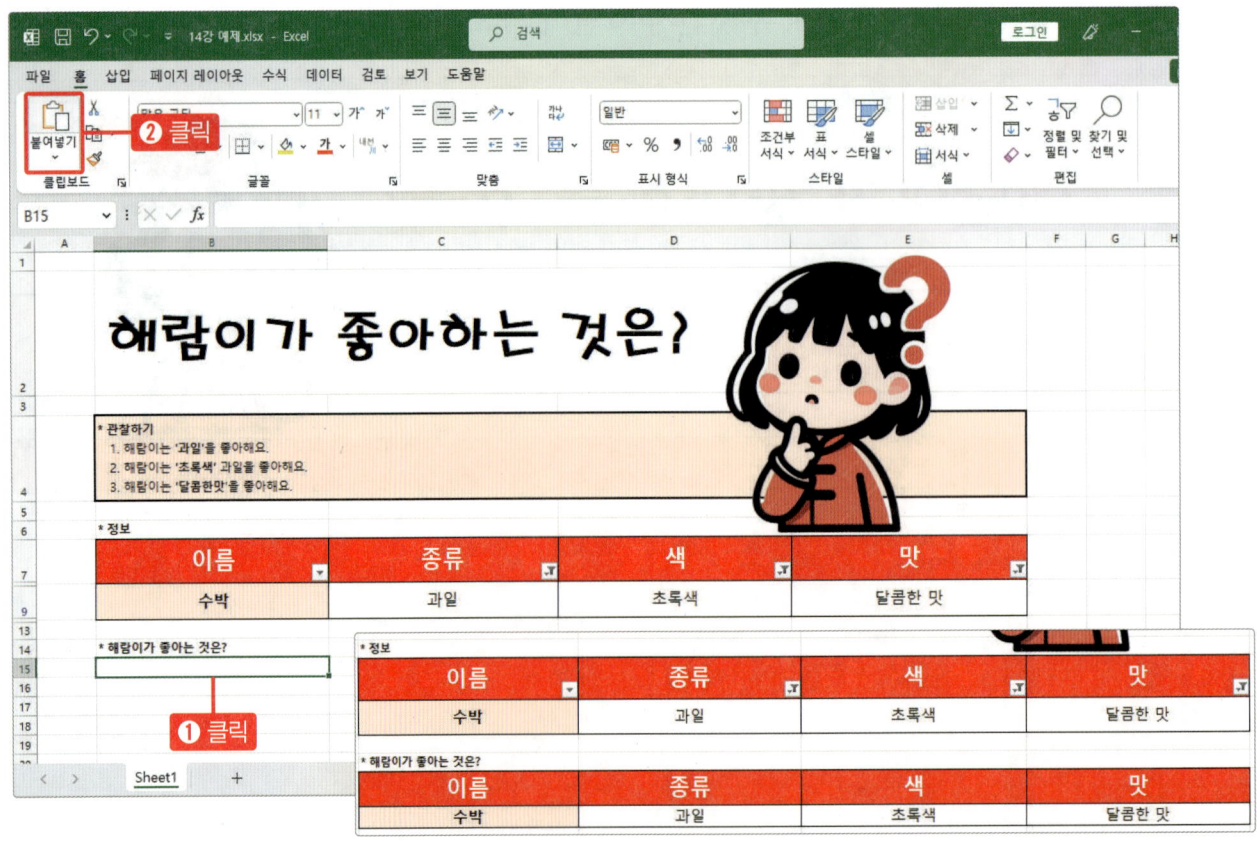

▶ 예제 파일 : 14강 폴더   ▶ 완성 파일 : 14강 창의 완성.xlsx

① 실습 파일을 불러와 필터 기능을 이용하여 본인에게 맞는 취미를 찾아 보세요.

관심사	내 성향	추천 취미
스포츠, 야외 활동	활동적	축구, 농구, 자전거 타기, 캠핑

* 추천 취미

② 추출된 데이터를 [B16] 셀에 붙여 넣어 보세요.

관심사	내 성향	추천 취미
스포츠, 야외 활동	활동적	축구, 농구, 자전거 타기, 캠핑

* 추천 취미

관심사	내 성향	추천 취미
스포츠, 야외 활동	활동적	축구, 농구, 자전거 타기, 캠핑

고객만족! 해람마트 고객 명단

오늘은 무엇을 배울까요?

- 자동 채우기 핸들을 이용해 고객 번호를 입력해요.
- 셀 서식을 이용하여 데이터에 맞는 표시 형식을 적용해요.

두근! AI & 예술 놀이

1. 스펙트로그램을 실행해요.
2. 소리를 그림으로 나타내요.

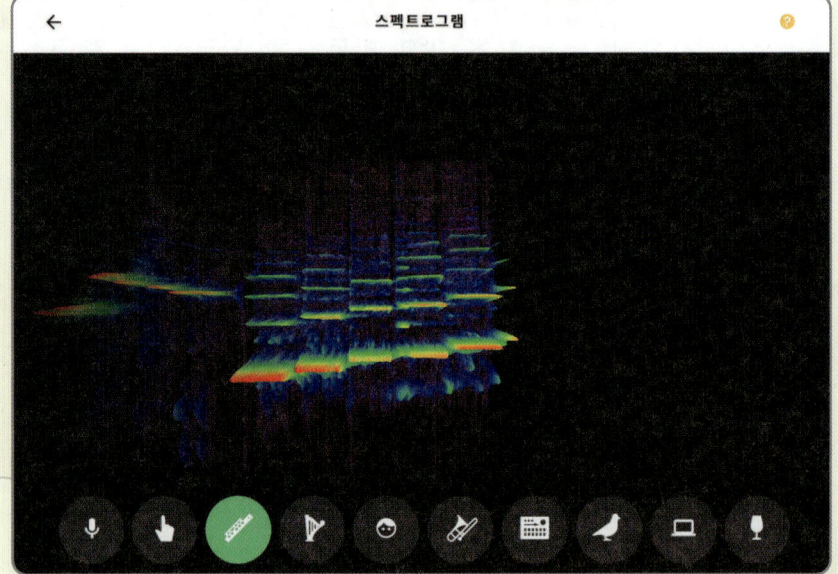

엑셀 창작 놀이

● 예제 파일 : 15강 폴더   ● 완성 파일 : 15강 완성.xlsx

1. 자동 채우기 핸들을 이용해 고객 번호를 입력해요.
2. 셀 서식을 이용해 데이터에 맞게 표시 형식을 적용해요.

NO	성명	생일	주소	전화번호	적립포인트
1	홍길동님	1/1	서울특별시 강남구	01012345678	₩ 1,000
2	김명희님	5/15	부산광역시 해운대구	01098765432	₩ 2,000
3	이철수님	3/20	대구광역시 중구	01011112222	₩ 1,500
4	박지민님	7/30	인천광역시 남동구	01033334444	₩ 2,500
5	최민수님	11/11	서울특별시 송파구	01055556666	₩ 3,000
6	정수현님	2/28	경기도 성남시	01077778888	₩ 1,200
7	김하늘님	4/4	서울특별시 마포구	01099990000	₩ 1,800
8	이지은님	6/15	부산광역시 사하구	01022223333	₩ 2,200
9	박준형님	8/22	대전광역시 유성구	01044445555	₩ 1,600
10	송지호님	9/9	인천광역시 중구	01088889999	₩ 2,700
11	김민재님	12/12	경기도 고양시	01012344321	₩ 1,400
12	이소영님	10/10	서울특별시 강서구	01056788765	₩ 1,900
13	최지훈님	3/3	경기도 수원시	01013572468	₩ 2,100
14	정유진님	7/7	서울특별시 동대문구	01024681357	₩ 2,300
15	박상민님	5/5	부산광역시 북구	01036987531	₩ 3,000

두근! 소리를 그림으로 나타내기

'스펙트로그램'을 실행하고 다양한 악기의 소리를 그림으로 나타내 봐요.

'15강 멀티' 파일을 더블클릭하여 실행하고 다양한 악기의 소리를 그림으로 나타내 봐요.

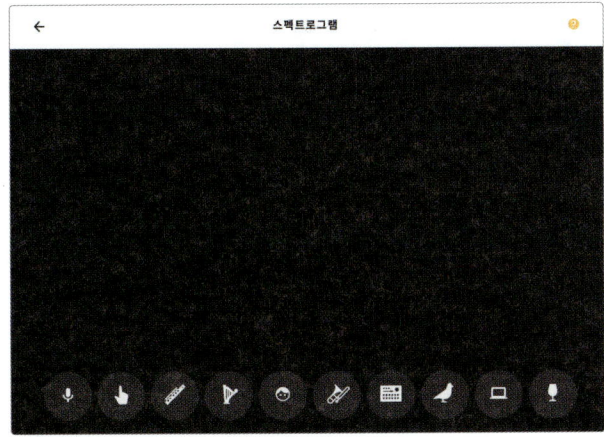

❶ 스펙트로그램 실행하기

❷ 악기 선택하기

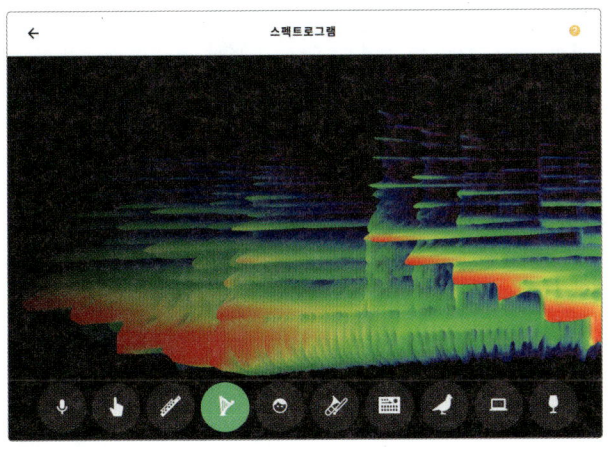

❸ 소리의 그림 확인하기

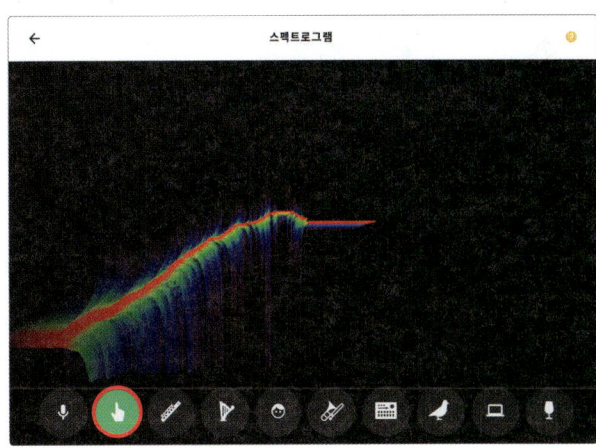

❹ 손가락 클릭하여 소리 만들기

웅이's tip

- 스펙트로그램은 소리의 그림을 나타내줘요. 소리를 만드는 진동 수의 높고 낮음, 시간이 지남에 따라 변화하는 모습을 그림으로 나타내요.
- 마이크를 이용하면 나의 목소리로 소리의 그림을 만들 수도 있어요.

미션 01 자동 채우기 핸들로 데이터 입력하기

자동 채우기 핸들을 이용하여 고객 번호를 입력해 봐요.

01 엑셀 프로그램(x)을 실행한 후 '15강 예제.xlsx' 파일을 불러와요.

02 [B4] 셀을 선택하고 "1"을 입력한 후 Ctrl 키를 누른 상태로 자동 채우기 핸들을 [B18] 셀까지 드래그해요.

03 고객의 생일을 입력하기 위해 [D4] 셀을 선택하고 "1-1"을 입력한 후 Enter 키를 눌러요.

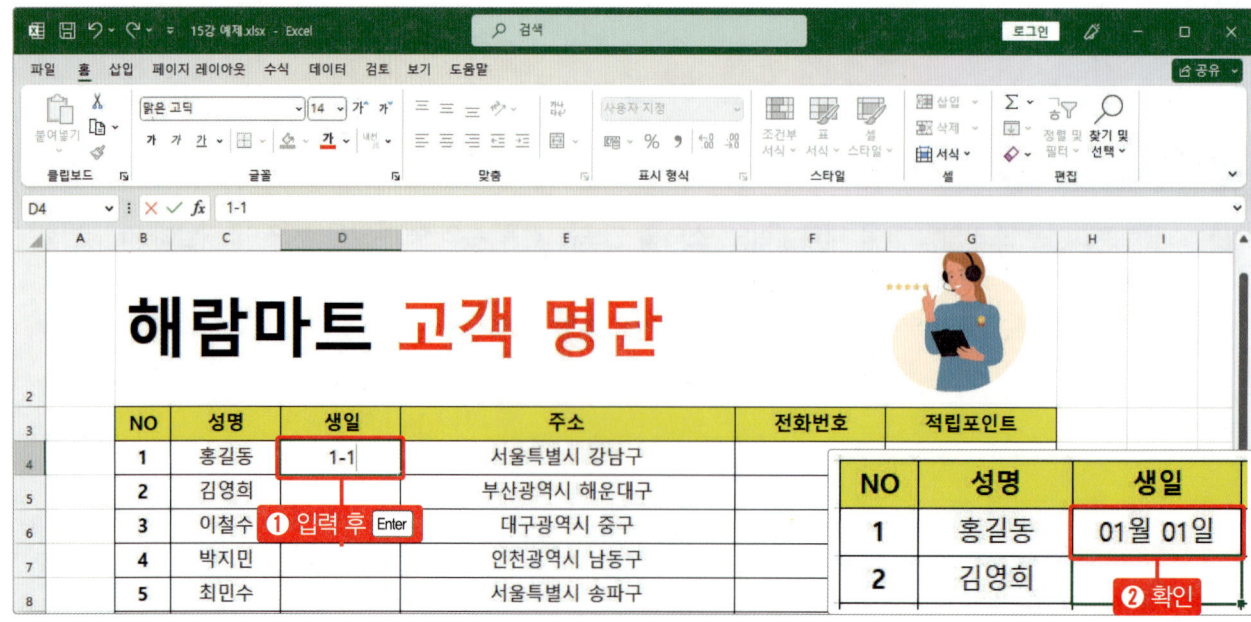

108 처음 배우는 엑셀 2021

04 03과 같은 방법으로 고객의 생일 데이터를 입력해요.

해람마트 고객 명단

NO	성명	생일	주소	전화번호	적립포인트
1	홍길동	01월 01일	서울특별시 강남구		1000
2	김영희	05월 15일	부산광역시 해운대구		2000
3	이철수	03월 20일	대구광역시 중구		1500
4	박지민	07월 30일	인천광역시 남동구		2500
5	최민수	11월 11일	서울특별시 송파구		3000
6	정수현	02월 28일	경기도 성남시		1200
7	김하늘	04월 04일	서울특별시 마포구		1800
8	이지은	06월 15일	부산광역시 사하구		2200
9	박준형	08월 22일	대전광역시 유성구		1600
10	송지호	09월 09일	인천광역시 중구		2700
11	김민재	12월 12일	경기도 고양시		1400
12	이소영	10월 10일	서울특별시 강서구		1900
13	최지훈	03월 03일	경기도 수원시		2100
14	정유진	07월 07일	서울특별시 동대문구		2300
15	박상민	05월 05일	부산광역시 북구		3000

05 [F4] 셀을 선택하고 "'01012345678"을 입력한 후 Enter 키를 누르고 같은 방법으로 고객의 전화번호 데이터를 입력해요.

해람마트 고객 명단

NO	성명	생일	주소	전화번호	적립포인트
1	홍길동	01월 01일	서울특별시 강남구	01012345678	1000
2	김영희	05월 15일	부산광역시 해운대구	01098765432	2000
3	이철수	03월 20일	대구광역시 중구	01011112222	1500
4	박지민	07월 30일	인천광역시 남동구	01033334444	2500
5	최민수	11월 11일	서울특별시 송파구	01055556666	3000
6	정수현	02월 28일	경기도 성남시	01077778888	1200
7	김하늘	04월 04일	서울특별시 마포구	01099990000	1800
8	이지은	06월 15일	부산광역시 사하구	01022223333	2200
9	박준형	08월 22일	대전광역시 유성구	01044445555	1600
10	송지호	09월 09일	인천광역시 중구	01088889999	2700
11	김민재	12월 12일	경기도 고양시	01012344321	1400
12	이소영	10월 10일	서울특별시 강서구	01056788765	1900
13	최지훈	03월 03일	경기도 수원시	01013572468	2100
14	정유진	07월 07일	서울특별시 동대문구	01024681357	2300
15	박상민	05월 05일	부산광역시 북구	01036987531	3000

움이's tip

전화번호를 입력할 때 '을 입력하지 않고 입력하면 앞쪽의 '0' 숫자가 입력되지 않아요.

셀 서식 이용하여 표시 형식 적용하기

셀 서식을 이용하여 데이터에 맞는 표시 형식을 적용해 봐요.

01 [C4:C18] 셀을 영역 지정하고 [홈] 탭-[표시 형식] 그룹에서 [표시 형식(□)]을 클릭하여 [셀 서식] 대화상자가 나타나면 [표시 형식] 탭-[범주]-[사용자 지정]을 클릭하고 [형식]에 "@님"을 입력한 후 [확인]을 클릭해요.

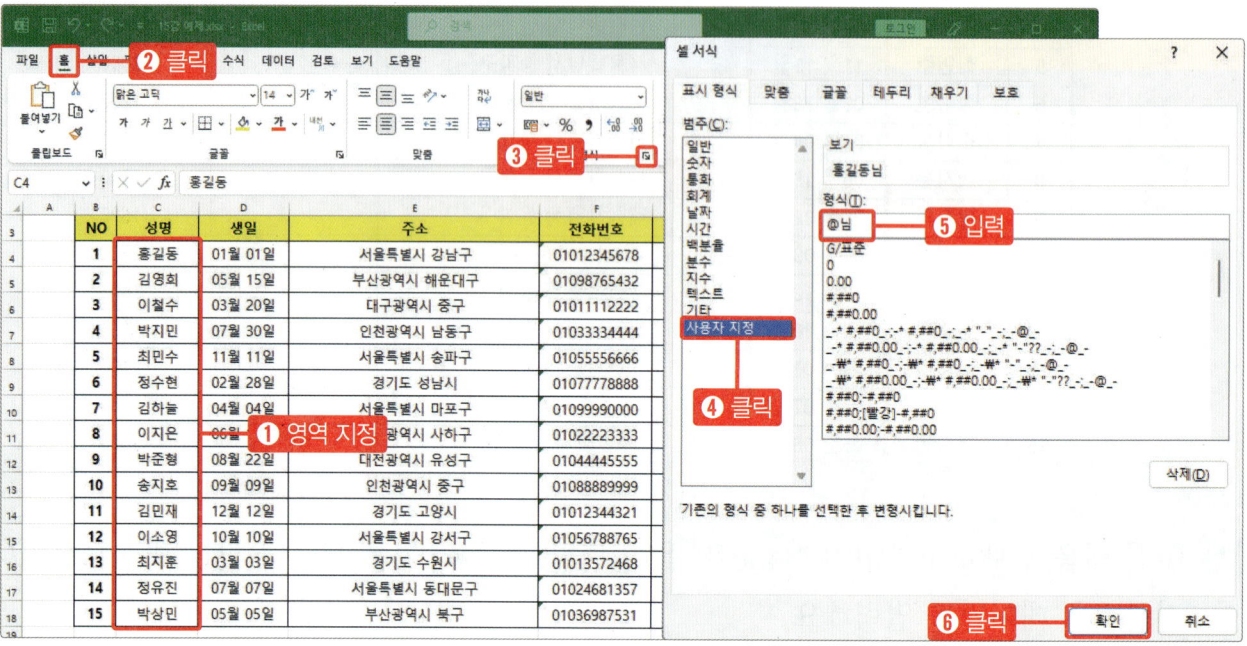

02 [D4:D18] 셀을 영역 지정하고 [홈] 탭-[표시 형식] 그룹에서 [표시 형식(□)]을 클릭하여 [셀 서식] 대화상자가 나타나면 [표시 형식] 탭-[범주]-[날짜]를 클릭한 후 날짜 형식을 지정하고 [확인]을 클릭해요.

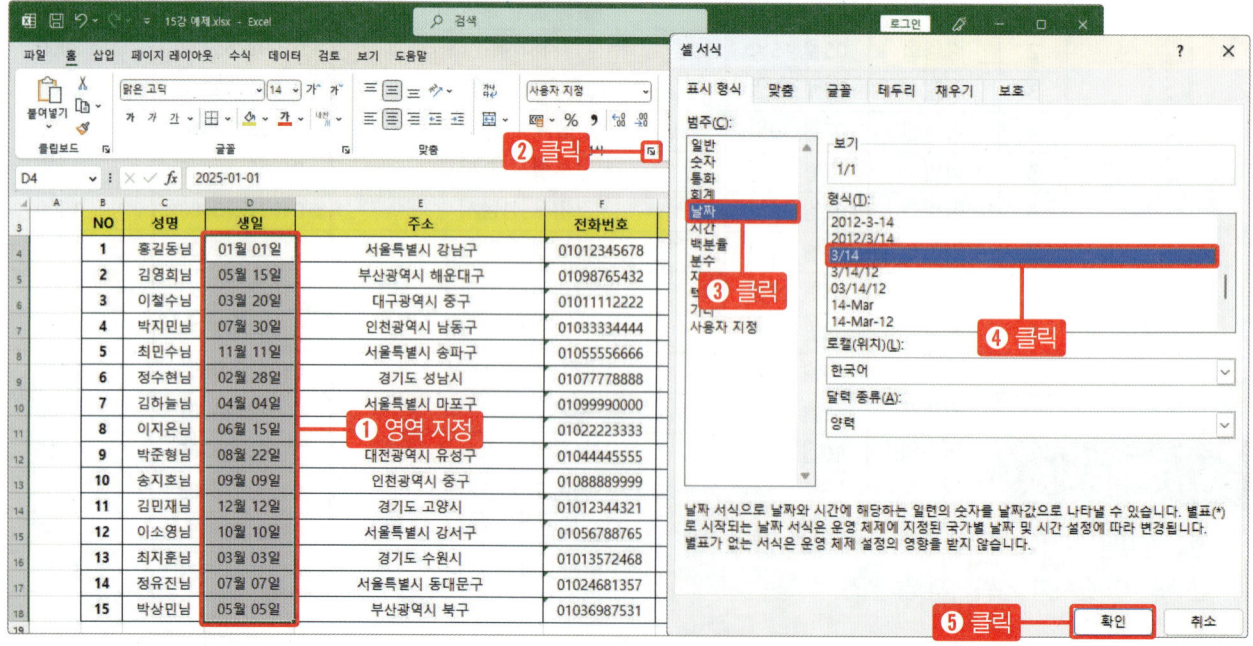

03 [G4:G18] 셀을 영역 지정하고 [홈] 탭-[표시 형식] 그룹에서 [표시 형식(🔽)]을 클릭하여 [셀 서식] 대화상자가 나타나면 [표시 형식] 탭-[범주]-[회계]-[기호]-[₩]를 선택하고 [확인]을 클릭해요.

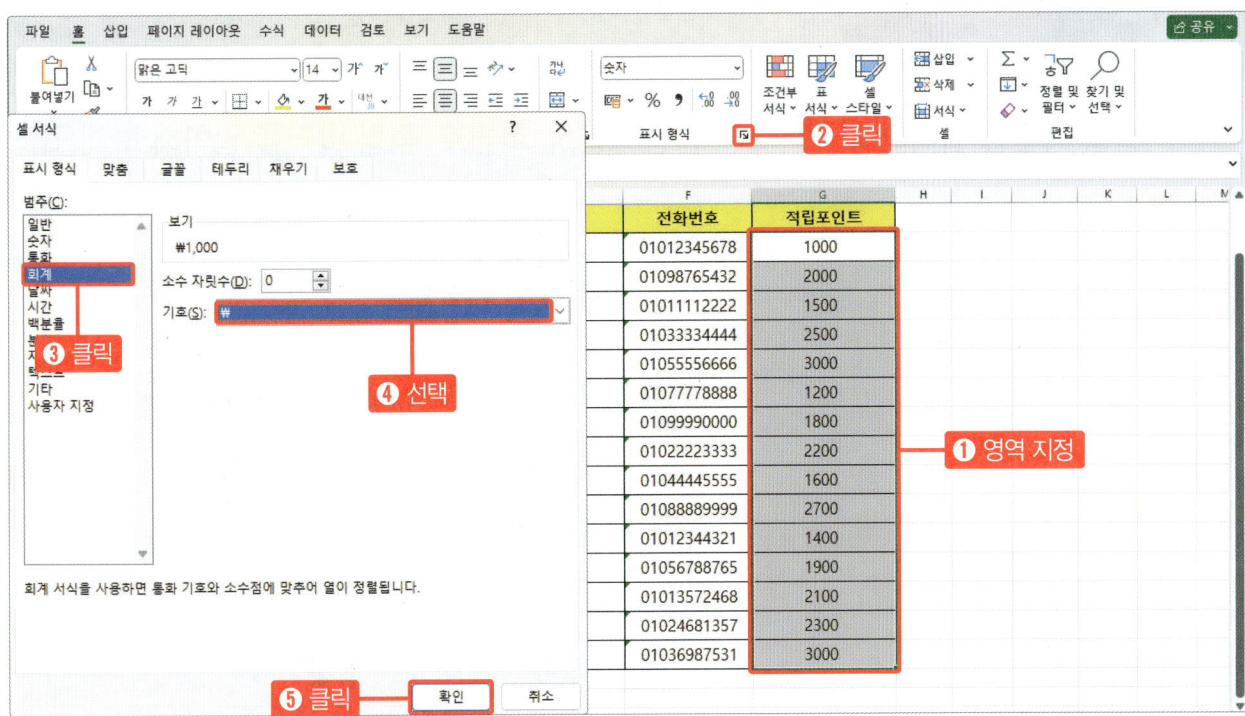

04 완성된 해람마트 고객 명단을 확인해요.

해람마트 고객 명단

NO	성명	생일	주소	전화번호	적립포인트
1	홍길동님	1/1	서울특별시 강남구	01012345678	₩ 1,000
2	김영희님	5/15	부산광역시 해운대구	01098765432	₩ 2,000
3	이철수님	3/20	대구광역시 중구	01011112222	₩ 1,500
4	박지민님	7/30	인천광역시 남동구	01033334444	₩ 2,500
5	최민수님	11/11	서울특별시 송파구	01055556666	₩ 3,000
6	정수현님	2/28	경기도 성남시	01077778888	₩ 1,200
7	김하늘님	4/4	서울특별시 마포구	01099990000	₩ 1,800
8	이지은님	6/15	부산광역시 사하구	01022223333	₩ 2,200
9	박준형님	8/22	대전광역시 유성구	01044445555	₩ 1,600
10	송지호님	9/9	인천광역시 중구	01088889999	₩ 2,700
11	김민재님	12/12	경기도 고양시	01012344321	₩ 1,400
12	이소영님	10/10	서울특별시 강서구	01056788765	₩ 1,900
13	최지훈님	3/3	경기도 수원시	01013572468	₩ 2,100
14	정유진님	7/7	서울특별시 동대문구	01024681357	₩ 2,300
15	박상민님	5/5	부산광역시 북구	01036987531	₩ 3,000

생각 쏙쏙 실력 쏙쏙

▶ 예제 파일 : 15강 폴더   ▶ 완성 파일 : 15강 창의 완성.xlsx

1 실습 파일을 불러와 고객카드의 생년월일, 전화번호, 적립 날짜를 입력해 보세요.

2 셀 서식을 이용하여 생년월일, 적립 날짜, 구매금액, 적립 포인트의 표시 형식을 변경해 보세요.

Step 16 다꾸! 예쁜 다이어리 만들기

오늘은 무엇을 배울까요?
- 표 서식, 셀 스타일을 적용하고 기호를 입력해요.
- 이미지를 삽입하고 필요한 부분만 잘라 사용해요.

두근! AI & 예술 놀이

1. Odd One Out을 실행해요.
2. 예술 작품 사이에서 AI가 생성한 작품을 찾아요.

엑셀 창작 놀이

● 예제 파일 : 16강 폴더 ● 완성 파일 : 16강 완성.xlsx

1. 표 서식, 셀 스타일을 적용하고 기호를 입력해 다이어리를 꾸며요.
2. 이미지를 삽입하고 필요한 부분만 잘라 다이어리를 완성해요.

두근! AI가 생성한 작품 찾기

'Odd One Out'을 실행하고 예술 작품들 속에서 AI가 생성한 작품이 무엇인지 찾아봐요.

'16강 멀티' 파일을 더블클릭하여 실행하고 여러 예술 작품들 속에서 AI가 생성한 작품이 무엇인지 찾아봐요.

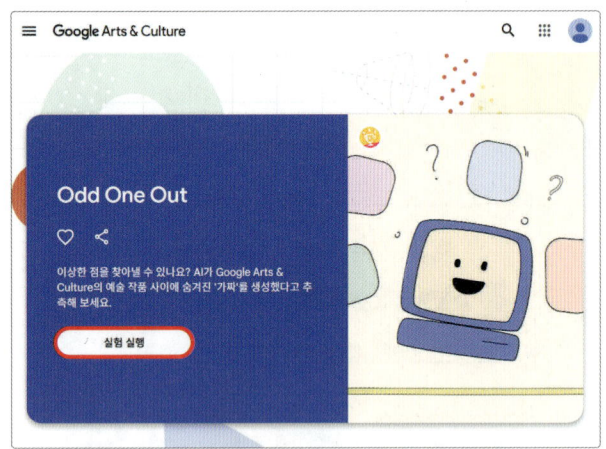

❶ [실험 실행] 클릭하기

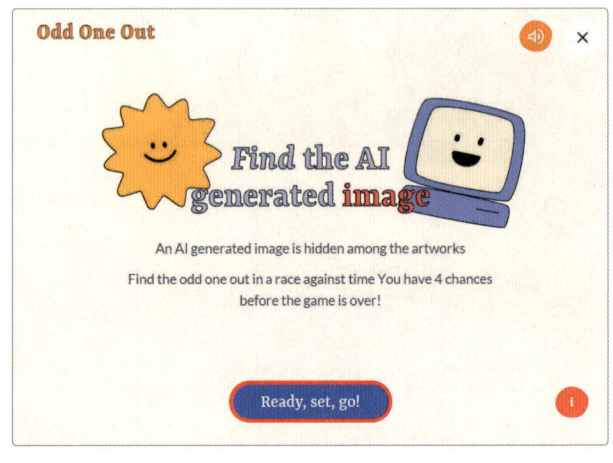

❷ [Ready, set, go!] 클릭하기

❸ 화면에 나타난 작품 확인하기

❹ 작품들 중 AI가 생성한 작품 선택하기

AI가 생성한 이미지가 예술 작품 사이에 숨어 있어요. 제한 시간 안에 AI가 생성한 작품을 찾아 선택해 보세요. 4번의 기회가 사라지면 게임이 종료돼요.

미션 01 표 서식, 셀 스타일 적용하고 기호 입력하기

표 서식과 셀 스타일을 적용하고 기호를 입력해 봐요.

01 엑셀 프로그램(📊)을 실행한 후 '16강 예제.xlsx' 파일을 불러와요.

02 [C4:I9] 셀을 영역 지정하고 [홈] 탭-[스타일] 그룹-[표 서식(📋)]-[황금색, 표 스타일 보통 19]를 클릭하여 [표 만들기] 대화상자가 나타나면 [확인]을 클릭해요.

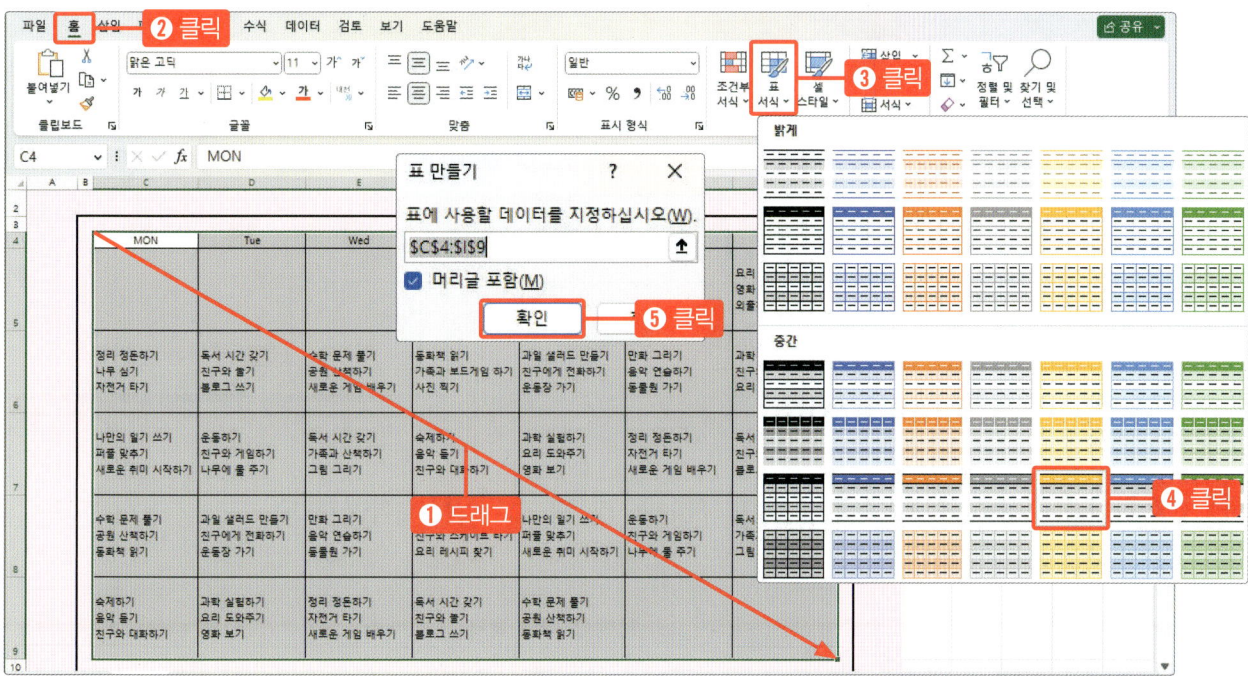

03 [테이블 디자인] 탭-[표 스타일 옵션] 그룹에서 '필터 단추', '줄무늬 행'에 체크를 해제해요.

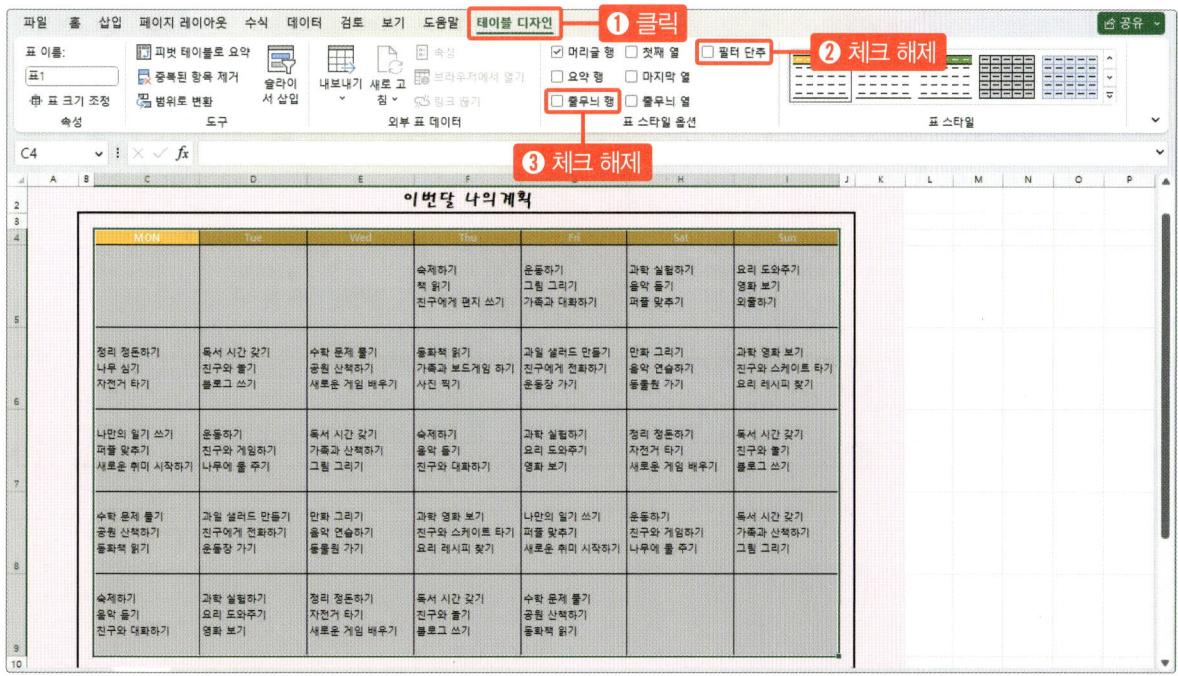

Step 16. 다꾸! 예쁜 다이어리 만들기 **115**

04 [F5] 셀을 선택하고 [홈] 탭-[스타일] 그룹-[셀 스타일(📝)]-[메모]를 클릭해요.

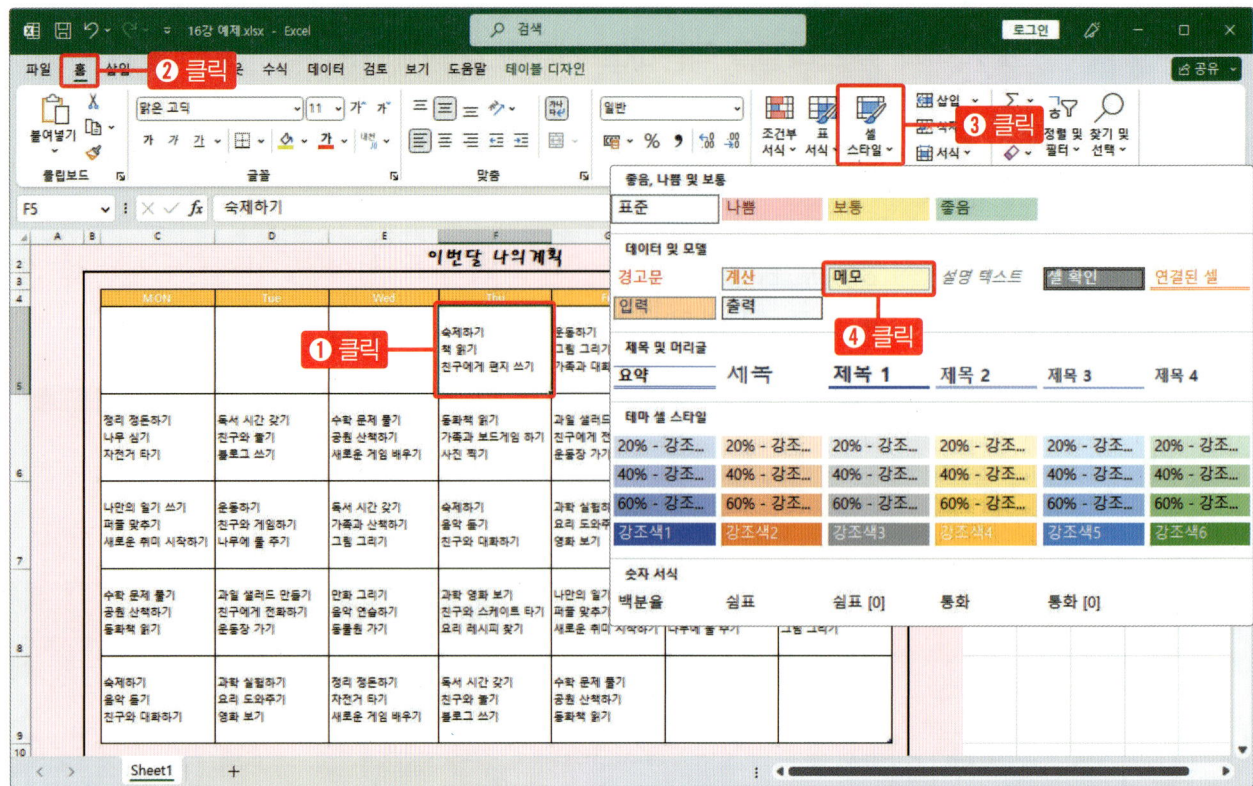

05 04와 같은 방법으로 각각의 셀에 자유롭게 셀 스타일을 적용해요.

06 제목 텍스트 앞쪽을 더블클릭하여 마우스 커서를 위치시키고 [삽입] 탭-[기호] 그룹-[기호(Ω)]를 클릭해요.

07 [기호] 대화상자가 나타나면 [기호] 탭에서 글꼴을 'Wingdings'로 선택한 후 기호를 선택하고 [삽입]-[닫기]를 클릭해요.

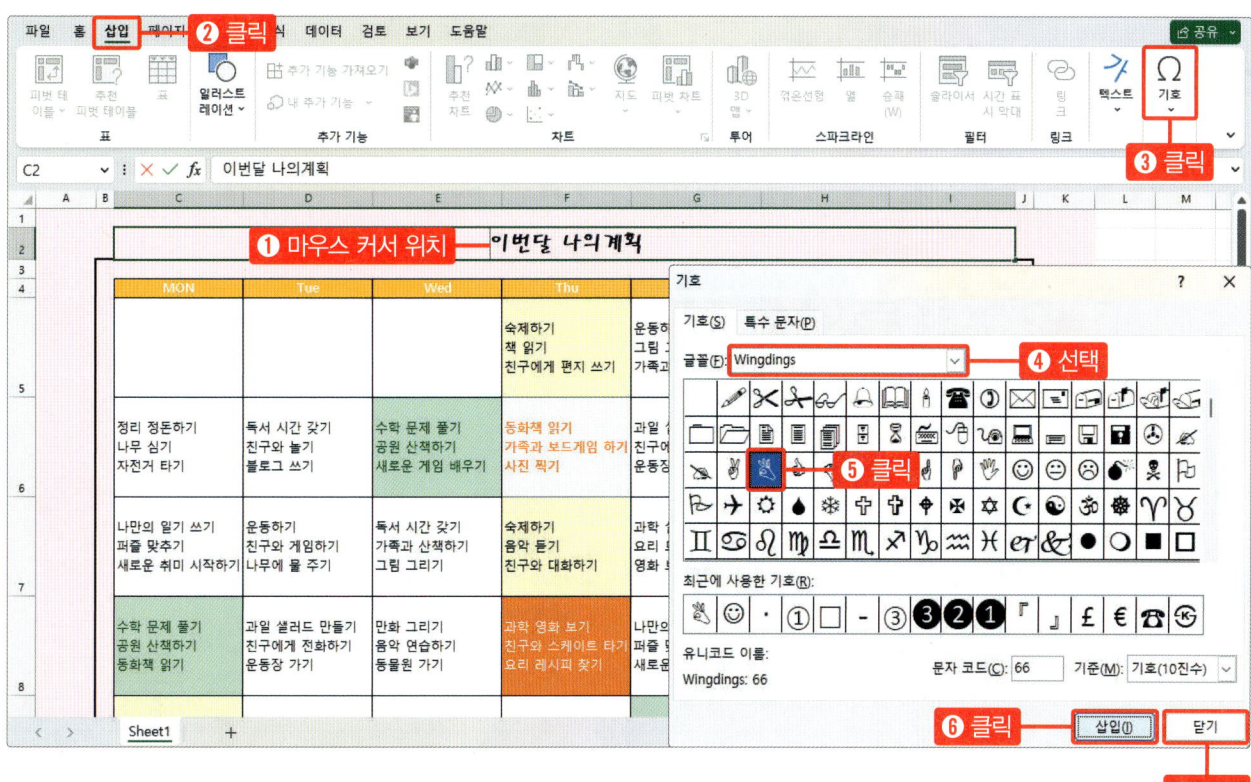

08 06~07과 같은 방법으로 기호를 삽입하고 글꼴 서식을 자유롭게 지정해요.

미션 02 이미지 삽입하고 필요한 부분만 잘라내기

이미지를 삽입하고 필요한 부분만 잘라 다이어리를 완성해 봐요.

01 [삽입] 탭-[일러스트레이션] 그룹-[그림(🖼)]-[이 디바이스]를 클릭하여 '이미지.png' 파일을 불러와요.

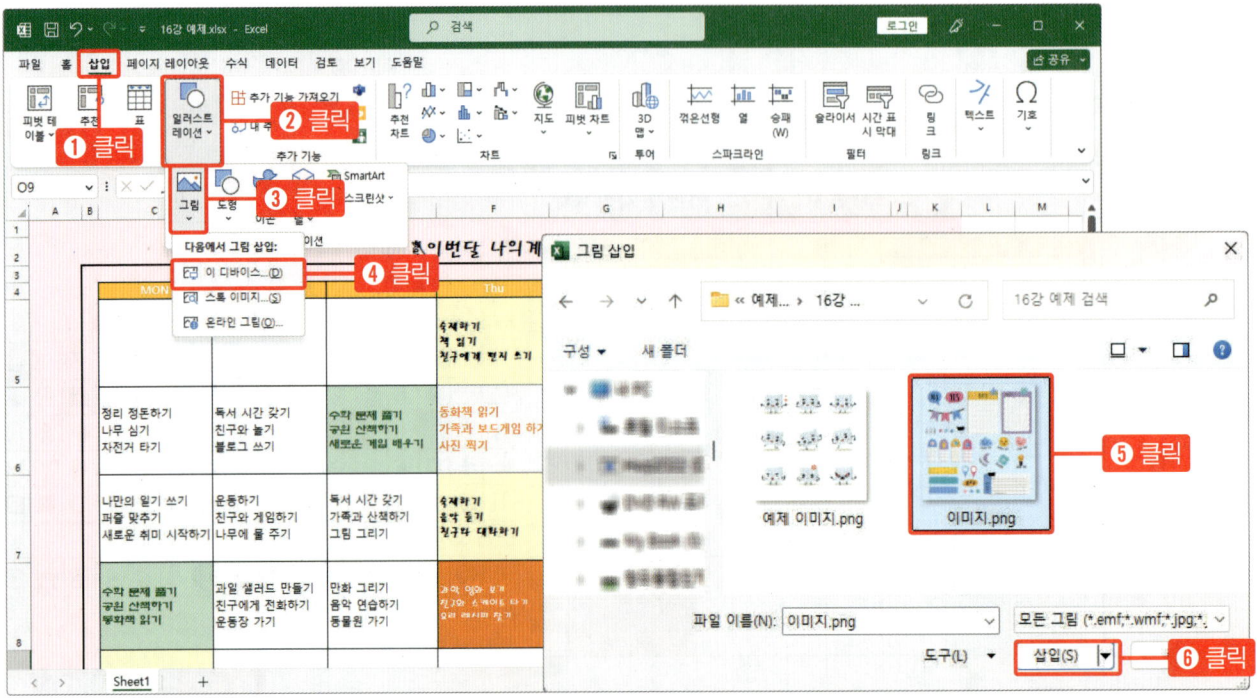

02 이미지가 삽입되면 이미지를 선택하고 [그림 서식] 탭-[크기] 그룹-[자르기(⬚)]를 클릭한 후 조절점을 드래그하여 자르기 할 영역을 지정해요.

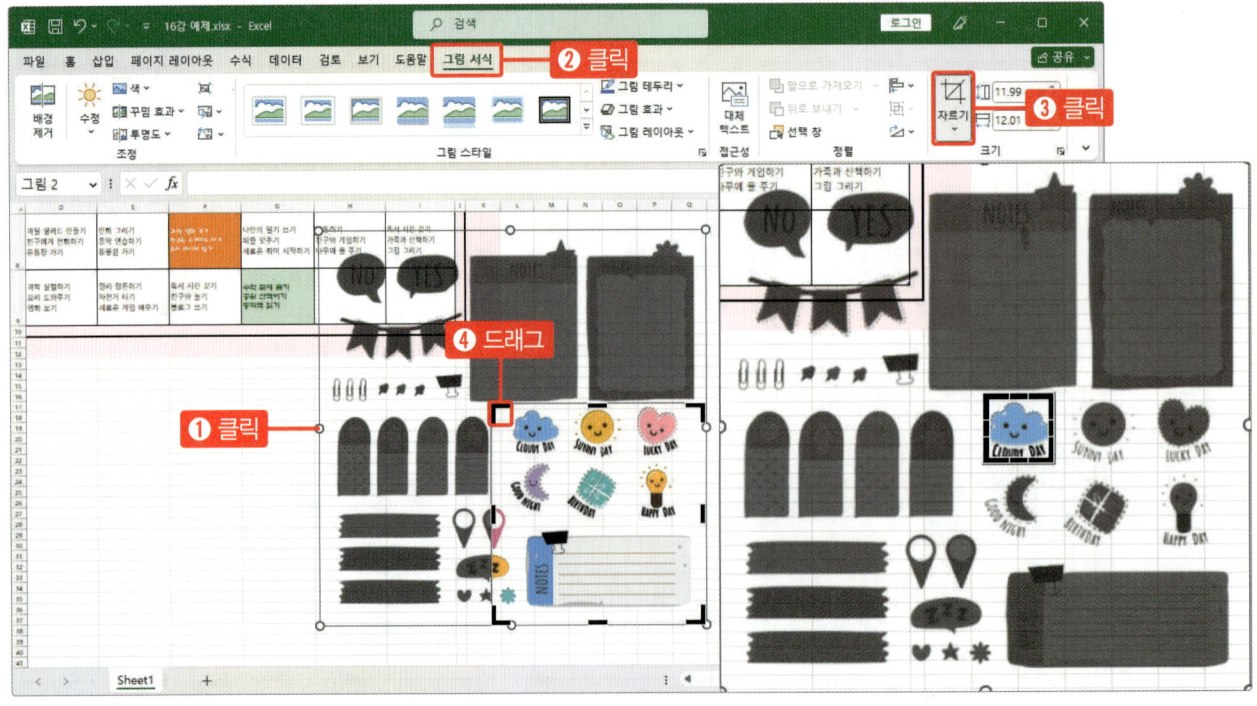

03 다시 [자르기(✂)]를 클릭하여 이미지를 잘라낸 후 그림과 같이 크기와 위치를 조절해요.

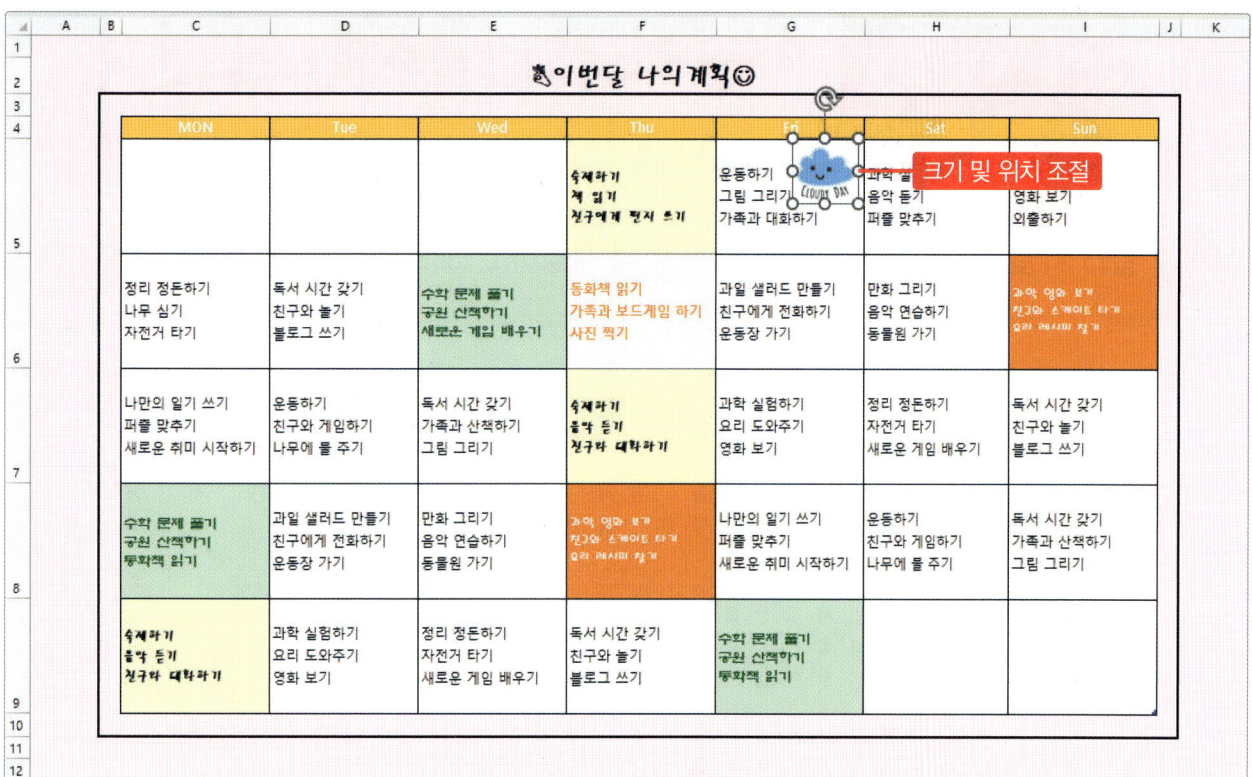

04 01~03과 같은 방법으로 이미지에서 필요한 부분만 잘라내 다이어리를 완성해 보세요.

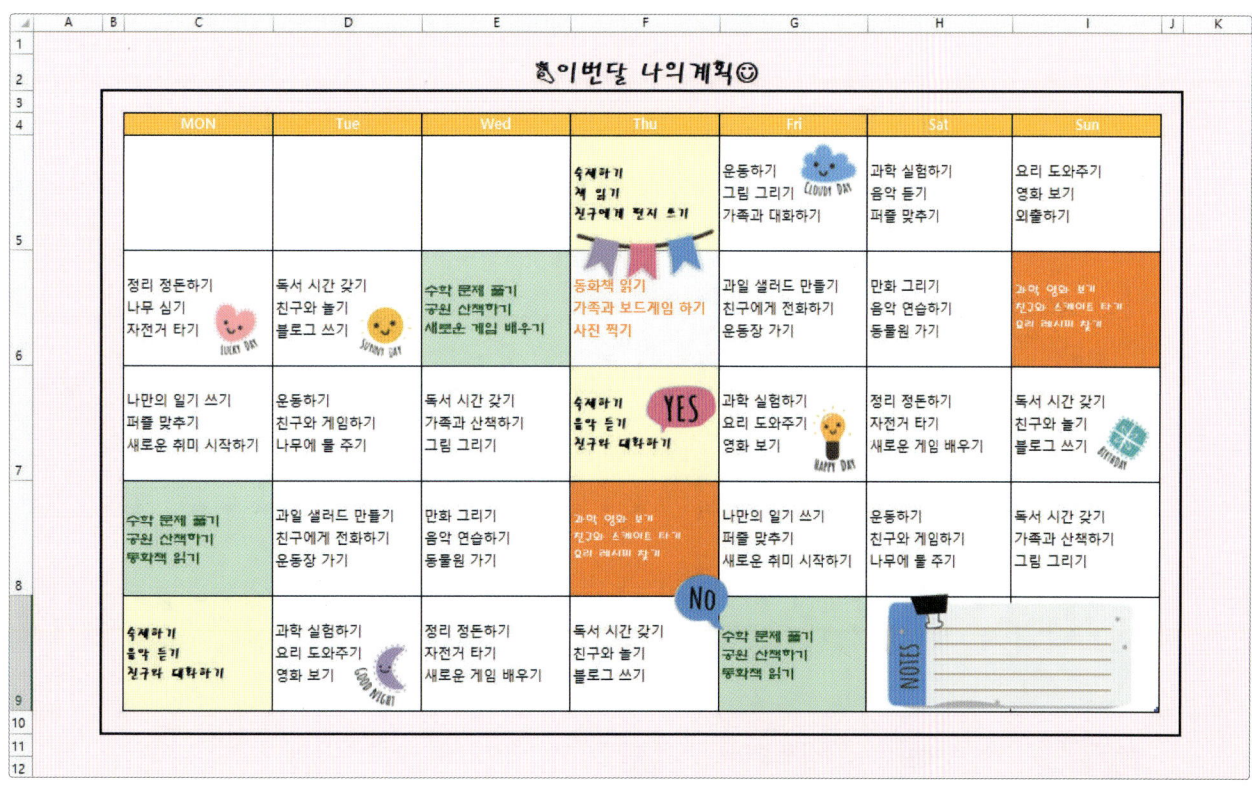

Step 16. 다꾸! 예쁜 다이어리 만들기

생각 쏙쏙 실력 쑥쑥

▶ 예제 파일 : 16강 폴더 ▶ 완성 파일 : 16강 창의 완성.xlsx

① 실습 파일을 불러와 [B2:AI15] 셀을 영역 지정하고 표 스타일을 '메모'로 적용해 보세요.

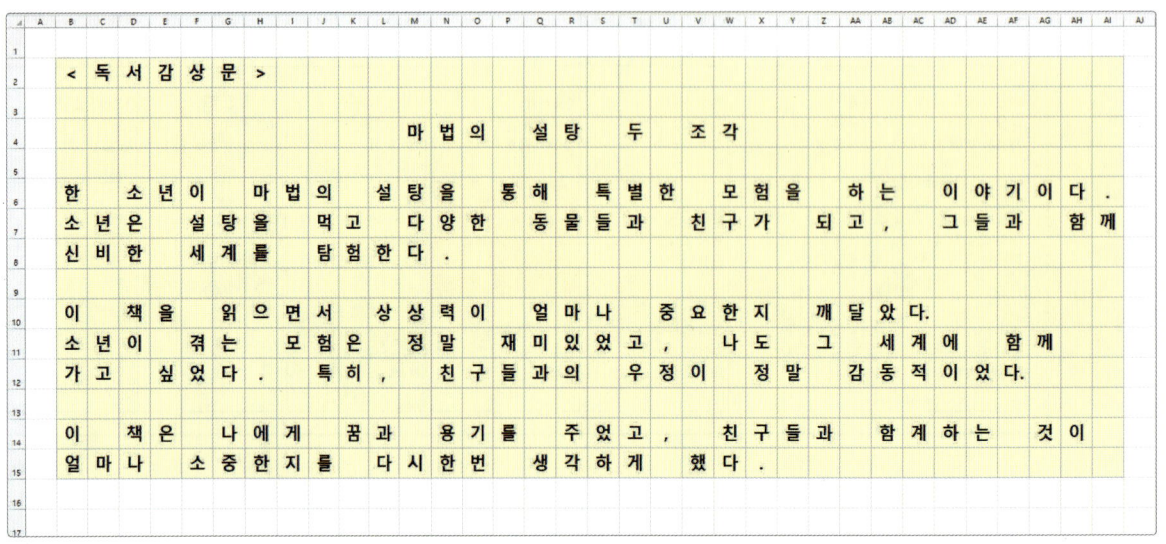

② 이미지를 삽입하고 필요한 부분만 잘라내어 독서 감상문을 완성해 보세요.

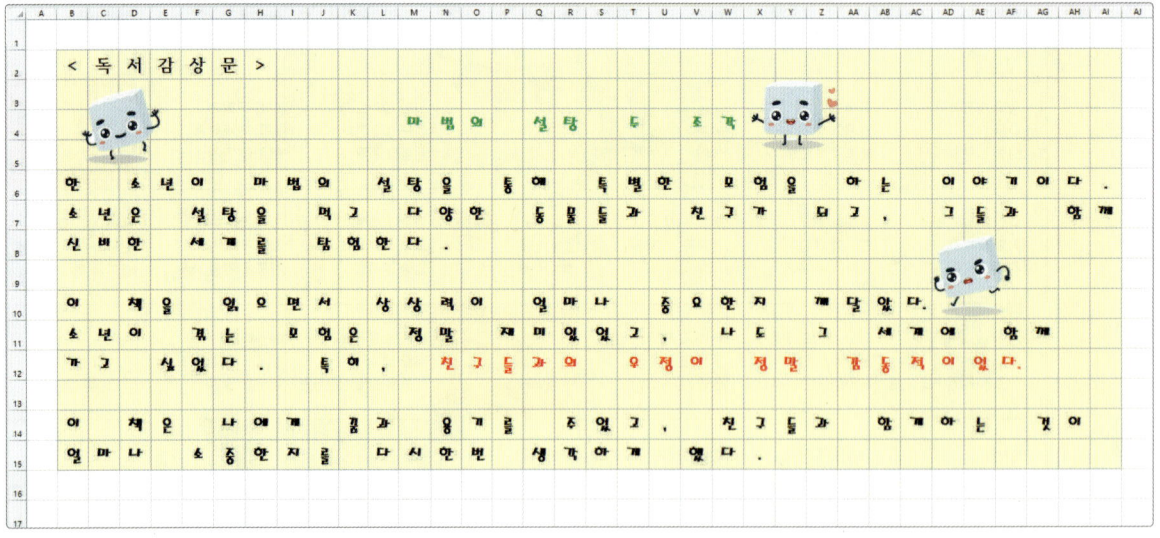

짹짹힌트 '예제 이미지.png' 파일을 불러와 필요한 부분만 잘라 사용하고 글꼴 서식을 자유롭게 지정해 보세요.

Step 17. 꿈틀꿈틀 젤리 판매 실적 차트

오늘은 무엇을 배울까요?

- 데이터를 활용하여 차트를 삽입하고 편집해요.
- 이미지를 삽입하고 젤리 판매 실적 차트를 완성해요.

두근! AI & 예술 놀이

1. Baguette Sprint를 실행해요.
2. 키보드 방향키로 자전거를 운전해 바게트를 모아요.

엑셀 창작 놀이

- 예제 파일 : 17강 폴더
- 완성 파일 : 17강 완성.xlsx

1. 데이터를 활용하여 차트를 삽입하고 예쁘게 꾸며요.
2. 이미지를 삽입하여 젤리 판매 실적 차트를 완성해요.

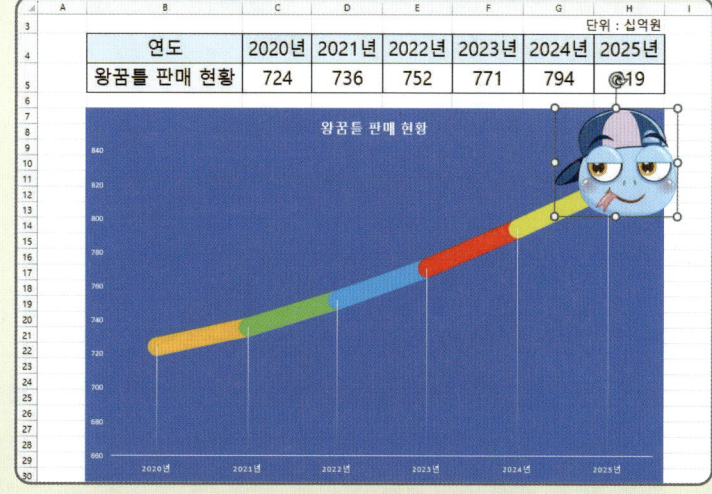

연도	2020년	2021년	2022년	2023년	2024년	2025년
왕꿈틀 판매 현황	724	736	752	771	794	819

단위 : 십억원

두근! 바게트 모으기

'Baguette Sprint'를 실행하고 자전거를 운전하여 바게뜨가 식기 전에 집에 도착해 봐요.

'17강 멀티' 파일을 더블클릭하여 실행하고 키보드의 방향키로 자전거를 운전해 봐요.

❶ [실험 실행] 클릭하기

❷ [LET'S GO!] 클릭하기

❸ ←, → 키 눌러 자전거 운전하기

❹ 도로에 나타난 아이템 획득하기

❺ 고양이, 가로등 등 장애물 피하기

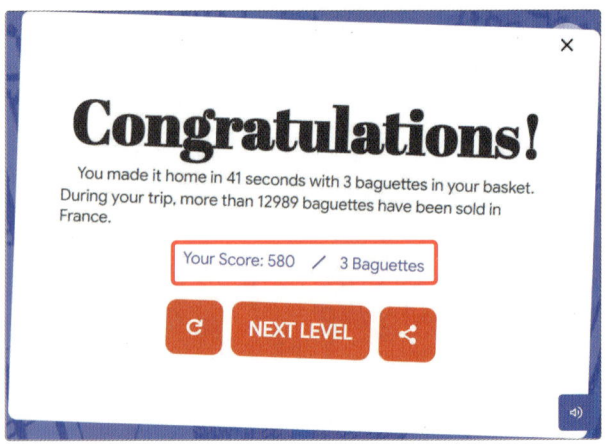

❻ 점수와 획득한 바게트 개수 확인하기

미션 01 차트 삽입하기

데이터를 입력하고 데이터를 활용하여 차트를 삽입해 봐요.

01 엑셀 프로그램(　)을 실행한 후 '17강 예제.xlsx' 파일을 불러와요.

02 [C5:H5] 셀에 연도별 왕꿈틀 젤리 판매 현황을 입력해요.

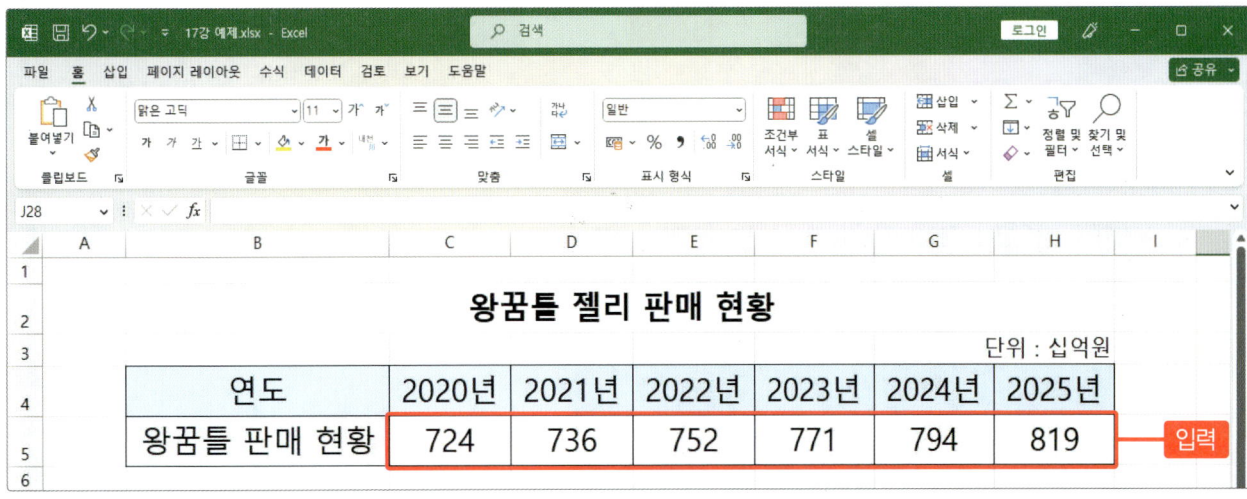

03 [B4:H5] 셀을 영역 지정하고 [삽입] 탭-[차트] 그룹-[꺾은선형 또는 영역형 차트 삽입 (　)]-[2차원 꺾은선형]-[누적 꺾은선형]을 클릭해요.

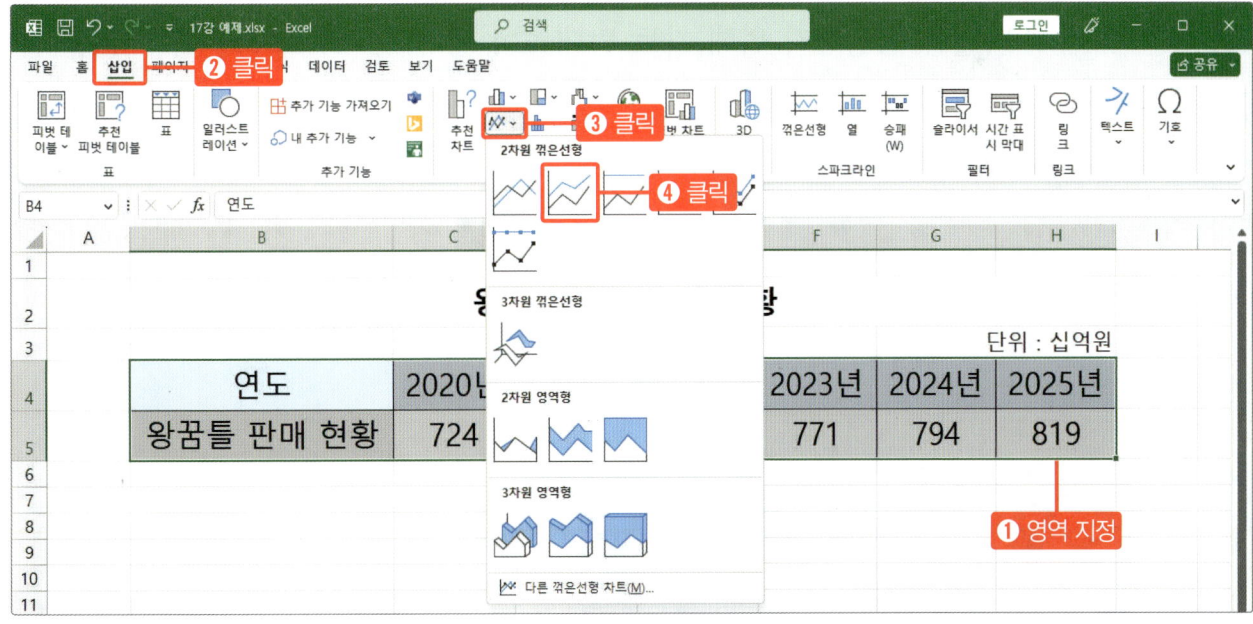

차트는 숫자나 정보를 그림처럼 보여주는 도구예요. 예를 들어, 친구들과의 키를 비교할 때 숫자로만 보면 헷갈릴 수 있지만 차트를 이용하면 어떤 친구가 크고 작은지 한눈에 파악할 수 있어요.

미션 02 차트 편집하기

차트 스타일과 데이터 계열 서식을 변경하여 차트를 예쁘게 꾸며봐요.

01 차트의 크기와 위치를 조절하고 [차트 디자인] 탭-[차트 스타일] 그룹-[스타일 3]을 클릭해요.

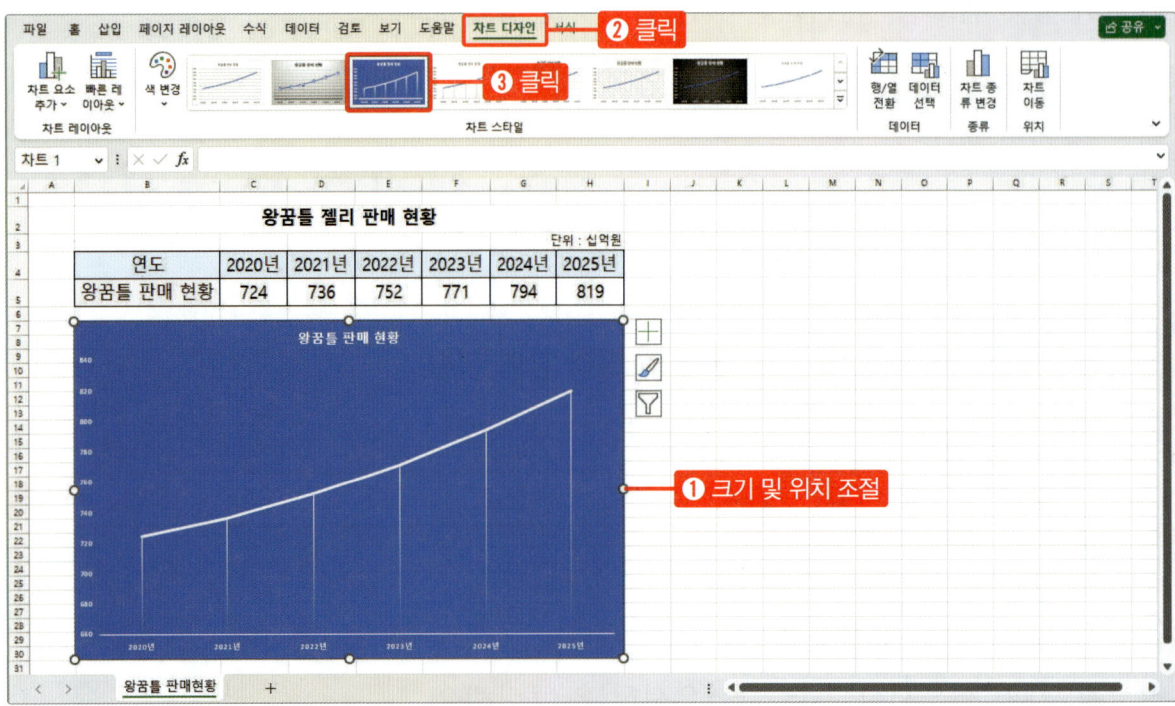

02 차트 막대 스타일을 변경하기 위해 차트 막대를 선택하고 마우스 오른쪽 버튼을 클릭한 후 [데이터 계열 서식]을 클릭해요.

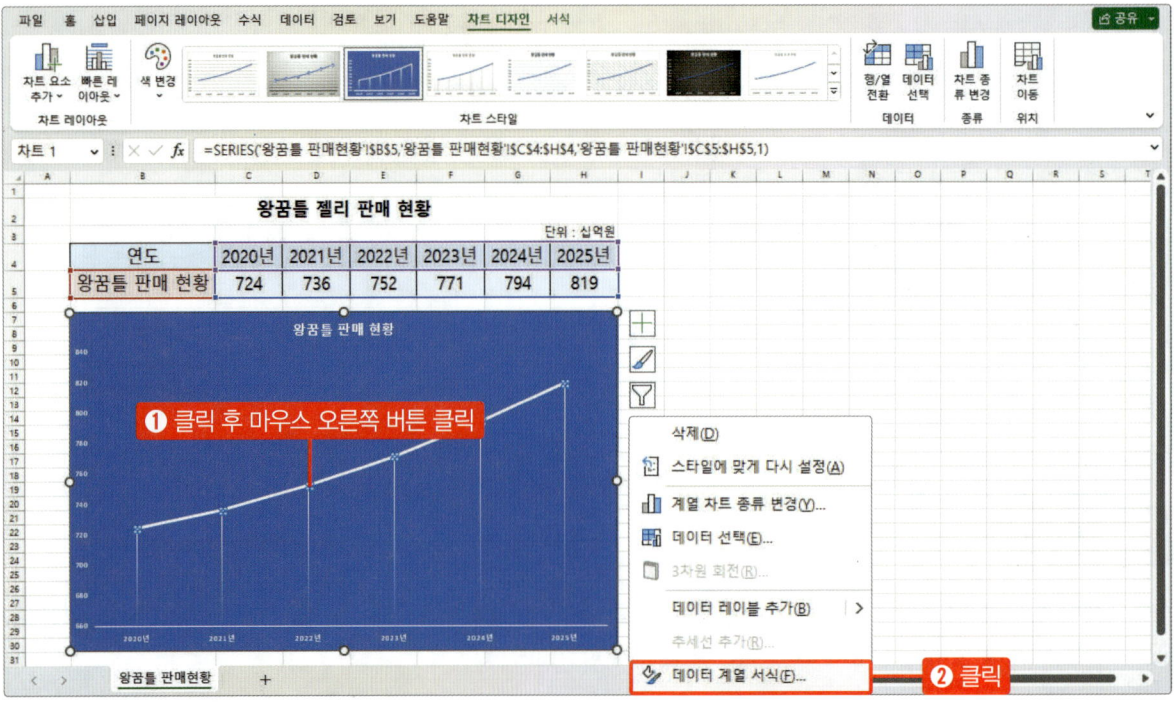

124 처음 배우는 엑셀 2021

03 화면 오른쪽에 [데이터 계열 서식] 창이 나타나면 [채우기 및 선] 탭-[선]에서 너비를 '20pt'로 변경해요.

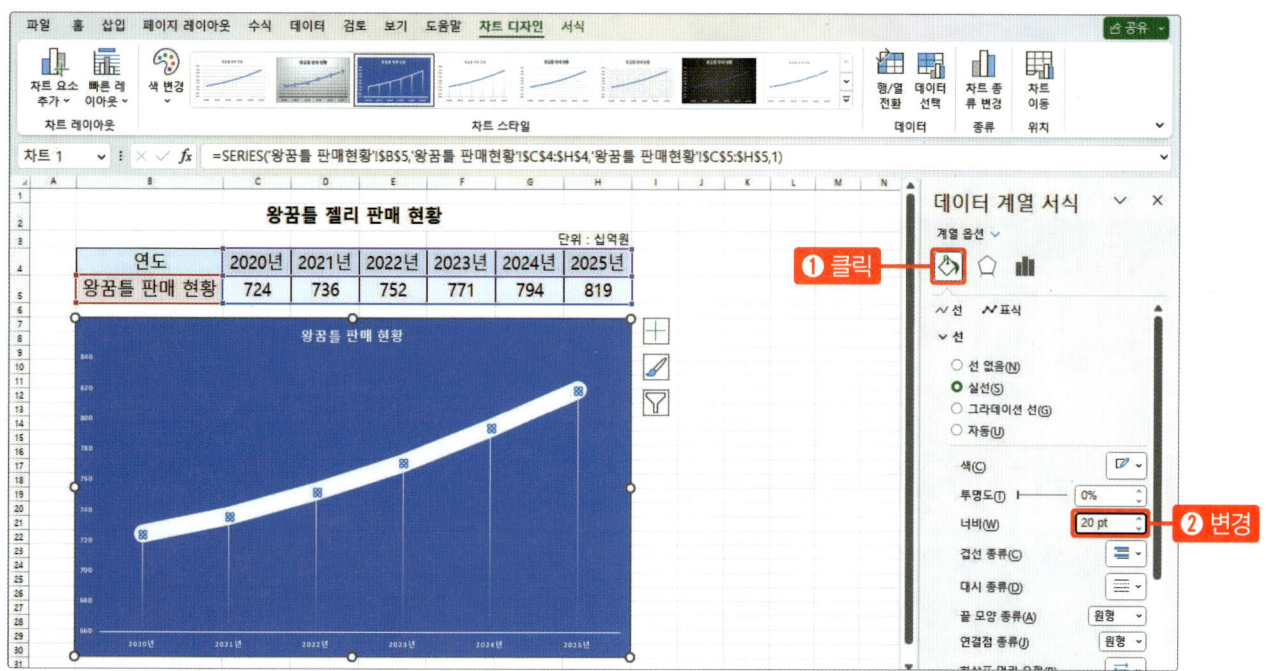

04 2021년 계열을 선택하고 [데이터 요소 서식] 창-[채우기 및 선] 탭-[선]에서 색을 '주황'으로 선택해요.

05 04와 같은 방법으로 모든 차트 막대의 계열 색을 변경해요.

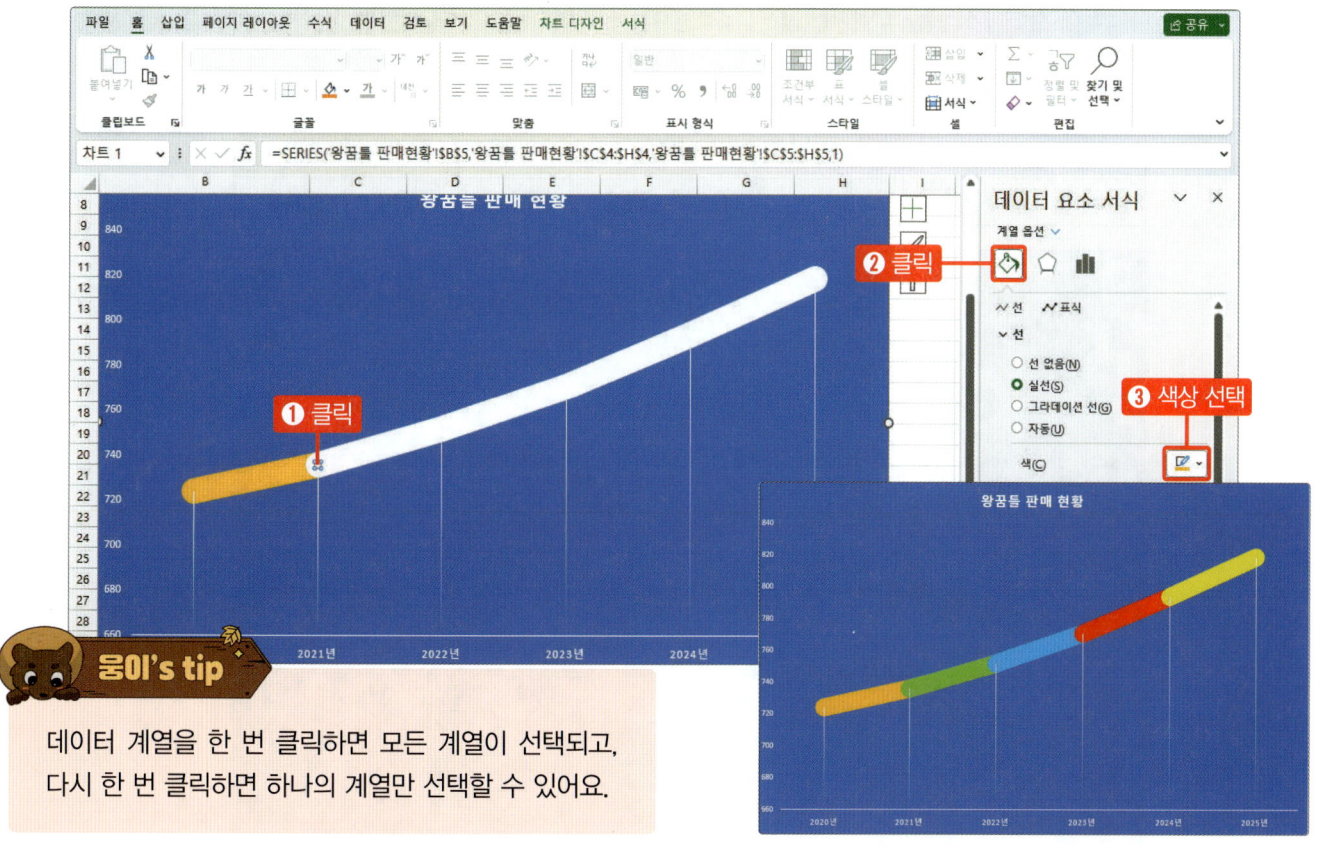

웅이's tip
데이터 계열을 한 번 클릭하면 모든 계열이 선택되고, 다시 한 번 클릭하면 하나의 계열만 선택할 수 있어요.

차트 완성하기

이미지를 삽입하고 차트를 꾸며 왕꿈틀 젤리 판매 현황 차트를 완성해 봐요.

01 [삽입] 탭-[일러스트레이션] 그룹-[그림( )]-[이 디바이스]를 클릭하여 '이미지1.png' 파일을 삽입해요.

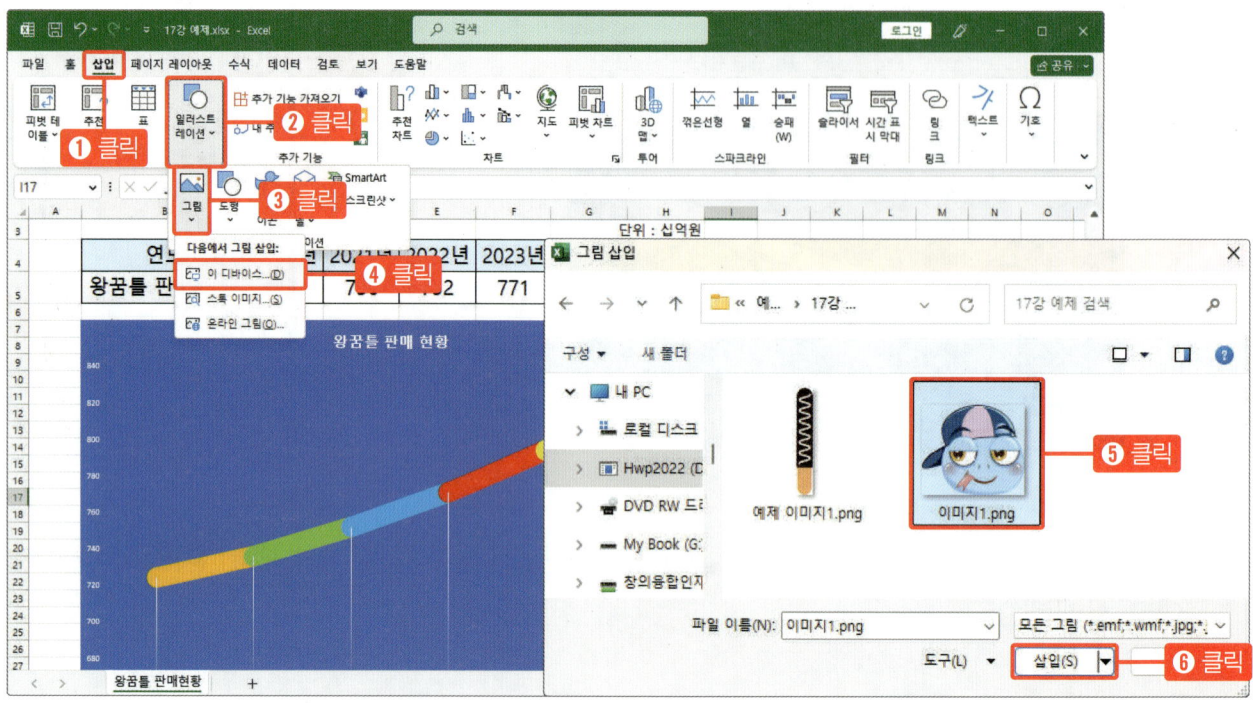

02 이미지의 크기와 위치를 그림과 같이 조절하여 왕꿈틀 젤리 판매 현황 차트를 완성해요.

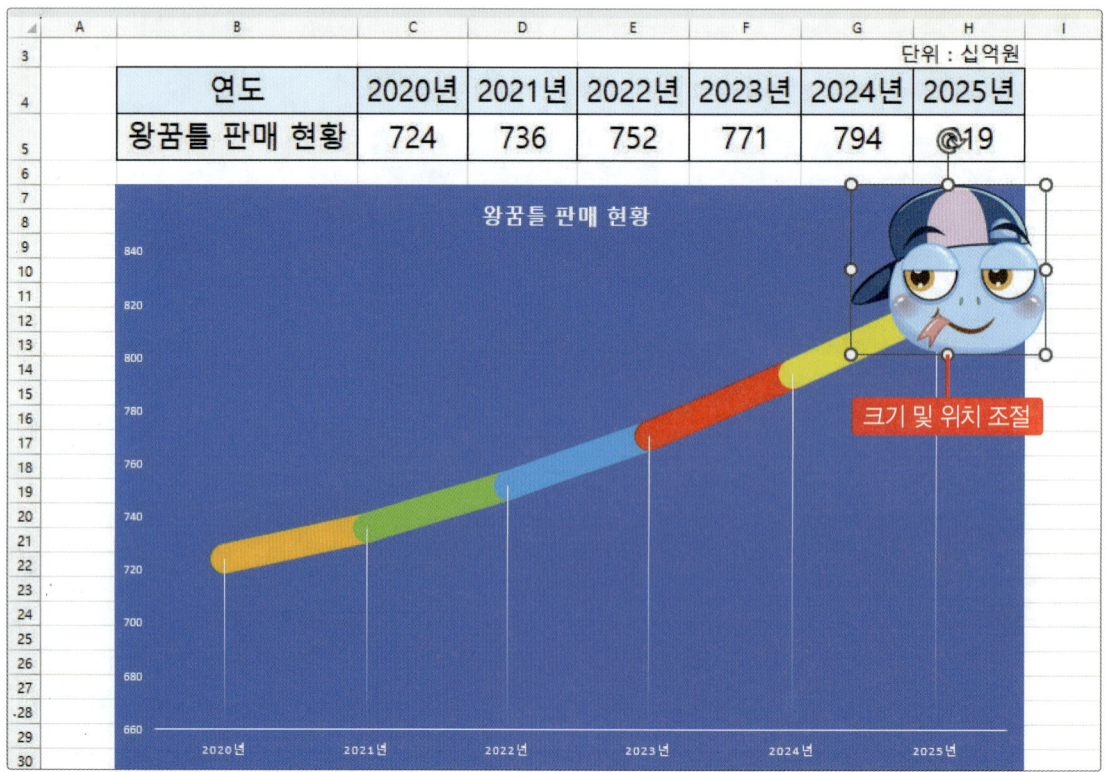

▶ 예제 파일 : 17강 폴더   ▶ 완성 파일 : 17강 창의 완성.xlsx

1 실습 파일을 불러와 데이터를 입력하고 차트를 삽입해 보세요.

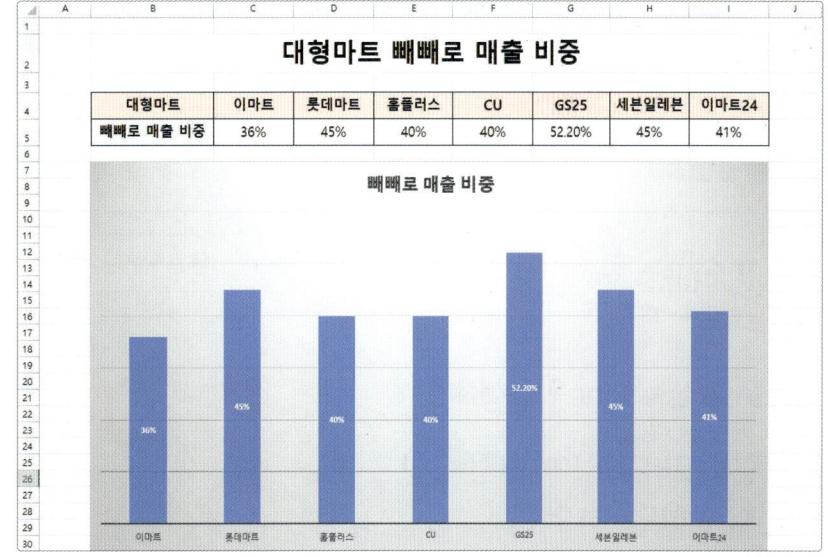

짹짹힌트 [세로 또는 가로 막대형 차트 삽입]-[2차 세로 막대형]-[누적 세로 막대형] 차트를 삽입하고 차트 스타일을 '스타일 4'로 지정해요.

2 차트 막대의 색을 변경하고 이미지를 삽입하여 빼빼로 매출 비중 차트를 완성해 보세요.

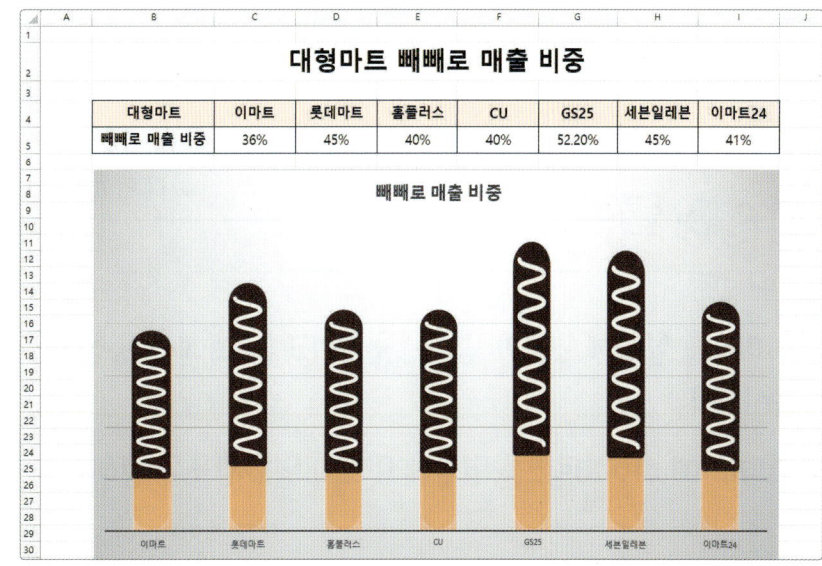

짹짹힌트 [데이터 계열 서식] 창에서 채우기 색을 '주황, 강조 2, 40% 더 밝게'로 지정하고 이미지를 삽입해 보세요.

Step 17. 꿈틀꿈틀 젤리 판매 실적 차트

Step 18 나만의 맛보기 영화관

오늘은 무엇을 배울까요?
- 이미지를 삽입하고 유튜브에서 영상 주소를 복사해요.
- 이미지에 하이퍼링크를 연결하여 맛보기 영화관을 완성해요.

1. Guess the Line을 실행해요.
2. 그림을 그리고 AI가 어떤 그림인지 맞히도록 해요.

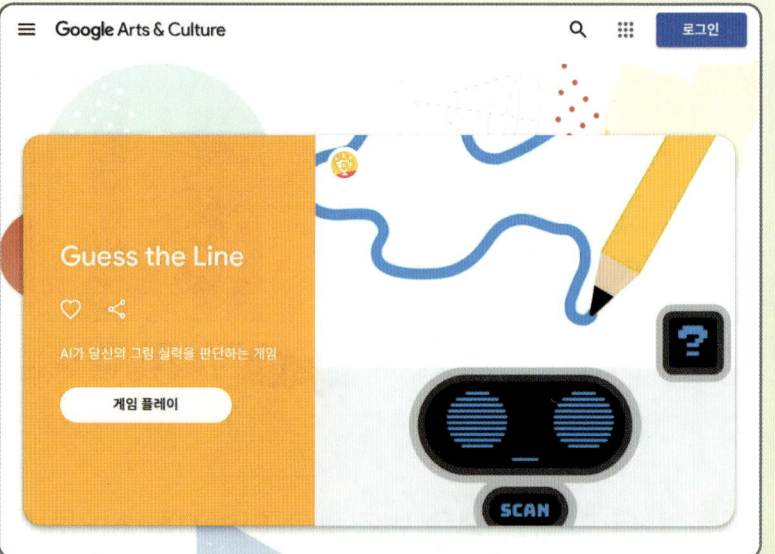

● 예제 파일 : 18강 폴더   ● 완성 파일 : 18강 완성.xlsx

1. 이미지를 삽입해 맛보기 영화관을 꾸미고 유튜브에서 영상 주소를 복사해요.
2. 이미지에 하이퍼링크를 연결해 맛보기 영화관을 완성해요.

 ## 두근! 그림 그리기 게임하기

'Guess the Line'을 실행하고 캔버스에 그림을 그려 AI가 그림을 분석하도록 해봐요.

'18강 멀티' 파일을 더블클릭하여 실행하고 캔버스에 그림을 그려 그린 그림이 무엇인지 AI가 맞히도록 해봐요.

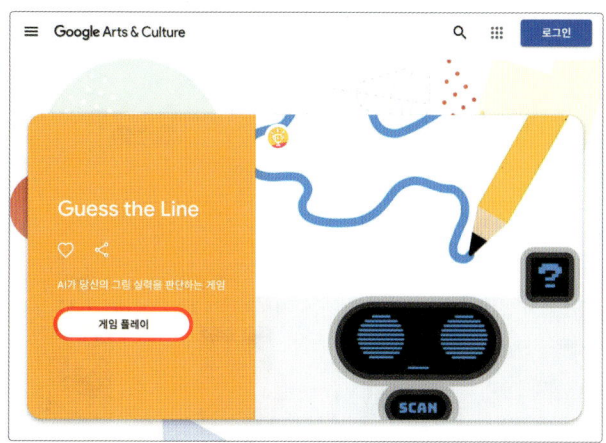

❶ [게임 플레이] 클릭하기

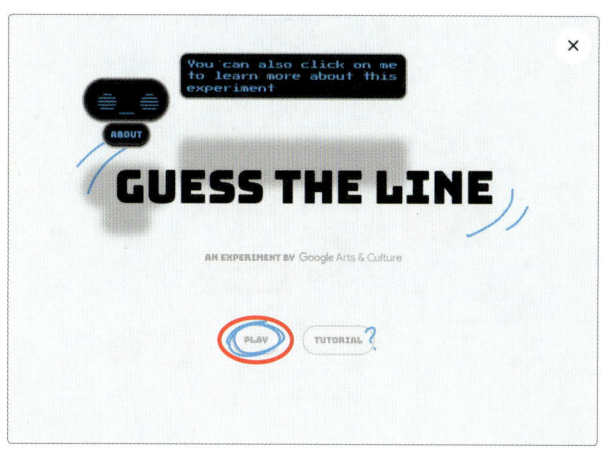

❷ [PLAY] 클릭하기

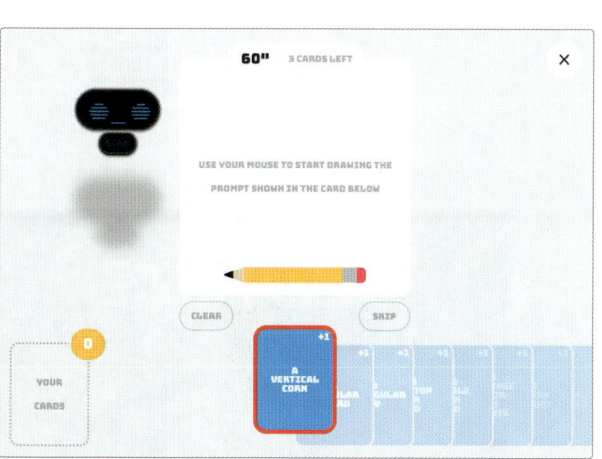

❸ 카드 클릭하기

❹ 그려야 할 그림 확인하고 [CLOSE] 클릭하기

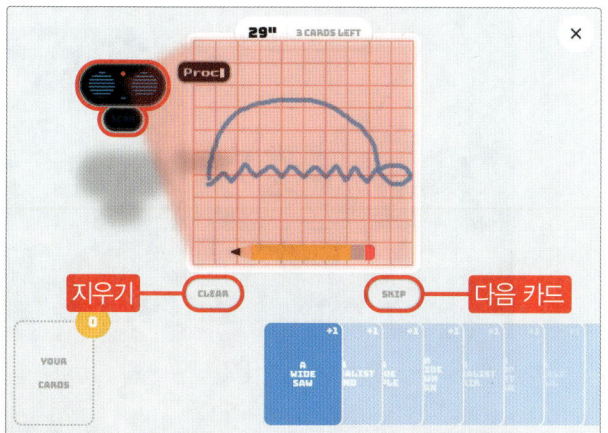

❺ 캔버스에 그림 그리고 [SCAN] 클릭하기

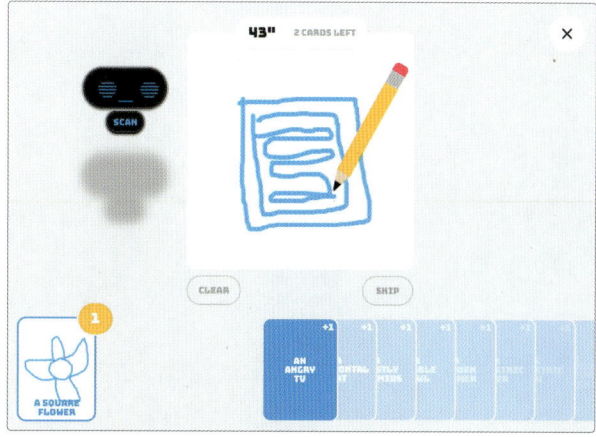

❻ AI가 그림 맞히면 다음 카드 확인하기

Step 18. 나만의 맛보기 영화관

미션 01 이미지 삽입하여 맛보기 영화관 만들기

이미지를 삽입하여 맛보기 영화관 상영관을 만들어 봐요.

01 엑셀 프로그램( )을 실행한 후 새 문서를 실행해요.

02 [삽입] 탭-[일러스트레이션] 그룹-[그림( )]-[이 디바이스]를 클릭하여 '이미지1.jpg' 파일을 삽입해요.

03 이미지가 삽입되면 크기와 위치를 조절하고 **02**와 같은 방법으로 '이미지2~'이미지7' 이미지를 삽입하고 크기와 위치를 조절해요.

온라인 그림에서 원하는 이미지를 검색하여 이미지를 삽입해도 좋아요.

유튜브에서 영상 주소 복사하기

유튜브에 접속하여 영화 티저 영상의 주소를 복사해 봐요.

01 인터넷 브라우저를 실행하고 유튜브(https://www.youtube.com/) 사이트에 접속해요.

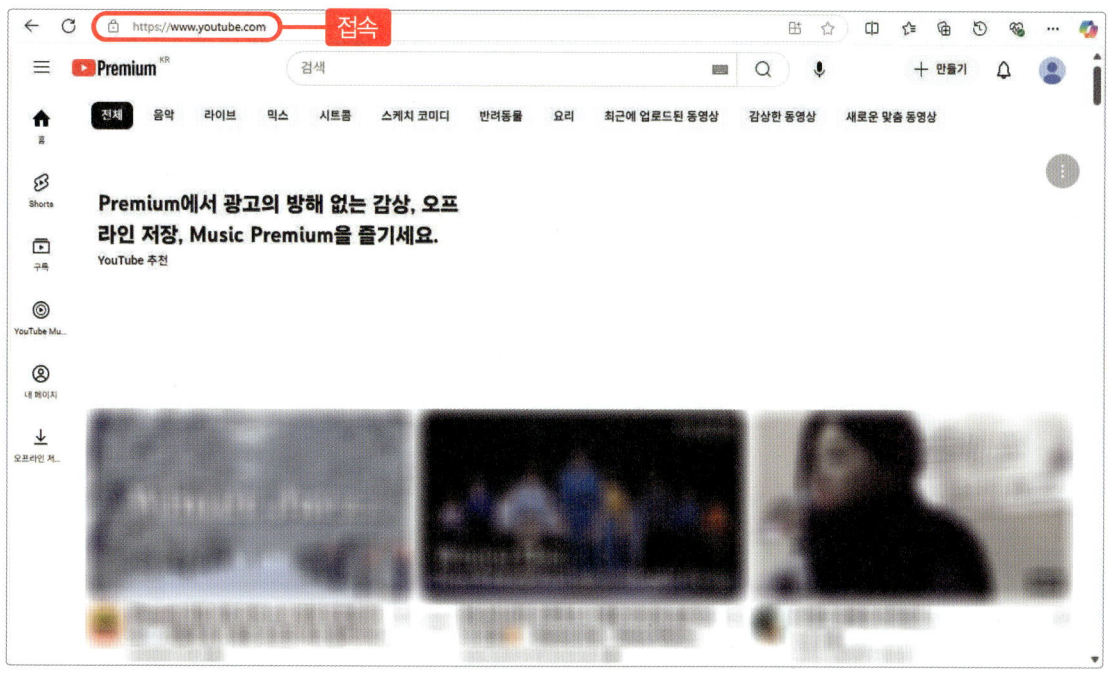

네이버 검색창에 '유튜브'를 검색하여 유튜브에 접속해도 돼요.

02 유튜브 검색창에 '뽀로로 공룡섬대모험'을 검색하고 원하는 영상을 클릭해요.

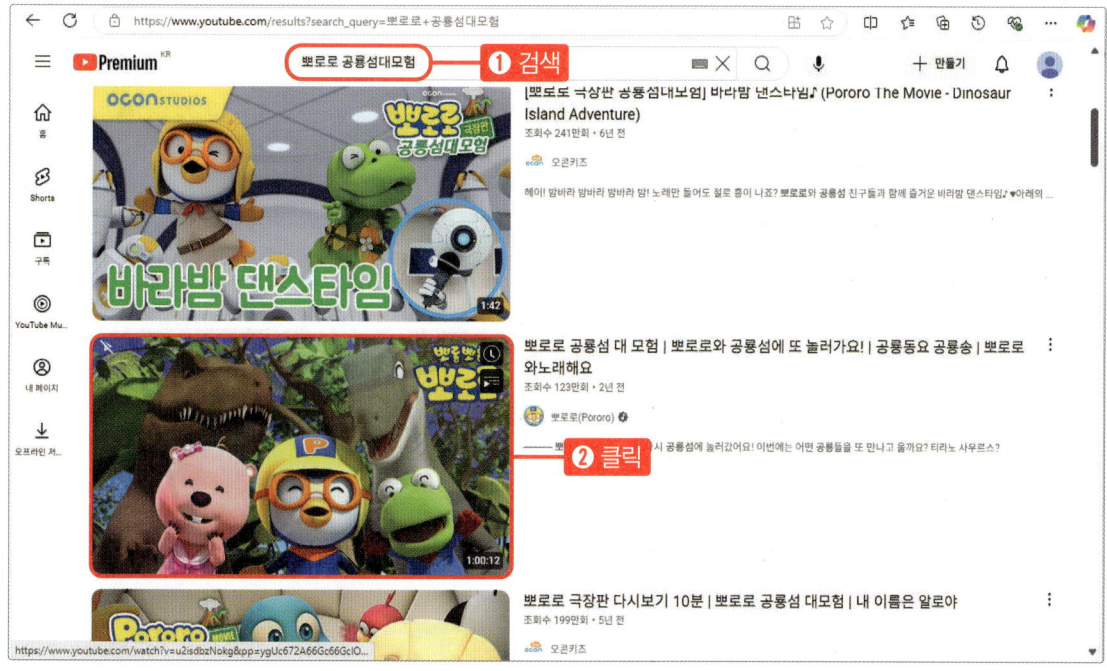

Step 18. 나만의 맛보기 영화관

03 영상이 실행되면 영상 하단의 [공유]를 클릭해요.

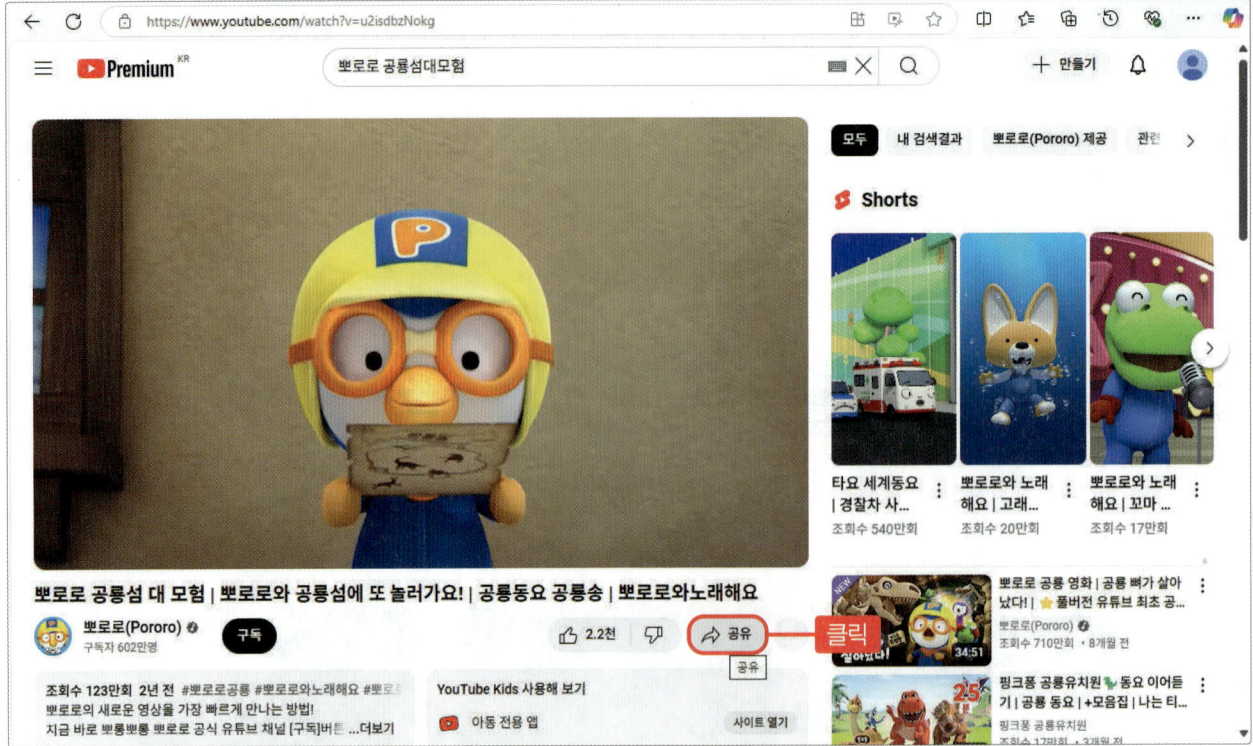

04 [공유] 창이 나타나면 [복사]를 클릭하여 영상 주소를 복사해요.

검색창에 원하는 애니메이션을 검색하여 영상 주소를 복사해도 돼요.

미션 03 이미지에 하이퍼링크 연결하기

하이퍼링크 기능을 이용하여 이미지에 유튜브 영상 주소를 연결해 봐요.

01 엑셀 창으로 돌아와 '뽀로로 공룡섬대모험' 이미지를 선택하고 [삽입] 탭-[링크] 그룹-[링크(🔗)]를 클릭해요.

02 [하이퍼링크 삽입] 대화상자가 나타나면 [기존 파일/웹 페이지]-[현재 폴더]를 클릭하고 주소 입력 칸에 앞서 복사한 영상 주소를 붙여 넣은 후 [확인]을 클릭해요.

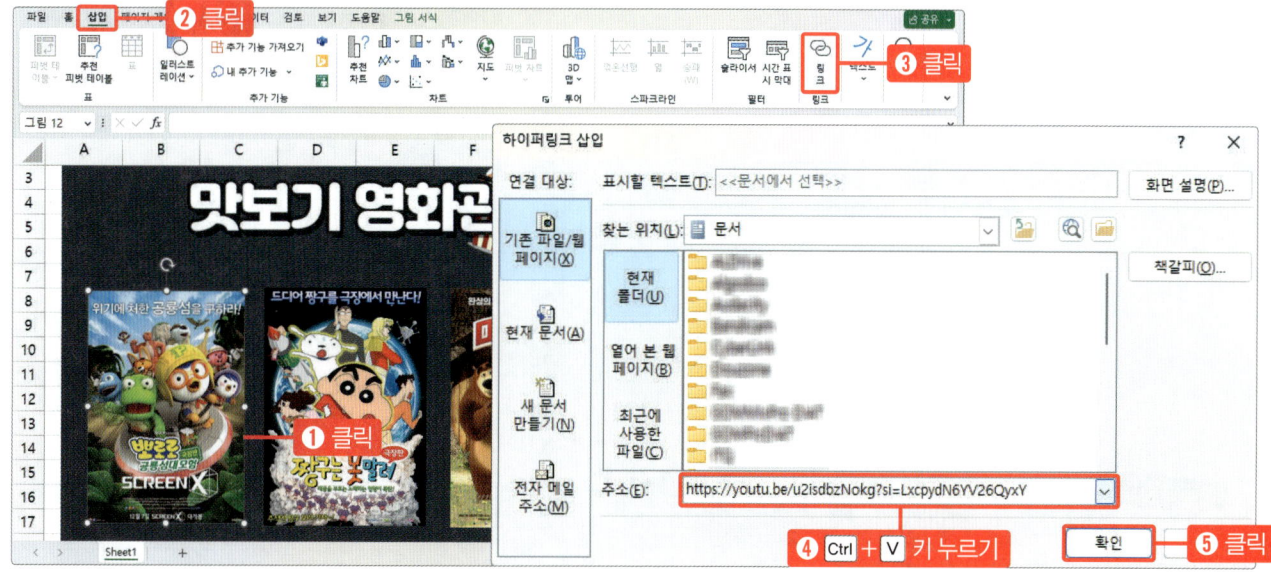

03 '뽀로로 공룡섬대모험' 이미지를 클릭하여 유튜브 영상이 실행되는지 확인해요.

하이퍼링크가 적용된 이미지에 마우스 포인터를 가져다 대면 마우스 포인터의 모양이 손가락 모양으로 변해요.

04 앞서 배운 내용을 참고하여 나머지 이미지에도 하이퍼링크를 연결해 보세요.

생각 쏙쏙 실력 쏙쏙

▶ 예제 파일 : 18강 폴더   ▶ 완성 파일 : 18강 창의 완성.xlsx

1 새 문서를 실행하고 이미지를 삽입하여 장난감 맛보기 영상 상영관을 만들어 보세요.

짹짹힌트 '예제 이미지1'~'예제 이미지6' 이미지를 삽입해 보세요.

2 유튜브에서 영상 주소를 복사하고 이미지에 하이퍼링크를 연결하여 장난감 맛보기 영상을 완성해 보세요.

허리업! 스피드 계산기 만들기

오늘은 무엇을 배울까요?
- 수식을 입력하여 사칙연산 계산기를 만들어요.
- 사칙연산 계산기를 이용하여 수학 문제를 풀어요.

두근! AI & 예술 놀이

1. Art Coloring Book - Panda Edition을 실행해요.
2. 상상 속 판다의 모습을 색칠해요.

엑셀 창작 놀이

● 예제 파일 : 19강 폴더   ● 완성 파일 : 19강 완성.xlsx

1. 셀에 수식을 입력하여 사칙연산 계산기를 만들어요.
2. 사칙연산 계산기를 이용하여 다양한 수학 문제를 풀어요.

나는야 수학왕 스피드 계산기

문제	값1	값2	답안
더하기(+)	15	27	42
빼기(-)	50	22	28
나누기(/)	64	4	16
곱하기(*)	12	5	60

 ## 두근! 판다 색칠하기

'Art Coloring Book – Panda Edition'을 실행하고 판다를 예쁘게 색칠해 봐요.

'19강 멀티' 파일을 더블클릭하여 실행하고 판다를 색칠해 봐요.

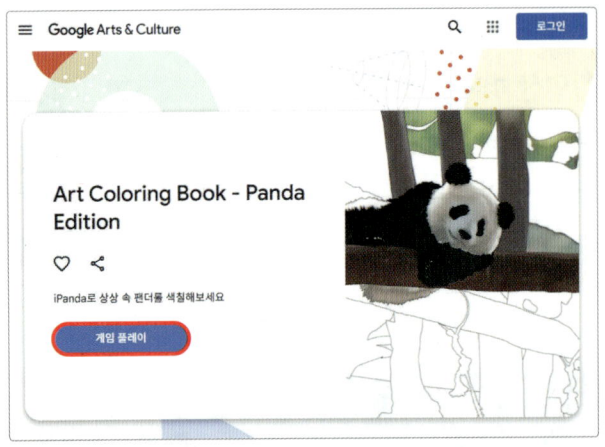

❶ [게임 플레이] 클릭하기

❷ 색칠할 판다 이미지 선택하기

❸ 색상 선택하고 도안 색칠하기

❹ [Download] 클릭하여 작품 저장하기

웅이's tip

- 🖼 : 원본 이미지를 확인할 수 있어요.
- ◆ : 배경 이미지가 나타나도록 할 수 있어요.
- ◆ : 외곽선을 나타나게 하거나 숨길 수 있어요.

미션 01 셀 테두리와 채우기 서식 지정하기

셀에 테두리 서식과 채우기 서식을 지정하여 계산기를 만들어 봐요.

01 엑셀 프로그램( )을 실행한 후 '19강 예제.xlsx' 파일을 불러와요.

02 [B4:E8] 셀을 영역 지정하고 [홈] 탭-[글꼴] 그룹-[테두리]-[모든 테두리]를 클릭해요.

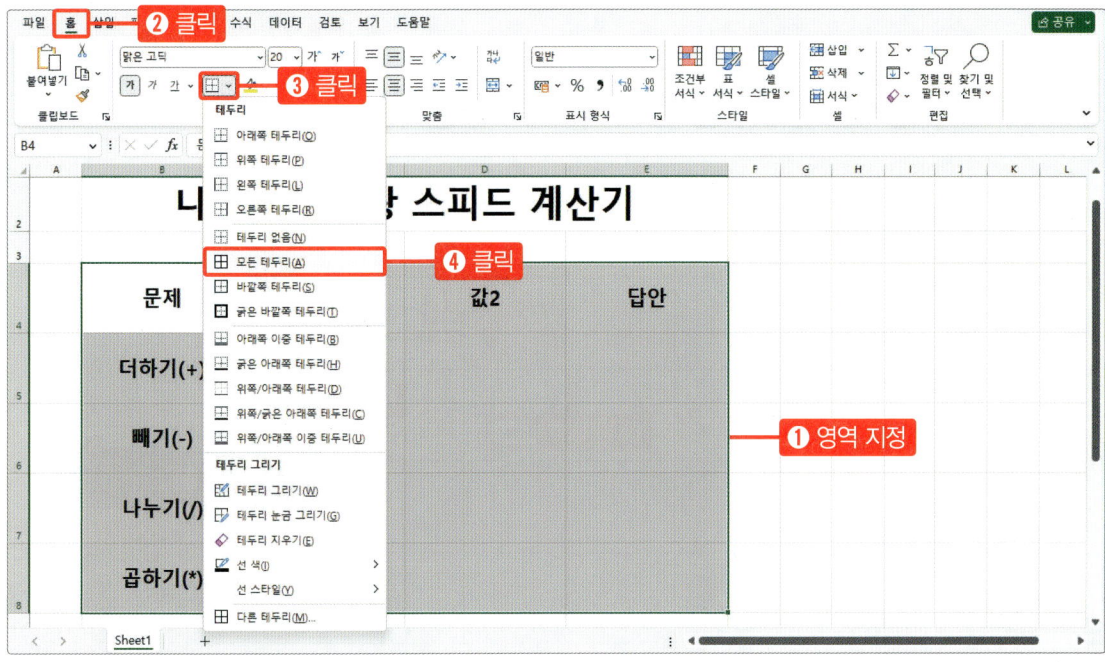

03 [B4:E4] 셀을 영역 지정하고 [홈] 탭-[글꼴] 그룹-[채우기 색]을 클릭한 후 원하는 색을 선택해요.

04 03과 같은 방법으로 [B5:B8] 셀을 영역 지정하고 채우기 색을 지정해요.

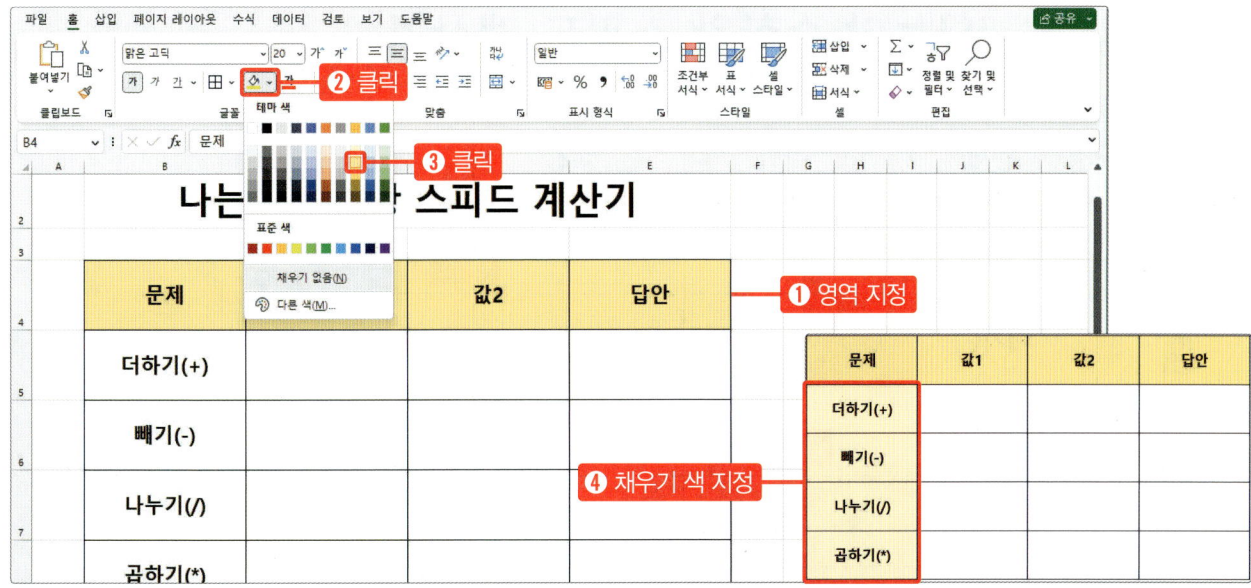

수식 입력하여 사칙연산 계산기 만들기

셀에 수식을 입력하여 사칙연산 계산기를 만들어 봐요.

01 [E5] 셀을 선택하고 "="를 입력한 후 [C5] 셀을 클릭해요.

02 이어서 "+"를 입력하고 [D5] 셀을 클릭한 후 Enter 키를 눌러요.

> **웅이's tip**
> [C5] 셀과 [D5] 셀에 입력한 숫자를 더하는 수식이에요.

03 [E6] 셀을 선택하고 "="를 입력한 후 [C6] 셀을 클릭해요.

04 이어서 "−"를 입력하고 [D6] 셀을 클릭한 후 Enter 키를 눌러요.

05 [E7] 셀을 선택하고 "="를 입력한 후 [C7] 셀을 클릭해요.

06 이어서 "/"를 입력하고 [D7] 셀을 클릭한 후 Enter 키를 눌러요.

값1과 값2에 숫자를 입력하지 않았기 때문에 나누기 답안의 값이 '#DIV/0!'으로 나타나요.

07 [E8] 셀을 선택하고 "="를 입력한 후 [C8] 셀을 클릭해요.

08 이어서 "*"를 입력하고 [D8] 셀을 클릭한 후 Enter 키를 눌러요.

사칙연산 계산기로 수학 문제 풀기

완성한 사칙연산 계산기를 이용하여 다양한 수학 문제를 풀어봐요.

01 완성한 사칙연산 계산기를 활용하여 다음 수학 문제의 값을 구하고 값을 적어 보세요.

15 + 27		12 × 5	
42 − 19		64 ÷ 4	
8 × 7		37 + 48	
56 ÷ 8		90 − 33	
34 + 29		9 × 6	
100 − 45		72 ÷ 6	
6 × 9		15 + 36	
81 ÷ 9		88 − 54	
23 + 17		7 × 8	
50 − 22		100 ÷ 10	

① 실습 파일을 불러와 사칙연산 학습지를 만들어 보세요.

엑셀로 풀어보는 사칙연산 학습지

번호	문제			정답
1	27	+	15	
2	11	-	2	
3	65	/	5	
4	82	*	11	
5	17	+	12	
6	95	-	27	
7	12	*	8	
8	35	+	41	
9	124	/	8	
10	31	*	9	

 셀에 테두리 서식과 채우기 서식을 자유롭게 지정해 보세요.

② 수식을 입력하여 사칙연산 학습지 문제를 풀어보세요.

엑셀로 풀어보는 사칙연산 학습지

번호	문제			정답
1	27	+	15	42
2	11	-	2	9
3	65	/	5	13
4	82	*	11	902
5	17	+	12	29
6	95	-	27	68
7	12	*	8	96
8	35	+	41	76
9	124	/	8	15.5
10	31	*	9	279

 [F5:F14] 셀에 문제에 해당하는 수식을 입력하여 정답을 구해 보세요.

Step 20 찾아라! 가장 저렴한 간식은?

오늘은 무엇을 배울까요?

- 데이터를 입력하고 표시 형식을 지정해요.
- MIN 함수를 이용하여 가장 저렴한 간식을 찾아요.

두근! AI & 예술 놀이

1. One Sound, Two Frames를 실행해요.
2. AI가 생성한 음악을 듣고 영감을 준 작품을 선택해요.

엑셀 창작 놀이

● 예제 파일 : 20강 폴더 ● 완성 파일 : 20강 완성.xlsx

1. 데이터를 입력하고 표시 형식을 '회계'로 변경해요.
2. MIN 함수를 이용해 가장 저렴한 간식이 무엇인지 찾아요.

가장 저렴한 간식은?	
간식 종류	가격(1인분)
떡볶이	₩ 4,000
마카롱	₩ 6,000
만두	₩ 3,000
핫도그	₩ 1,500
아이스크림	₩ 3,500
조각 케이크	₩ 5,000
모둠튀김	₩ 4,500
순대	₩ 2,500
닭강정	₩ 18,000
팝콘	₩ 5,500
가장 저렴한 간식	₩ 1,500

 ## 두근! 음악에 어울리는 작품 찾기

'One Sound, Two Frames'를 실행하고 AI가 생성한 음악에 어울리는 작품을 선택해 봐요.

'20강 멀티' 파일을 더블클릭하여 실행하고 AI가 영감을 받아 생성한 작품이 어떤 작품인지 골라봐요.

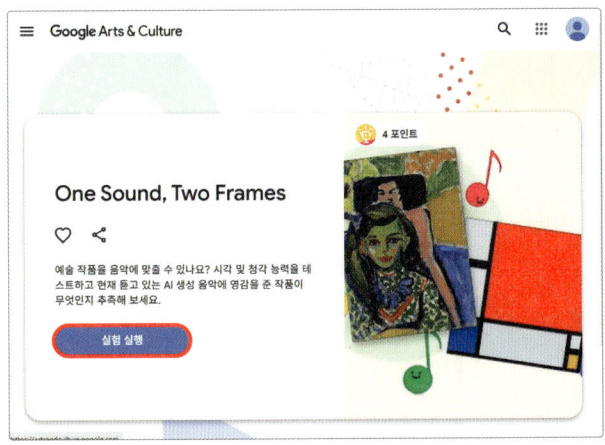

❶ [실험 실행] 클릭하기

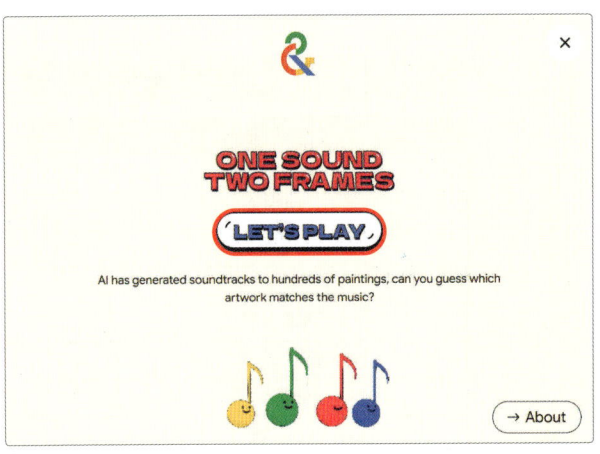

❷ [LET'S PLAY] 클릭하기

❸ 재생되는 음악 감상하기

❹ 2가지 작품 중 음악에 어울리는 작품 선택하기

❺ 레벨 이어 게임 진행하기

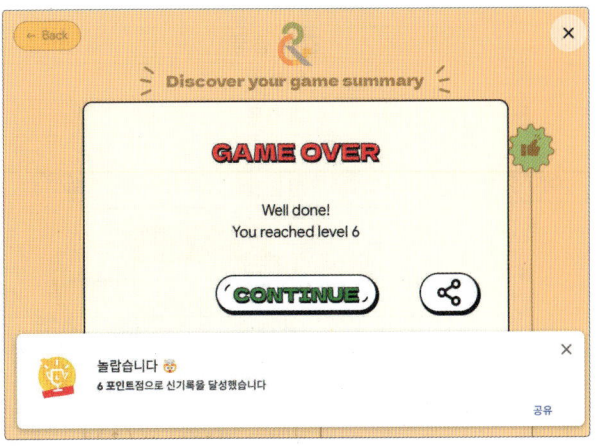

❻ 게임 결과 확인하기

미션 01 데이터 입력하고 표시 형식 변경하기

데이터를 입력하고 간식 가격의 표시 형식을 '회계'로 변경해 봐요.

01 엑셀 프로그램(X)을 실행한 후 '20강 예제.xlsx' 파일을 불러와요.

02 [B5:C14] 셀에 그림과 같이 간식의 종류와 가격을 입력해요.

간식 종류	가격(1인분)
떡볶이	4000
마카롱	6000
만두	3000
핫도그	1500
아이스크림	3500
조각 케이크	5000
모둠튀김	4500
순대	2500
닭강정	18000
팝콘	5500

03 [C5:C14] 셀을 영역 지정하고 [홈] 탭-[표시 형식] 그룹에서 표시 형식을 '회계'로 선택해요.

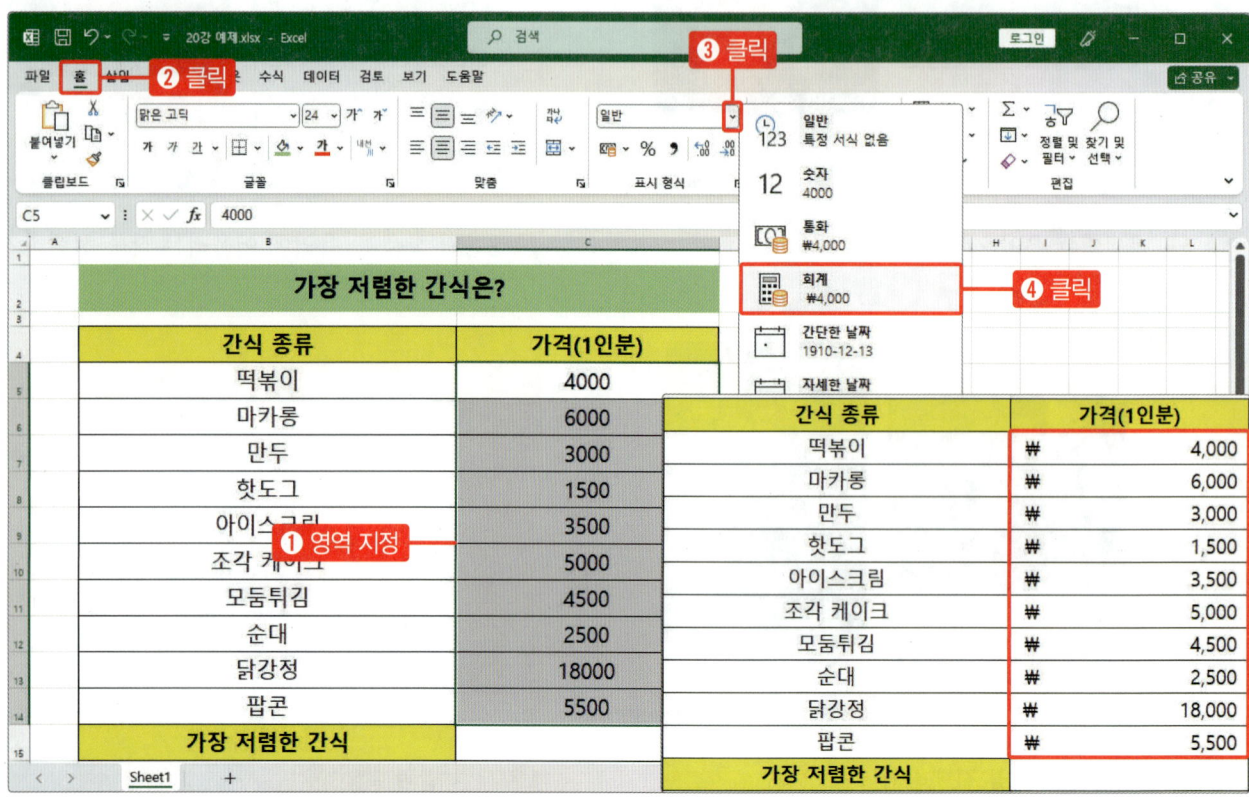

144 처음 배우는 엑셀 2021

미션 02 가장 저렴한 간식 구하기

MIN 함수를 이용하여 가장 저렴한 간식을 찾아봐요.

01 [C15] 셀을 선택하고 [수식] 탭-[함수 라이브러리] 그룹-[자동 합계(∑)]-[최소값]을 클릭하여 '=MIN(C5:C14)'가 나타나면 Enter 키를 눌러 최소값을 구해요.

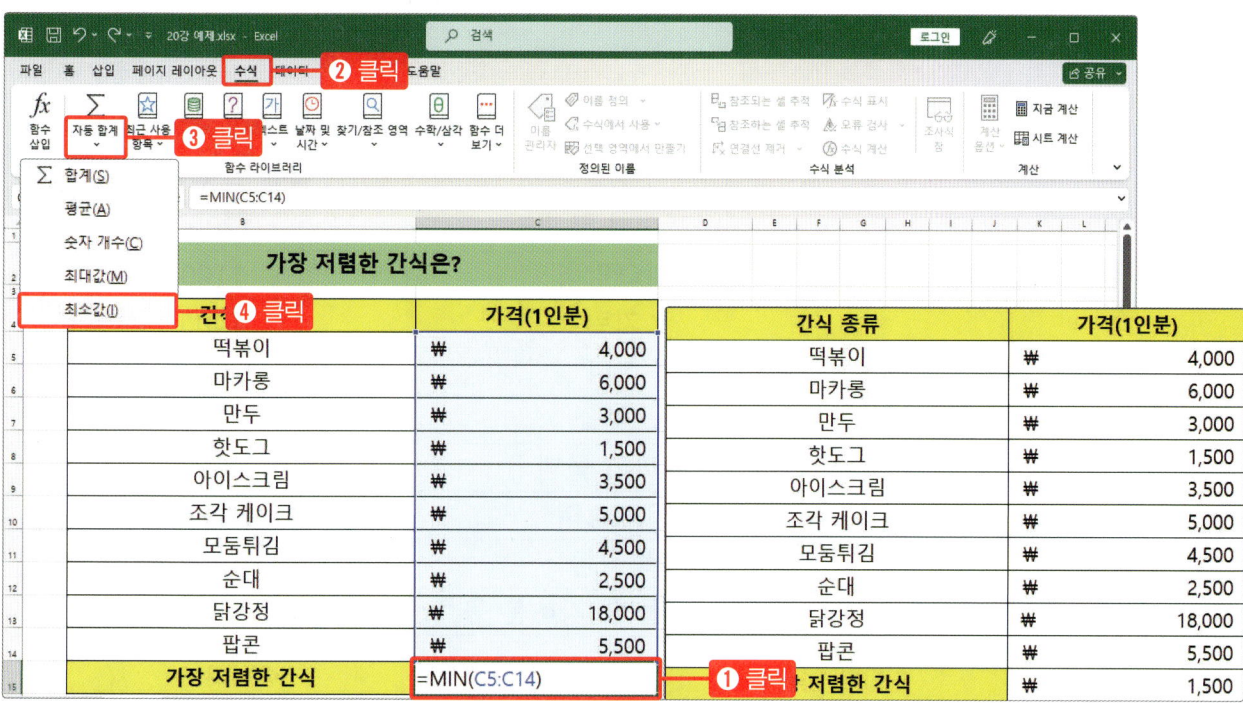

02 가장 저렴한 간식을 표시하기 위해 [B8:C8] 셀을 영역 지정하고 [홈] 탭-[글꼴] 그룹-[채우기 색]을 클릭한 후 원하는 색상을 지정해요.

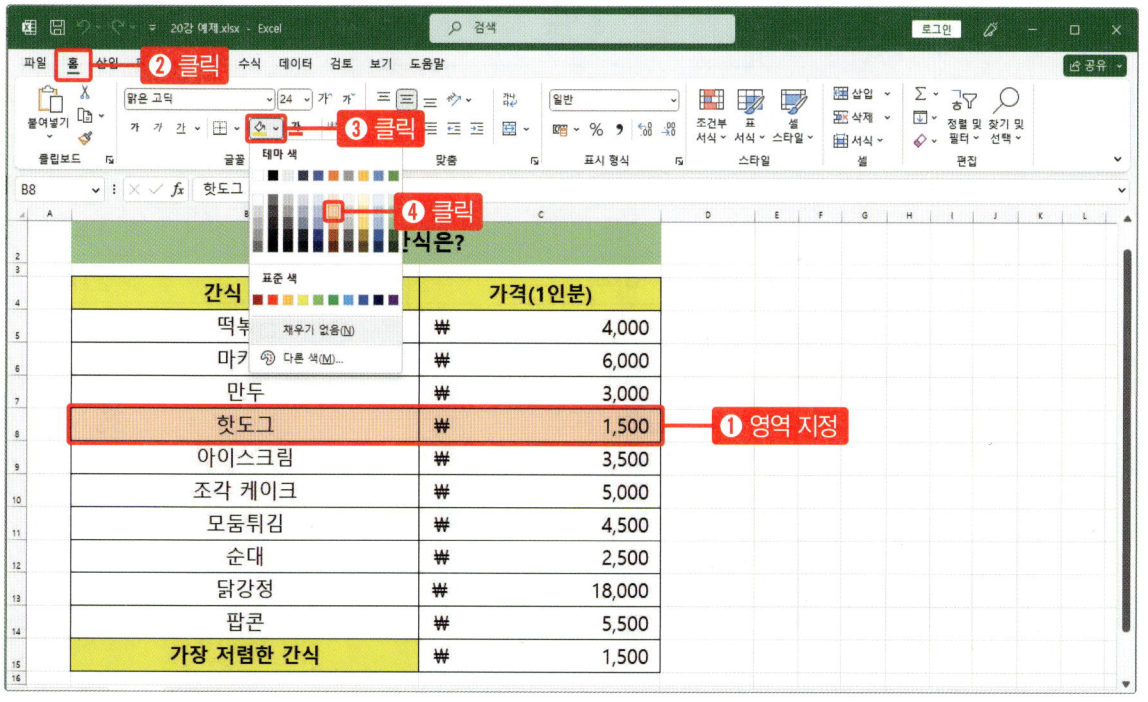

Step 20. 찾아라! 가장 저렴한 간식은? **145**

생각 쏙쏙 실력 쏙쏙

▶ 예제 파일 : 20강 폴더   ▶ 완성 파일 : 20강 창의 완성.xlsx

1 실습 파일을 불러와 데이터를 입력해 보세요.

무거운 동물 중 가벼운 동물 찾기	
동물	평균 몸무게(kg)
아프리카 코끼리	12000
바다악어	1100
기린	1400
하마	2000
코뿔소	2300
코끼리 물범	5000
고래상어	30000
북극곰	1000
무거운 동물 중 가벼운 동물	

2 데이터에 쉼표 스타일을 지정하고 MIN 함수를 이용하여 동물 목록에서 가장 가벼운 동물을 찾아 보세요.

무거운 동물 중 가벼운 동물 찾기	
동물	평균 몸무게(kg)
아프리카 코끼리	12,000
바다악어	1,100
기린	1,400
하마	2,000
코뿔소	2,300
코끼리 물범	5,000
고래상어	30,000
북극곰	1,000
무거운 동물 중 가벼운 동물	1,000

짹짹힌트 [C5:C12] 셀을 영역 지정하고 [홈] 탭-[표시 형식]에서 쉼표 스타일(9)을 적용해 보세요.

나는야 우리 반 저축왕!

오늘은 무엇을 배울까요?

- SUM 함수를 이용하여 저축금액의 합계를 구해요.
- 데이터의 표시 형식을 쉼표 스타일로 지정해요.

1. Animated Drawings를 실행해요.
2. 그림을 그리고 그림에 애니메이션을 적용해요.

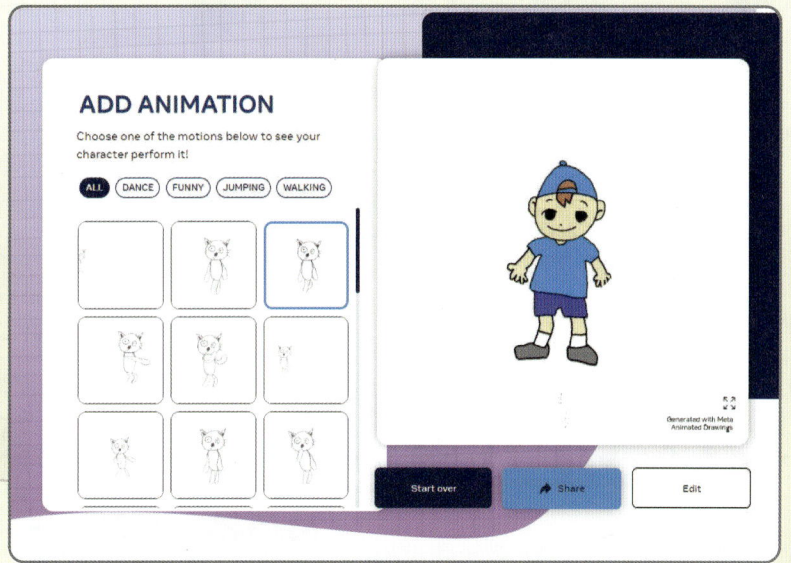

1. SUM 함수를 이용하여 저축금액의 합계를 구해요.
2. 데이터에 쉼표 스타일을 적용해 1000 단위 구분 기호를 적용해요.

● 예제 파일 : 21강 폴더   ● 완성 파일 : 21강 완성.xlsx

일자	설명	저축금액	잔액
			2025-02-01
2024-01-01	12월 용돈 잔액	15,000	15,000
2024-02-01	1월 용돈 잔액	20,000	35,000
2024-02-30	설날 용돈	110,000	145,000
2024-03-01	2월 용돈 잔액	12,000	157,000
2024-04-01	3월 용돈 잔액	9,500	166,500
2024-05-01	4월 용돈 잔액	27,000	193,500
2024-05-05	어린날 용돈	50,000	243,500
2024-06-01	5월 용돈 잔액	19,700	263,200
2024-07-01	6월 용돈 잔액	13,800	277,000
2024-08-01	7월 용돈 잔액	22,000	299,000
2024-09-01	8월 용돈 잔액	17,700	316,700
2024-09-30	추석 용돈	150,000	466,700
2024-10-01	9월 용돈 잔액	15,000	481,700
2024-11-01	10월 용돈 잔액	16,500	498,200
2024-12-01	11월 용돈 잔액	21,000	519,200
	총 저축금액		519,200

저축금액 519,200

티끌모아 저축은행

 **두근! 움직이는 그림 만들기**

'Animated Drawings'를 실행하고 그림에 애니메이션을 적용해 봐요.

'21강 멀티' 파일을 더블클릭하여 실행하고 그림에 애니메이션을 적용해 봐요.

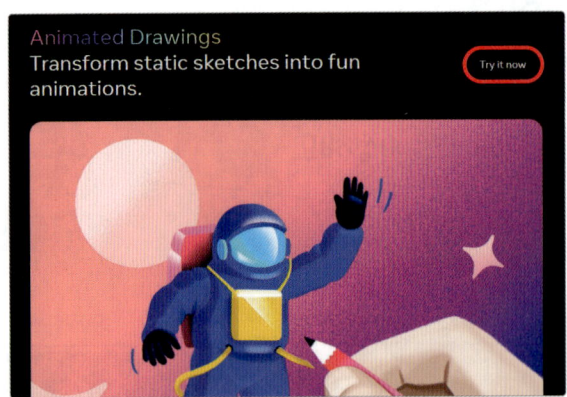

❶ [Try it now]-[Accept] 클릭하기

❷ [Upload Photo] 클릭하고 그림 불러오기

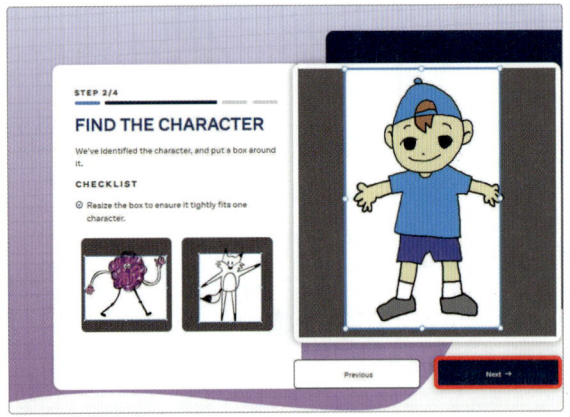

❸ 그림 영역 선택하고 [Next] 클릭하기

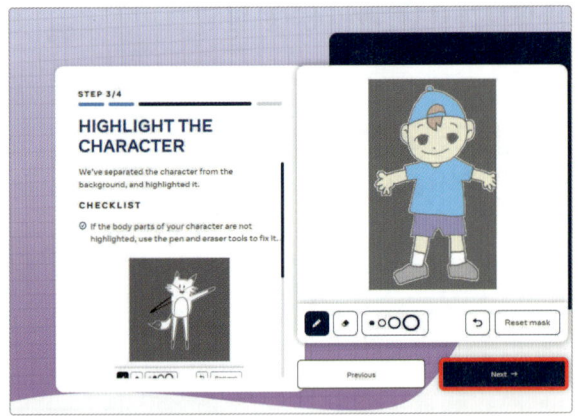

❹ [Next] 클릭하기

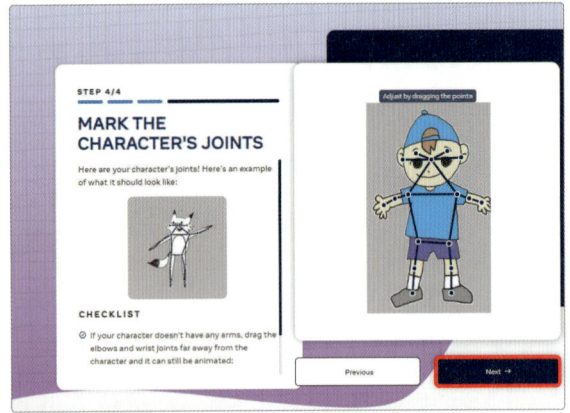

❺ 연결된 뼈대 확인하고 [Next] 클릭하기

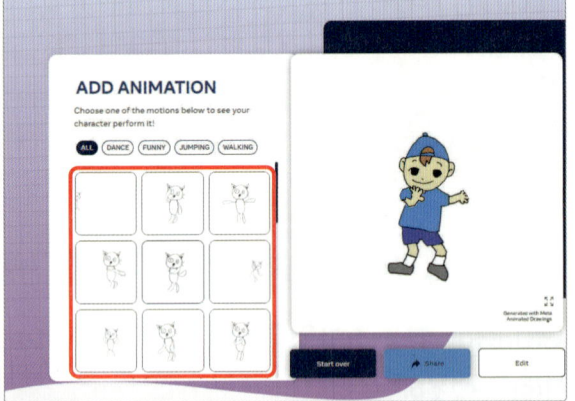

❻ 애니메이션 확인하기

[21강 예제] 폴더에서 '캐릭터.png' 파일을 불러오거나 그림판에서 직접 그림을 그려 사용해 보세요.

미션 01 총 저축금액 구하기

SUM 함수를 이용하여 저축금액의 합계를 구해봐요.

01 엑셀 프로그램( )을 실행한 후 '21강 예제.xlsx' 파일을 불러와요.

02 [D21:E21] 셀을 선택하고 [수식] 탭-[함수 라이브러리] 그룹-[자동 합계(∑)]-[합계]를 클릭하여 '=SUM(D6:D20)'이 나타나면 Enter 키를 눌러 총 저축금액을 구해요.

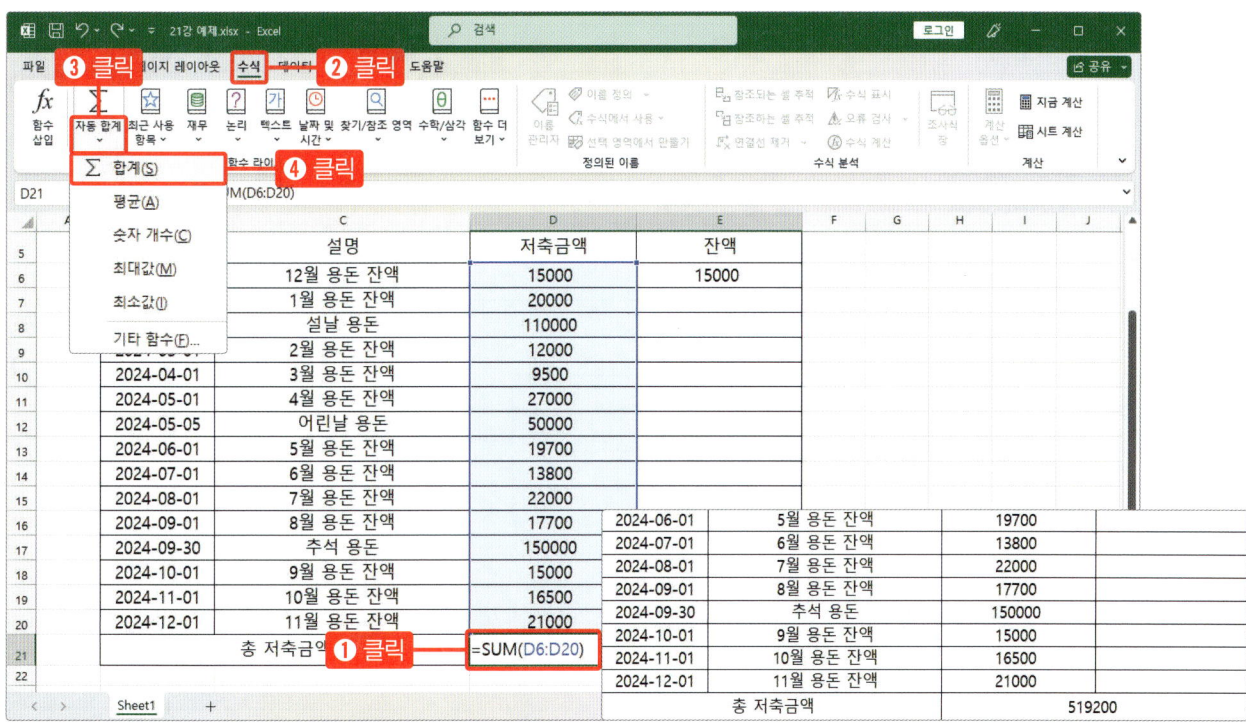

03 합계 값이 제대로 구해졌는지 확인하기 위해 [D6:D20] 셀을 영역 지정하고 화면 하단의 상태 표시줄에서 합계 값을 확인해요.

Step 21. 나는야 우리 반 저축왕! **149**

잔액 계산하기

수식을 입력하여 저축금액의 합계를 구해봐요.

01 [E7] 셀을 선택하고 "="을 입력한 후 [E6] 셀을 선택해요.

02 이어서 "+"를 입력하고 [D7] 셀을 선택한 후 Enter 키를 눌러요.

	A	B	C	D	E
4					2025-02-01
5		일자	설명	저축금액	잔액
6		2024-01-01	12월 용돈 잔액	15000	15000
7		2024-02-01	1월 용돈 잔액	20000	=E6+D7
8		2024-02-30	설날 용돈	110000	
9		2024-03-01	2월 용돈 잔액	12000	
10		2024-04-01	3월 용돈 잔액	9500	
11		2024-05-01	4월 용돈 잔액	27000	
12		2024-05-05	어린날 용돈		
13		2024-06-01	5월 용돈 잔액		
14		2024-07-01	6월 용돈 잔액		
15		2024-08-01	7월 용돈 잔액		
16		2024-09-01	8월 용돈 잔액		
17		2024-09-30	추석 용돈		

	D	E
4		2025-02-01
5	저축금액	잔액
6	15000	15000
7	20000	35000

03 [E7] 셀을 선택하고 자동 채우기 핸들을 [E20] 셀까지 드래그하여 잔액 값을 채워요.

	A	B	C	D	E
4					2025-02-01
5		일자	설명	저축금액	잔액
6		2024-01-01	12월 용돈 잔액	15000	15000
7		2024-02-01	1월 용돈 잔액	20000	35000
8		2024-02-30	설날 용돈	110000	
9		2024-03-01	2월 용돈 잔액	12000	
10		2024-04-01	3월 용돈 잔액	9500	
11		2024-05-01	4월 용돈 잔액	27000	
12		2024-05-05	어린날 용돈	50000	
13		2024-06-01	5월 용돈 잔액	19700	
14		2024-07-01	6월 용돈 잔액	13800	
15		2024-08-01	7월 용돈 잔액	22000	
16		2024-09-01	8월 용돈 잔액	17700	
17		2024-09-30	추석 용돈	150000	
18		2024-10-01	9월 용돈 잔액	15000	
19		2024-11-01	10월 용돈 잔액	16500	
20		2024-12-01	11월 용돈 잔액	21000	
21			총 저축금액	519200	

04 [C3:E3] 셀을 선택하고 "="을 입력한 후 [D21:E21] 셀을 선택하고 Enter 키를 눌러요.

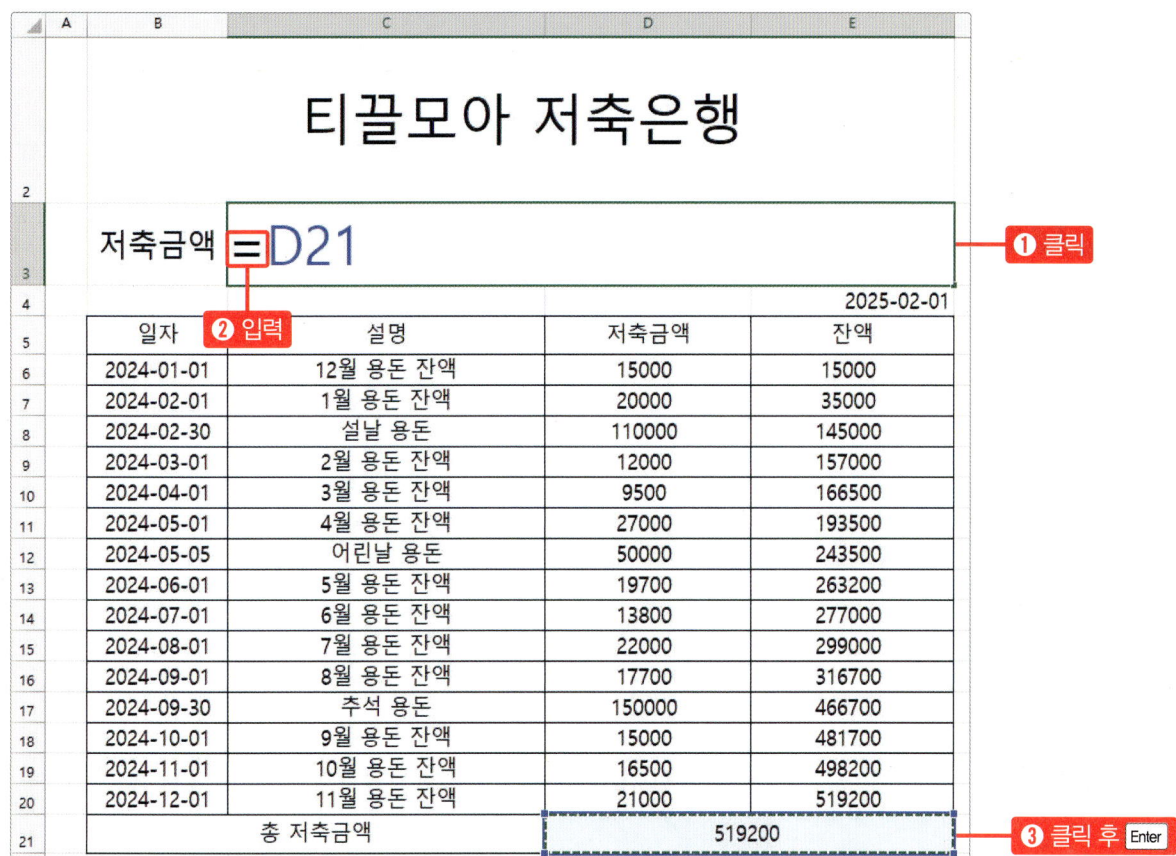

05 [C3:E3] 셀에 총 저축금액이 표시되는 모습을 확인해요.

미션 03 · 1000 단위 구분 기호 적용하기

쉼표 스타일을 적용하여 금액에 1000 단위 구분 기호를 적용해 봐요.

01 [D6:E21] 셀을 영역 지정하고 [홈] 탭-[표시 형식] 그룹-[쉼표 스타일(,)]을 클릭해요.

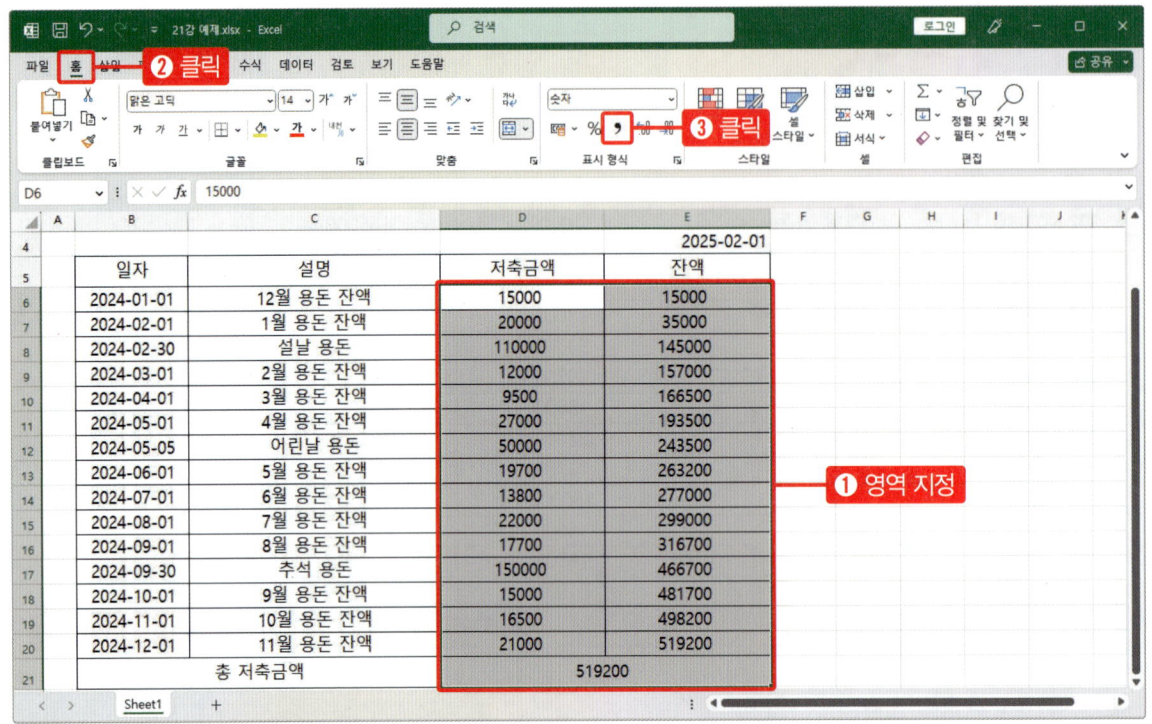

02 금액에 1000 단위 구분 기호가 적용된 모습을 확인해요.

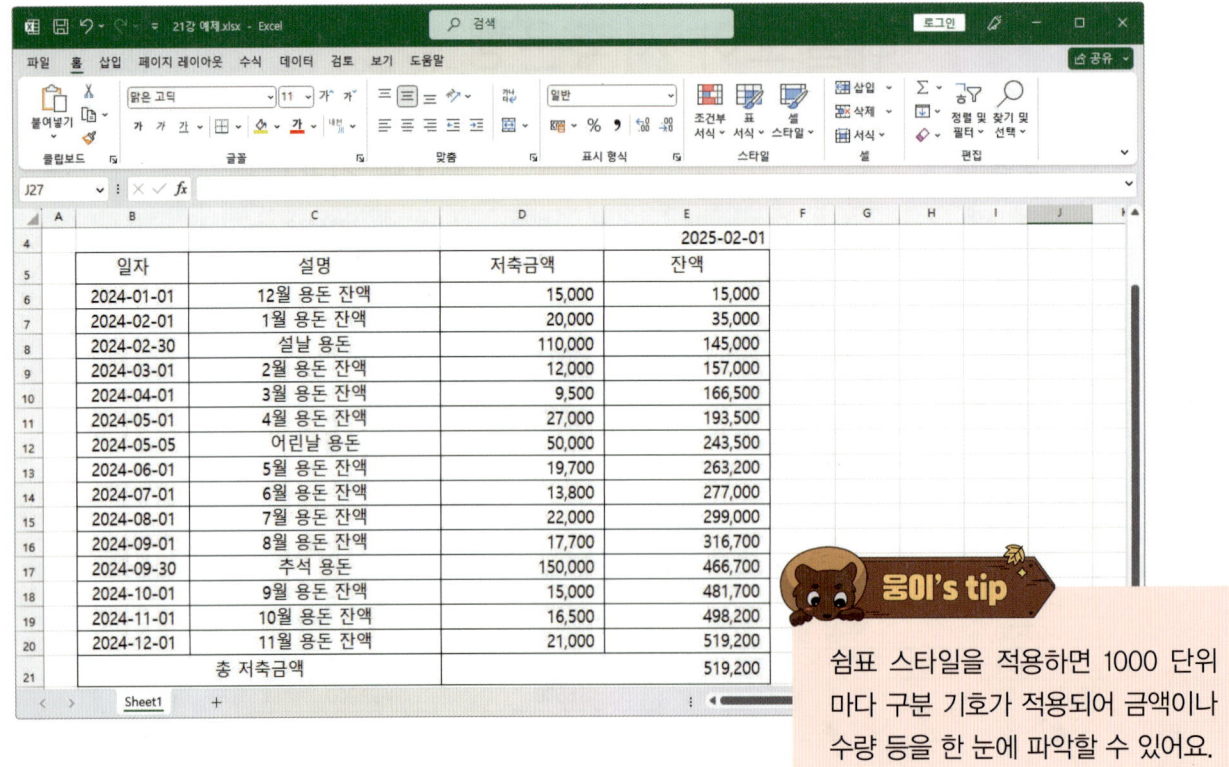

웅이's tip

쉼표 스타일을 적용하면 1000 단위마다 구분 기호가 적용되어 금액이나 수량 등을 한 눈에 파악할 수 있어요.

미션 04 티끌모아 저축은행 문서 완성하기

셀 서식과 글꼴 서식을 지정하고 온라인 그림을 삽입하여 문서를 완성해 봐요.

01 셀에 채우기 색을 적용하고 글꼴 서식을 자유롭게 지정해요.

02 [삽입] 탭-[일러스트레이션] 그룹-[그림(🖼)]-[온라인 그림]을 클릭하여 원하는 그림을 삽입해요.

> **웅이's tip**
> [온라인 그림] 창에서 '저금통', '돈' 등을 검색하여 원하는 그림을 삽입하고 크기와 위치를 조절해요.

Step 21. 나는야 우리 반 저축왕!

예제 파일 : 21강 폴더 **완성 파일** : 21강 창의 완성.xlsx

1 실습 파일을 불러와 SUM 함수를 이용하여 일일 매출과 문구 종류별 매출 합계를 구해 보세요.

날짜	연필	지우개	볼펜	노트	일일 매출
					2025-01-11
2025-01-01	75000	20400	62500	175000	332900
2025-01-02	30000	12000	92500	135000	269500
2025-01-03	45000	27600	27500	110000	210100
2025-01-04	52500	68400	22500	155000	298400
2025-01-05	30000	10800	32500	140000	213300
2025-01-06	15000	31200	137500	275000	458700
2025-01-07	112500	18000	17500	95000	243000
2025-01-08	45000	42000	70000	270000	427000
2025-01-09	70500	34800	77500	205000	387800
2025-01-10	54000	6000	105000	50000	215000
2025-01-11	40500	49200	27500	110000	227200
합계	570000	320400	672500	1720000	3282900

해람 문구 판매실적

2 데이터에 쉼표 스타일을 적용하고 온라인 그림을 삽입한 후 자유롭게 문서를 꾸며 보세요.

날짜	연필	지우개	볼펜	노트	일일 매출
					2025-01-11
2025-01-01	75,000	20,400	62,500	175,000	332,900
2025-01-02	30,000	12,000	92,500	135,000	269,500
2025-01-03	45,000	27,600	27,500	110,000	210,100
2025-01-04	52,500	68,400	22,500	155,000	298,400
2025-01-05	30,000	10,800	32,500	140,000	213,300
2025-01-06	15,000	31,200	137,500	275,000	458,700
2025-01-07	112,500	18,000	17,500	95,000	243,000
2025-01-08	45,000	42,000	70,000	270,000	427,000
2025-01-09	70,500	34,800	77,500	205,000	387,800
2025-01-10	54,000	6,000	105,000	50,000	215,000
2025-01-11	40,500	49,200	27,500	110,000	227,200
합계	570,000	320,400	672,500	1,720,000	3,282,900

해람 문구 판매실적

Step 22. 일주일 미디어 평균 이용 시간

오늘은 무엇을 배울까요?
- SUM 함수를 이용하여 날짜별 미디어 이용 시간 합계를 구해요.
- AVERAGE 함수를 이용하여 일주일 미디어 평균 이용 시간을 구해요.

1. AI for Ocean에 접속해요.
2. 물고기와 쓰레기를 구분하여 AI 로봇을 교육시켜요.

● 예제 파일 : 22강 폴더   ● 완성 파일 : 22강 완성.xlsx

1. SUM 함수를 이용하여 날짜별 미디어 이용 시간 합계를 구해요.
2. AVERAGE 함수를 이용하여 일주일 미디어 평균 이용 시간을 구해요.

미디어 기기 일주일 평균 이용 시간

시간 날짜	TV	컴퓨터	스마트폰	태블릿 PC	합계
2025-01-01	1:13	0:12	1:30	0:38	3:33
2025-01-02	2:30	1:00	1:50	1:15	6:35
2025-01-03	1:07	2:00	1:07	0:10	4:24
2025-01-04	0:52	0:30	2:20	0:12	3:54
2025-01-05	1:20	1:00	1:27	0:37	4:24
2025-01-06	2:00	1:30	1:35	0:50	5:55
2025-01-07	1:30	0:25	0:50	1:20	4:05
일주일 평균 이용 시간					4:41

 ## 두근! AI 로봇 교육시키기

'AI for Ocean'에 접속하고 물고기와 쓰레기를 구분하여 AI 로봇을 교육시켜 봐요.

'22강 멀티' 파일을 더블클릭하여 실행하고 AI 로봇이 물고기와 쓰레기를 구분할 수 있도록 AI 로봇을 교육시켜 봐요.

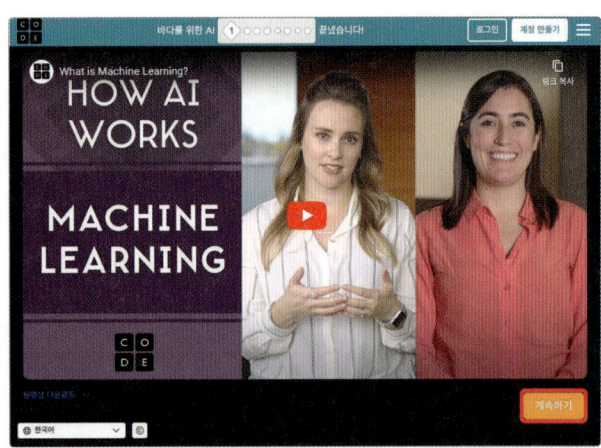

❶ [계속하기] 클릭하기

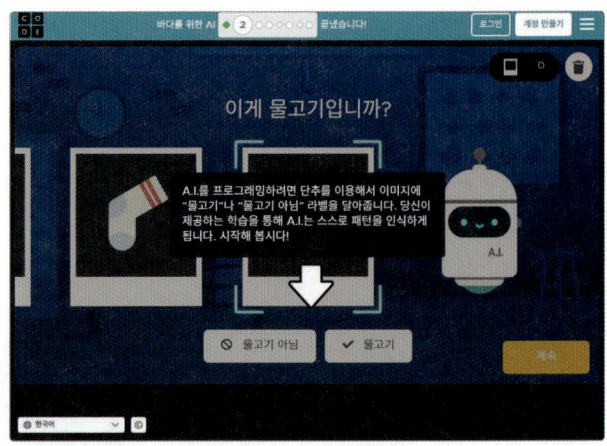

❷ 마우스 클릭하여 내용 확인하기

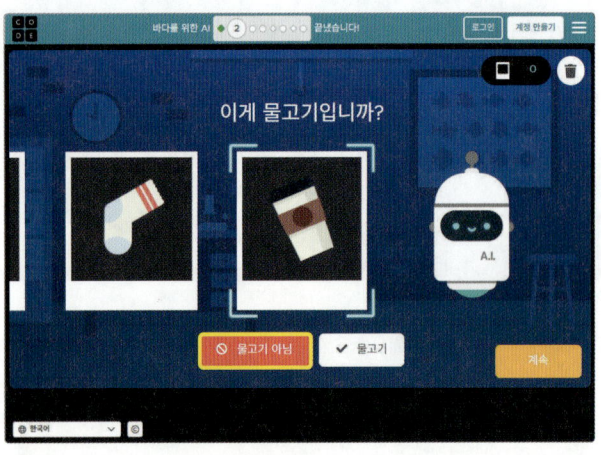

❸ 물고기가 아니면 [물고기 아님] 클릭하기

❹ 물고기면 [물고기] 클릭하기

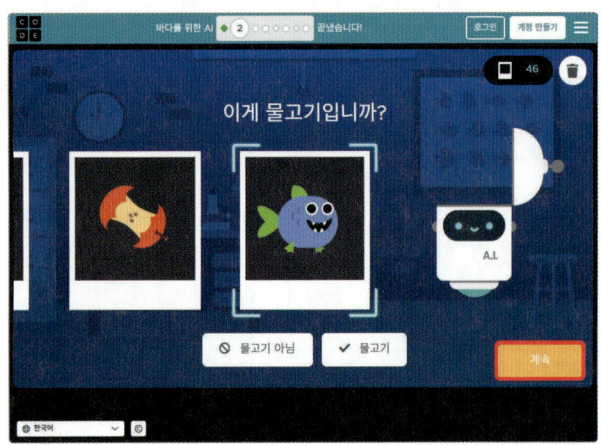

❺ 학습이 완료되면 [계속] 클릭하기

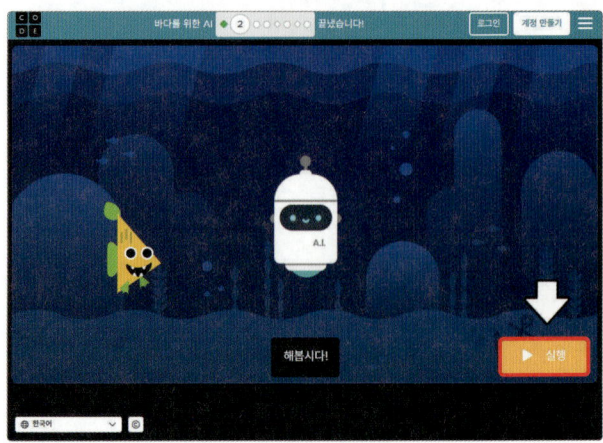

❻ [실행] 클릭하여 AI 로봇이 물고기와 쓰레기를 구분하는지 확인하기

미션 01. 날짜별 미디어 기기 이용 시간 구하기

SUM 함수를 이용하여 날짜별 미디어 기기 이용 시간의 합계를 구해봐요.

01 엑셀 프로그램()을 실행한 후 '22강 예제.xlsx' 파일을 불러와요.

02 [G5] 셀을 선택하고 [수식] 탭-[함수 라이브러리] 그룹-[자동 합계(Σ)]-[합계]를 클릭하여 '=SUM(C5:F5)'가 나타나면 Enter 키를 눌러 1월 1일 미디어 기기 이용 시간 합계를 구해요.

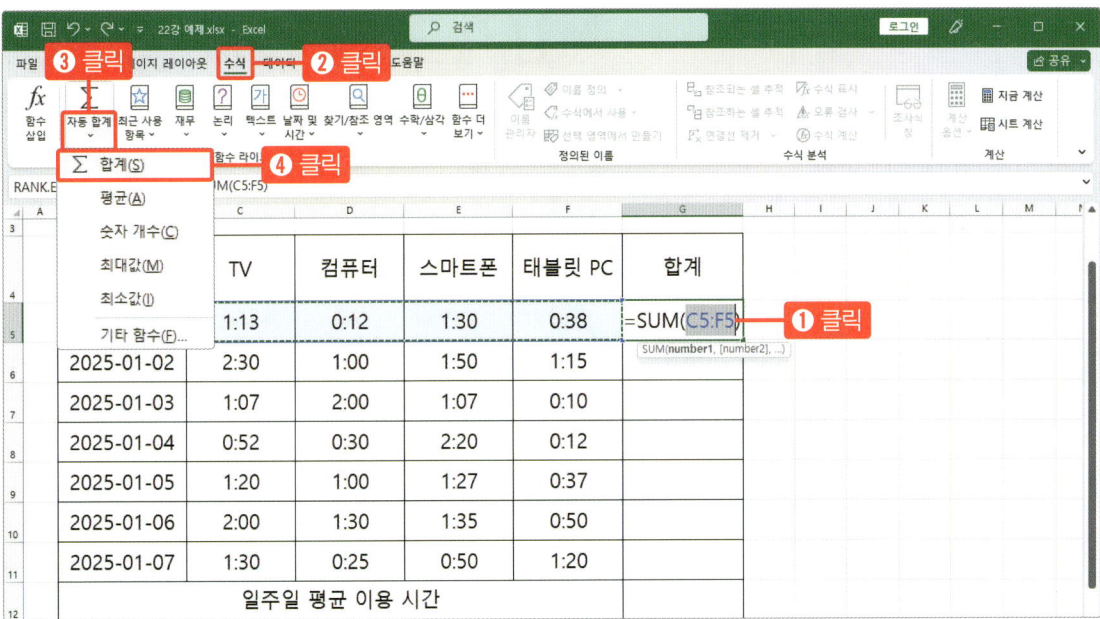

03 날짜별 미디어 기기 이용 시간 합계를 구하기 위해 [G5] 셀을 선택하고 자동 채우기 핸들을 [G11] 셀까지 드래그하여 값을 채워요.

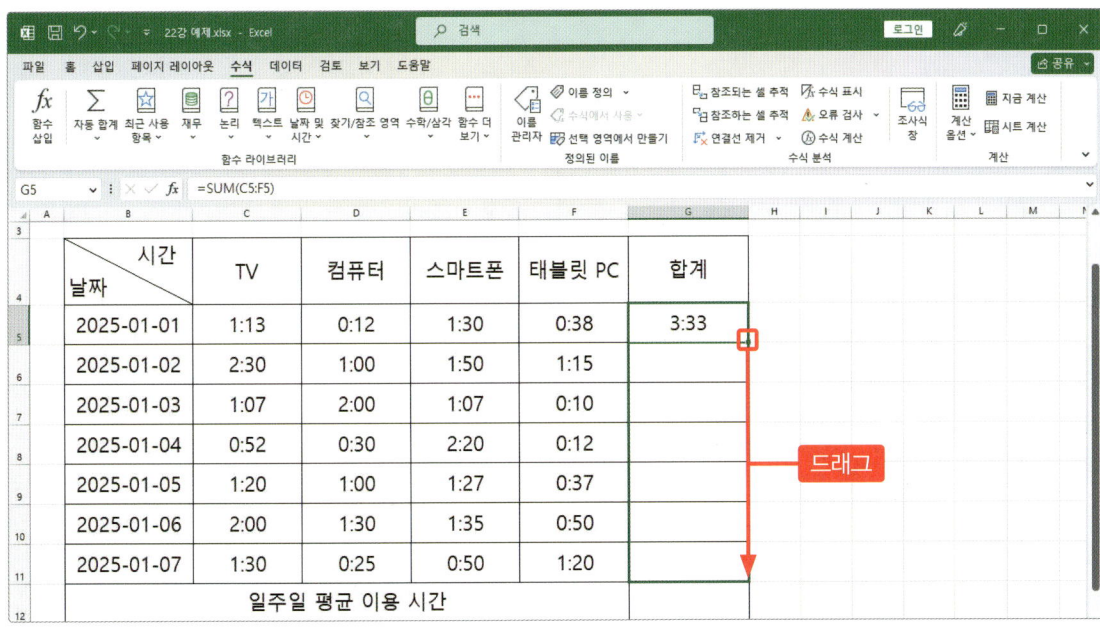

Step 22. 일주일 미디어 평균 이용 시간

미션 02 미디어 기기 일주일 평균 이용 시간 구하기

AVERAGE 함수를 이용하여 미디어 기기 일주일 평균 이용 시간을 구해봐요.

01 [G12] 셀을 선택하고 [수식] 탭-[함수 라이브러리] 그룹-[자동 합계(∑)]-[평균]을 클릭해요.

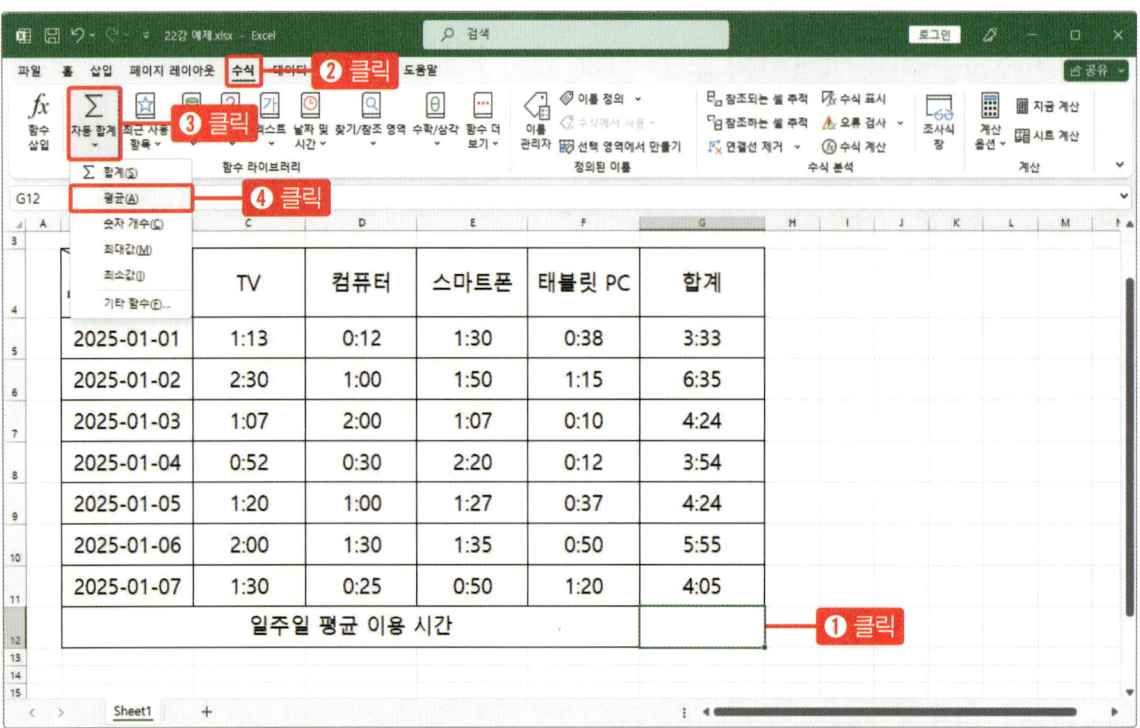

02 '=AVERAGE(G5:G11)'이 나타나면 Enter 키를 눌러 일주일 평균 이용 시간을 구해요.

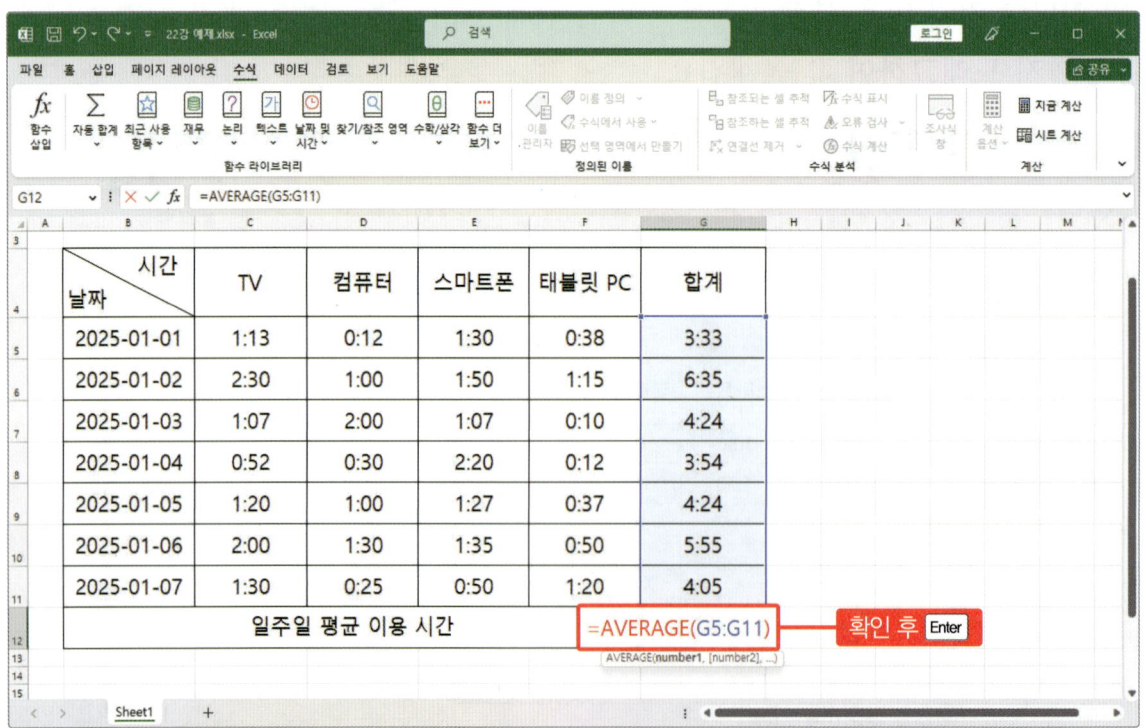

158 처음 배우는 엑셀 2021

미션 03 미디어 기기 일주일 평균 이용 시간 문서 완성하기

셀 서식과 글꼴 서식을 지정하고 온라인 그림을 삽입하여 문서를 완성해 봐요.

01 셀에 채우기 색을 적용하고 글꼴 서식을 자유롭게 지정해요.

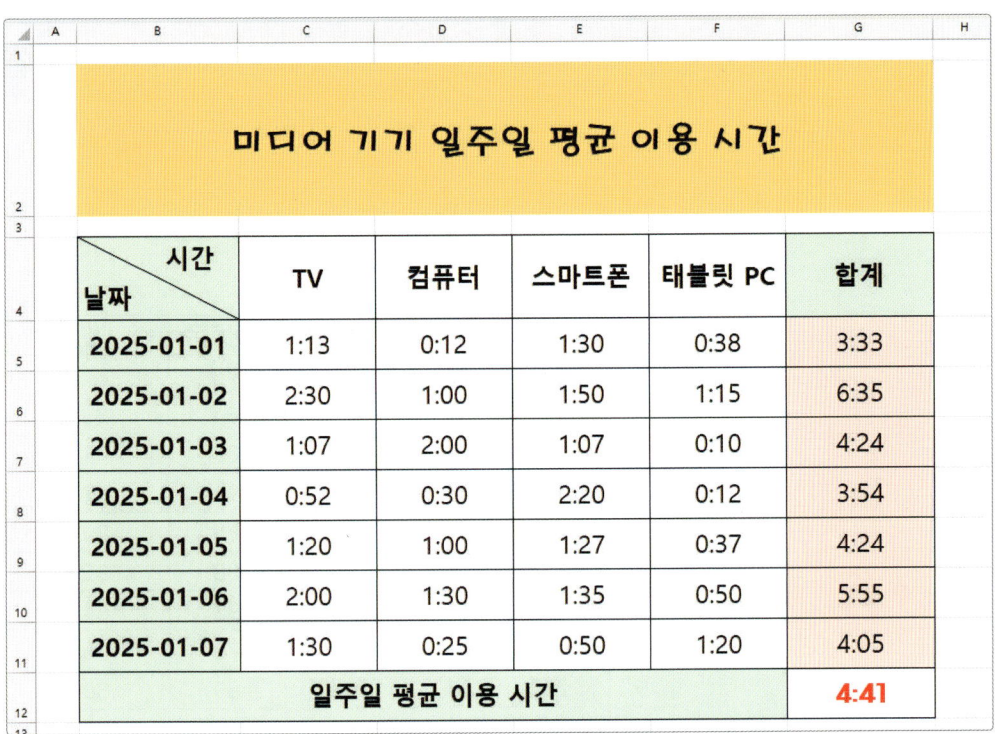

02 [삽입] 탭-[일러스트레이션] 그룹-[그림( )]-[온라인 그림]을 클릭하여 원하는 그림을 삽입해요.

Step 22. 일주일 미디어 평균 이용 시간

① 실습 파일을 불러와 AVERAGE 함수를 이용하여 친구들의 수행평가 점수 평균을 구해 보세요.

우리반 수행평가 점수

번호	이름	국어점수	수학점수	영어점수	평균
1	김민수	85	90	78	84.3
2	이지은	92	88	84	88.0
3	박지호	76	95	80	83.7
4	최유리	89	82	91	87.3
5	정하늘	95	87	85	89.0
6	송민재	78	90	88	85.3
7	한지민	84	76	92	84.0
8	오세훈	91	89	79	86.3
9	임소영	87	94	83	88.0
10	강태우	80	85	90	85.0

짝짝힌트 [G5] 셀에 평균을 구하고 자동 채우기 핸들을 이용해 [G14] 셀까지 값을 채워요.

② 셀 서식과 글꼴 서식을 변경하고 온라인 그림을 삽입하여 문서를 완성해 보세요.

우리반 수행평가 점수

번호	이름	국어점수	수학점수	영어점수	평균
1	김민수	85	90	78	84.3
2	이지은	92	88	84	88.0
3	박지호	76	95	80	83.7
4	최유리	89	82	91	87.3
5	정하늘	95	87	85	89.0
6	송민재	78	90	88	85.3
7	한지민	84	76	92	84.0
8	오세훈	91	89	79	86.3
9	임소영	87	94	83	88.0
10	강태우	80	85	90	85.0

누굴까? 우리반 반장 뽑기

오늘은 무엇을 배울까요?

- MAX 함수를 이용하여 득표 수가 가장 많은 후보를 찾아요.
- 사용자 지정 표시 형식을 지정하여 데이터에 텍스트를 추가해요.

1. Music Lab에 접속해요.
2. 블록 코딩을 활용하여 음악을 연주해요.

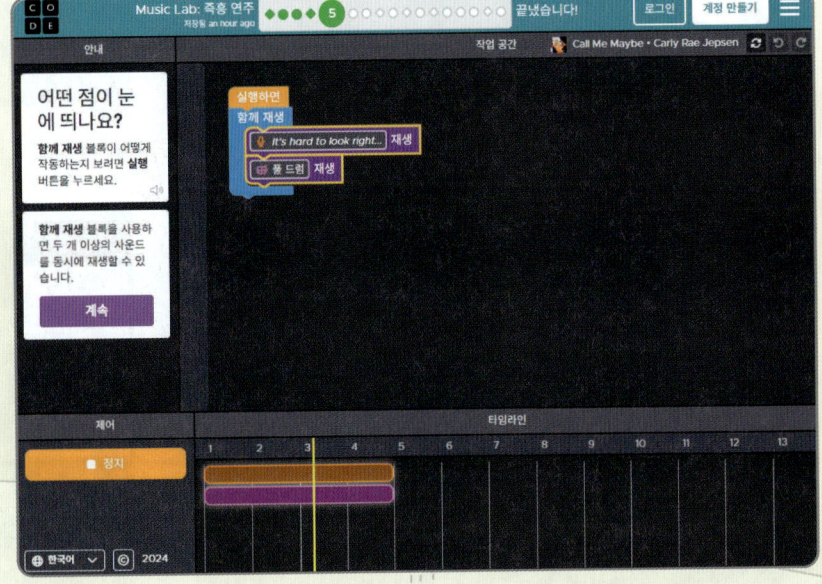

● 예제 파일 : 23강 폴더   ● 완성 파일 : 23강 완성.xlsx

1. MAX 함수를 이용하여 득표 수가 가장 많은 후보를 찾아요.
2. 사용자 지정 표시 형식을 지정하여 데이터에 '표' 텍스트를 추가해요.

우리반 반장을 찾아라!

번호	학생 이름	득표 수		반장	득표 수
1	김민수	25표		이지은	30표
2	이지은	30표			
3	박지호	15표			
4	최유리	20표			
5	정하늘	18표			
6	송민재	22표			
7	한지민	28표			
8	오세훈	10표			
9	임소영	12표			
10	강태우	20표			
최다 득표		30표			

 ## 두근! AI 블록 코딩으로 음악 만들기

'Music Lab'에 접속하고 블록을 조립하여 음악을 생성해 봐요.

'23강 멀티' 파일을 더블클릭하여 실행하고 블록을 조립하여 음악을 생성하고 확인해 봐요.

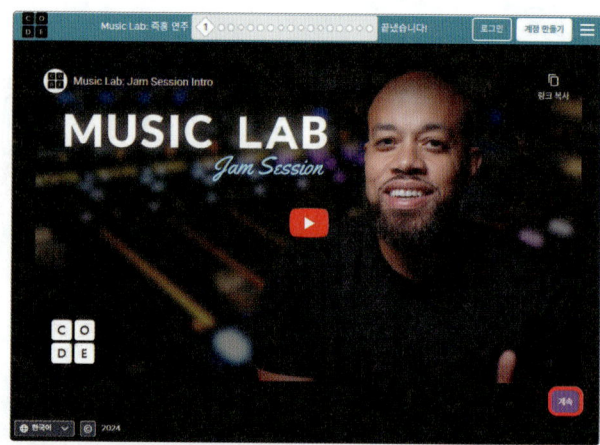

❶ [계속] 클릭하기

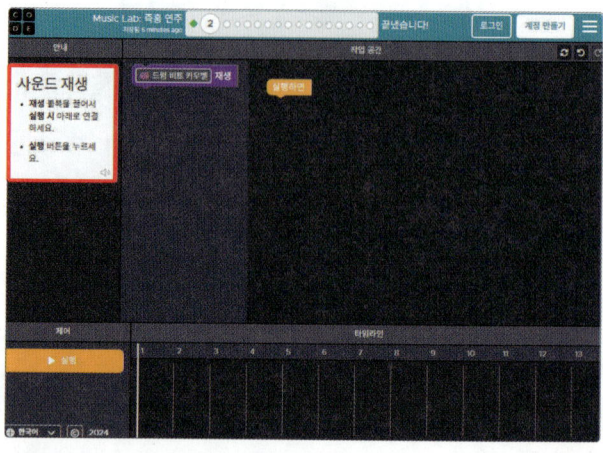

❷ 화면 왼쪽의 설명 확인하기

❸ 설명대로 블록 조립하고 [실행] 클릭하기

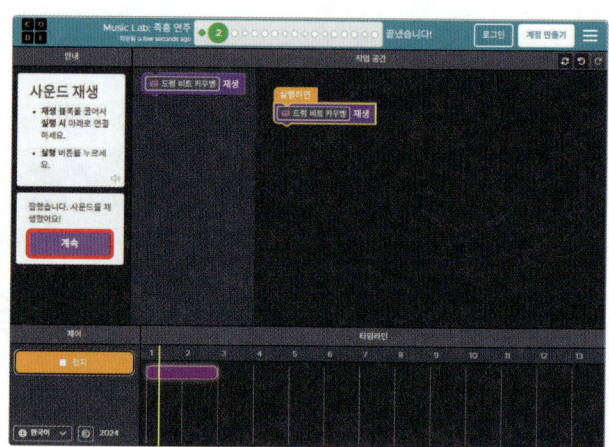

❹ [계속] 클릭하여 다음 단계 이동하기

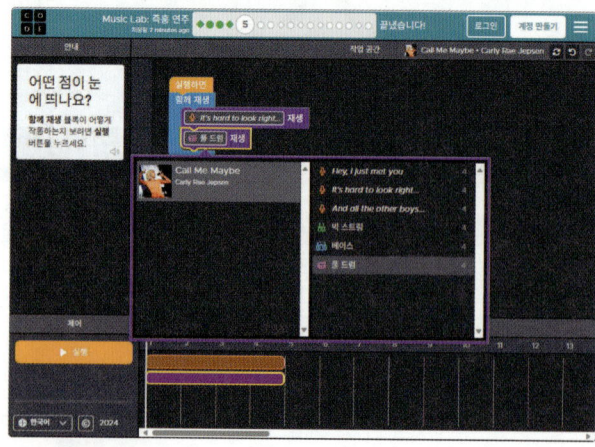

❺ 블록 조립하고 사운드 선택하기

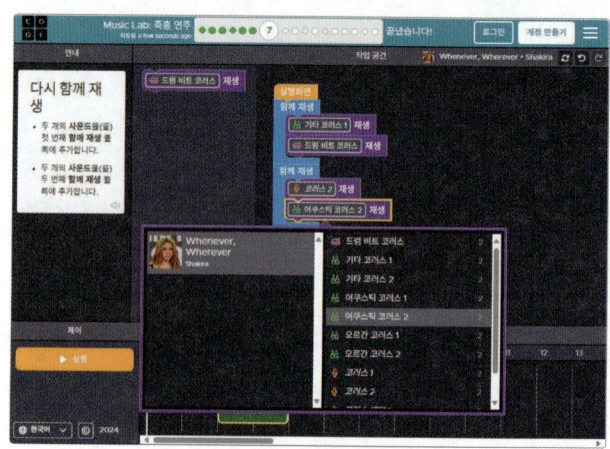

❻ 단계 이동하며 블록 조립하여 음악 생성하기

가장 많이 득표한 반장 후보 찾기

MAX 함수를 이용하여 반장 후보 중 가장 많은 득표를 한 후보를 찾아봐요.

01 엑셀 프로그램( )을 실행한 후 '23강 예제.xlsx' 파일을 불러와요.

02 [D15] 셀을 선택하고 [수식] 탭-[함수 라이브러리] 그룹-[자동 합계(∑)]-[최대값]을 클릭하여 '=MAX(D5:D14)'가 나타나면 Enter 키를 눌러 가장 많은 득표 수를 확인해요.

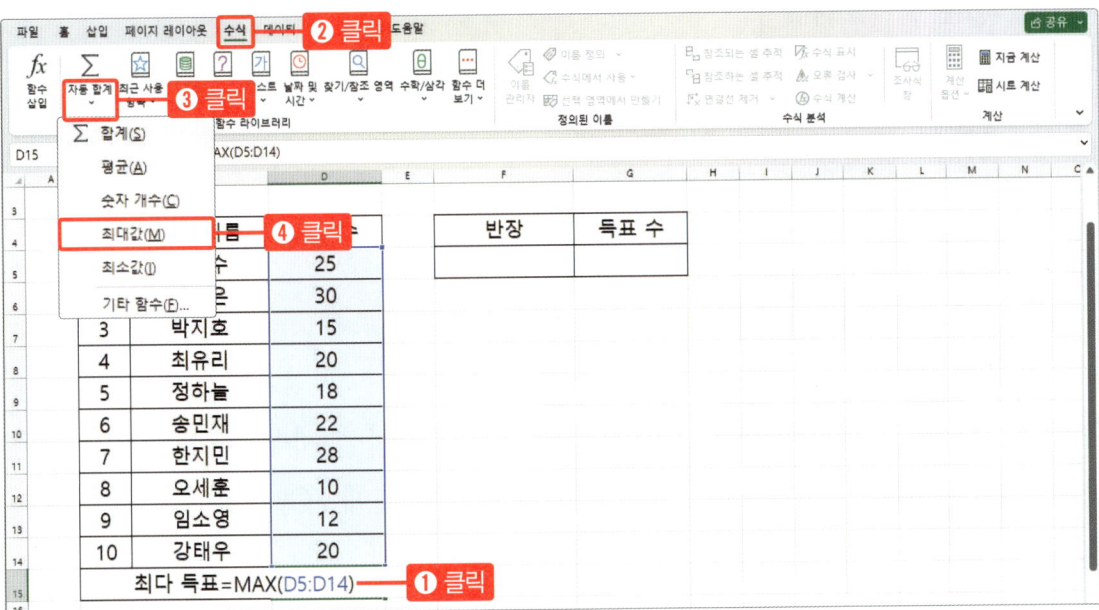

03 [G5] 셀을 선택하고 "="을 입력한 후 [D15] 셀을 클릭하고 Enter 키를 눌러요.

04 이어서 [F5] 셀에 가장 많이 득표한 반장 후보의 이름을 적어요.

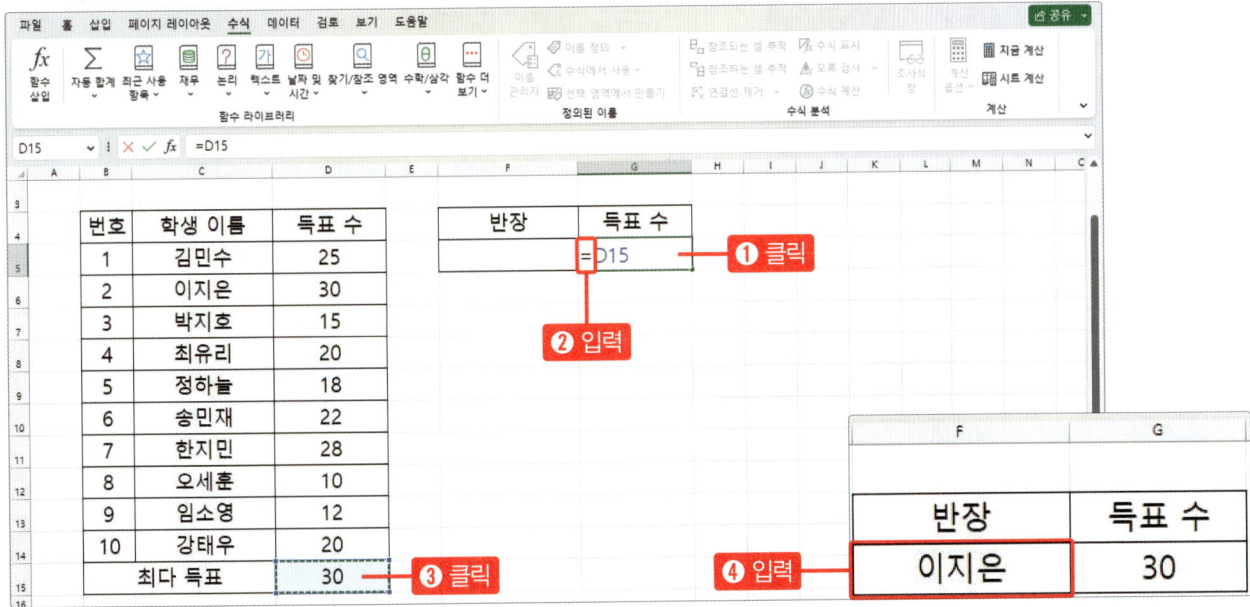

사용자 지정 표시 형식 지정하기

셀 서식에서 사용자 지정 표시 형식을 지정하여 데이터에 텍스트를 추가해 봐요.

01 [D5:D15] 셀을 영역 지정하고 Ctrl 키를 누른 상태로 [G5] 셀을 클릭해요.

02 [홈] 탭-[표시 형식] 그룹에서 [표시 형식(⌐)]을 클릭하여 [셀 서식] 대화상자가 나타나면 [표시 형식] 탭-[범주]-[사용자 지정]을 클릭하고 [형식]에 "G/표준"표""를 입력한 후 [확인]을 클릭해요.

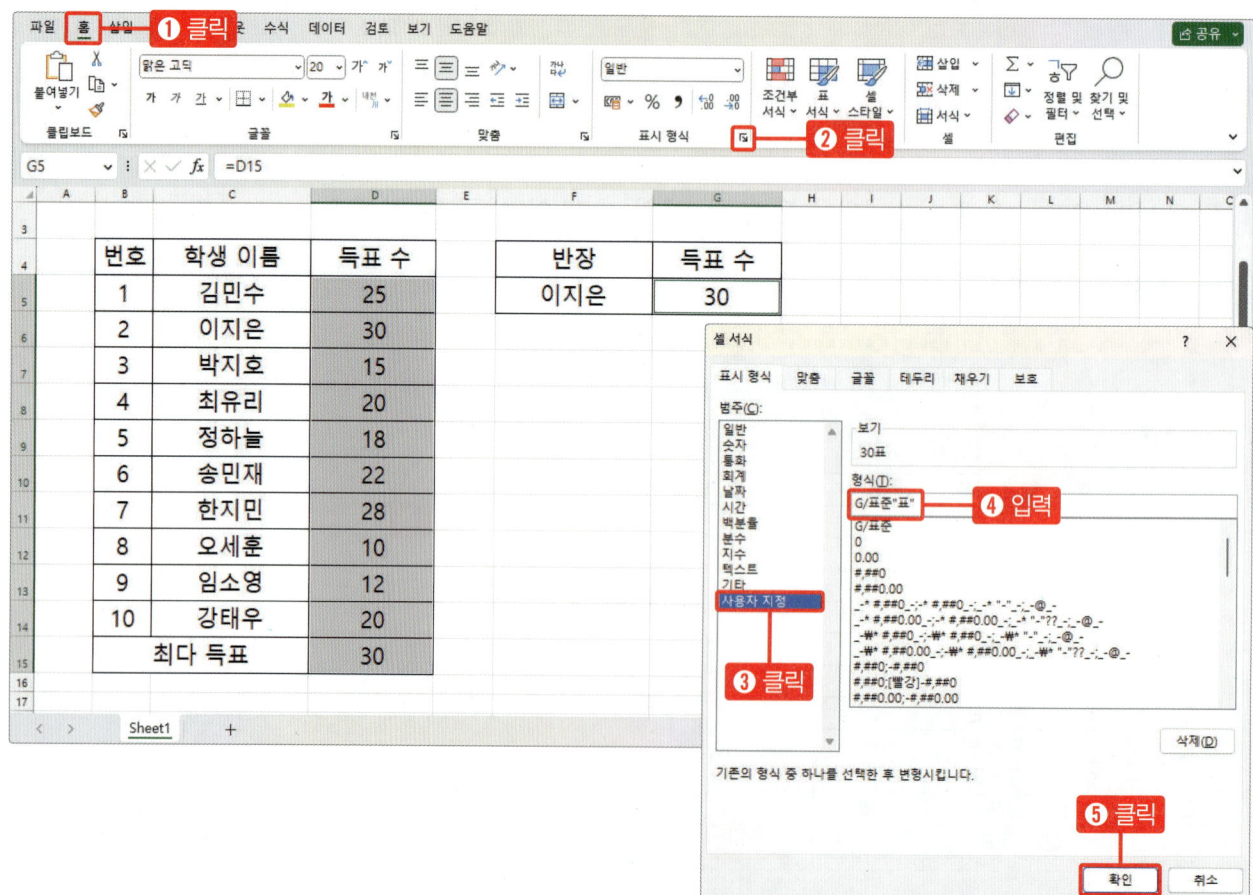

164 처음 배우는 엑셀 2021

반장 선거 결과 문서 완성하기

셀 서식과 글꼴 서식을 지정하고 온라인 그림을 삽입하여 문서를 완성해 봐요.

01 셀에 채우기 색을 적용하고 글꼴 서식을 자유롭게 지정해요.

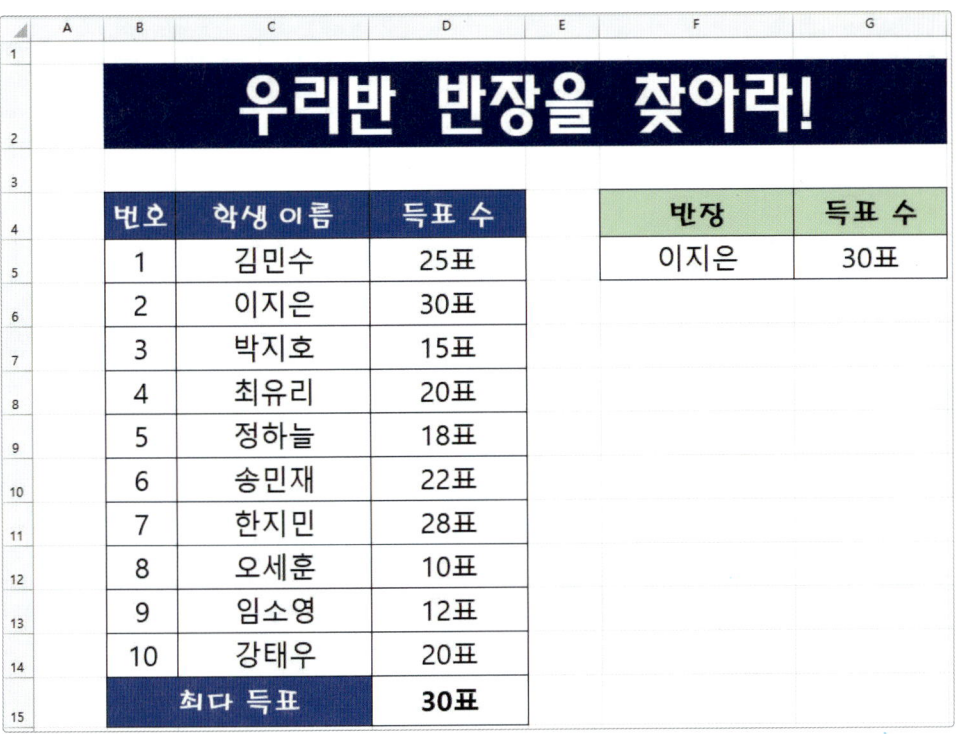

02 [삽입] 탭-[일러스트레이션] 그룹-[그림(🖼)]-[온라인 그림]을 클릭하여 원하는 그림을 삽입해요.

생각 쏙쏙 실력 쏙쏙

▶ 예제 파일 : 23강 폴더   ▶ 완성 파일 : 23강 창의 완성.xlsx

① 실습 파일을 불러와 MAX 함수를 이용하여 우리반에서 키가 제일 큰 친구를 찾아보세요.

번호	이름	키(cm)
1	김민재	140
2	이서연	135
3	박지훈	142
4	최유진	138
5	정민수	145
6	송하늘	137
7	한상우	143
8	오지민	136
9	임지우	139
10	강민호	141
걸리버		145

이름	키(cm)
정민수	145

② 키 데이터에 'cm' 텍스트를 추가한 후 셀 서식과 글꼴 서식을 변경하고 온라인 그림을 삽입하여 문서를 완성해 보세요.

짹짹힌트 [셀 서식] 대화상자-[표시 형식]-[범주]-[사용자 지정]에서 표시 형식을 변경해 보세요.

슈퍼카 렌트 비용 비교하기

오늘은 무엇을 배울까요?

- 온라인 그림에서 자동차 이미지를 삽입해요.
- 조건부 서식을 이용하여 렌트 비용을 비교해요.

1. 댄스 파티에 접속해요.
2. 블록 코딩을 활용하여 동물들을 춤추게 만들어요.

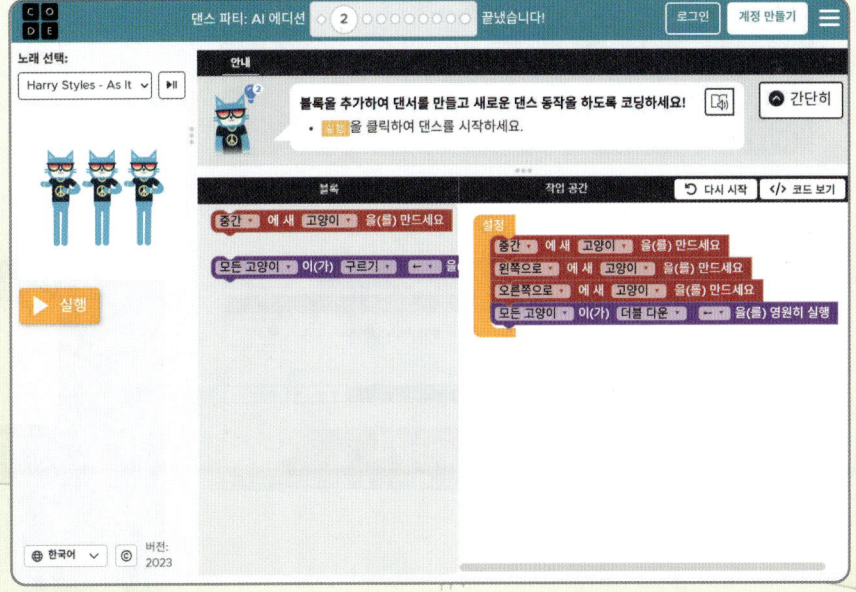

● 예제 파일 : 24강 폴더   ● 완성 파일 : 24강 완성.xlsx

1. 온라인 그림에서 자동차 이미지를 검색하고 삽입해요.
2. 조건부 서식을 이용하여 렌트 비용을 한눈에 비교해요.

슈퍼카 렌트 한눈에 보기				
사진	구분	차종	업체	1일 대여 비용
	소형	스파크	해람 렌터가	₩ 57,400
	소형	아반떼	HR 렌터카	₩ 66,200
	중형	K5	해람 렌터가	₩ 107,600
	중형	SM5	HR 렌터카	₩ 101,200
	대형	제네시스	HR 렌터카	₩ 297,000

 ## 두근! 블록 코딩으로 동물 춤추게 하기

'댄스 파티'에 접속하고 블록을 조립하여 동물들이 춤추도록 해봐요.

'24강 멀티' 파일을 더블클릭하여 실행하고 블록을 조립하여 동물들이 춤을 추도록 만들어 봐요.

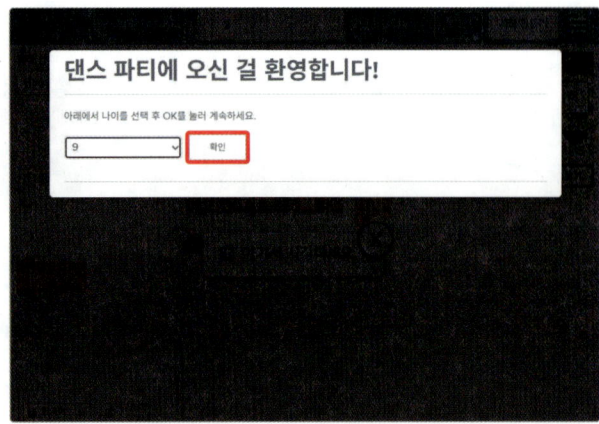

❶ 나이 선택하고 [확인] 클릭하기

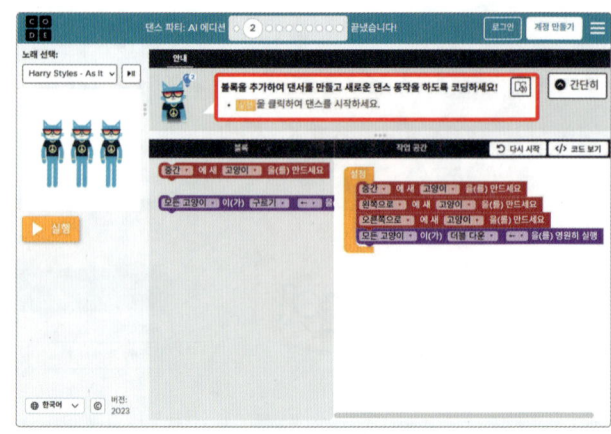

❷ 화면 상단의 미션 확인하고 블록 조립하기

❸ [실행] 클릭하여 동작 확인하기

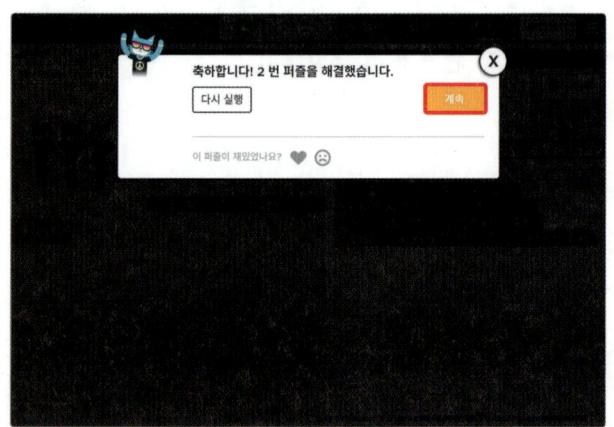

❹ [계속] 클릭하여 다음 단계 이동하기

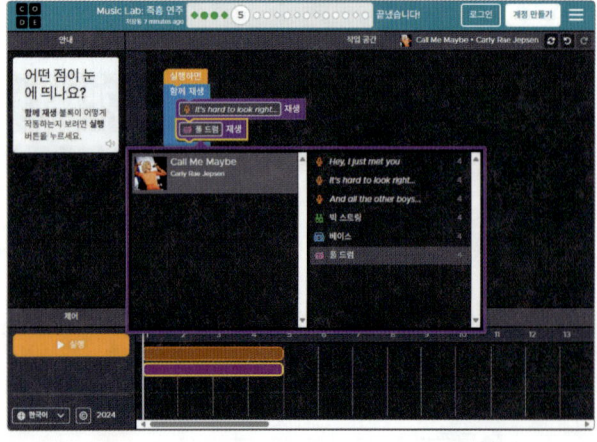

❺ 화면 상단의 미션 확인하고 블록 조립하기

❻ 원하는 이모지 3가지 선택하고 [생성]-[효과 사용] 클릭하기

미션 01 자동차 이미지 삽입하기

온라인 그림에서 자동차 이미지를 삽입하여 슈퍼카 렌트 장부를 만들어 봐요.

01 엑셀 프로그램( )을 실행한 후 '24강 예제.xlsx' 파일을 불러와요.

02 [삽입] 탭-[일러스트레이션] 그룹-[그림( )]-[온라인 그림]을 클릭해요.

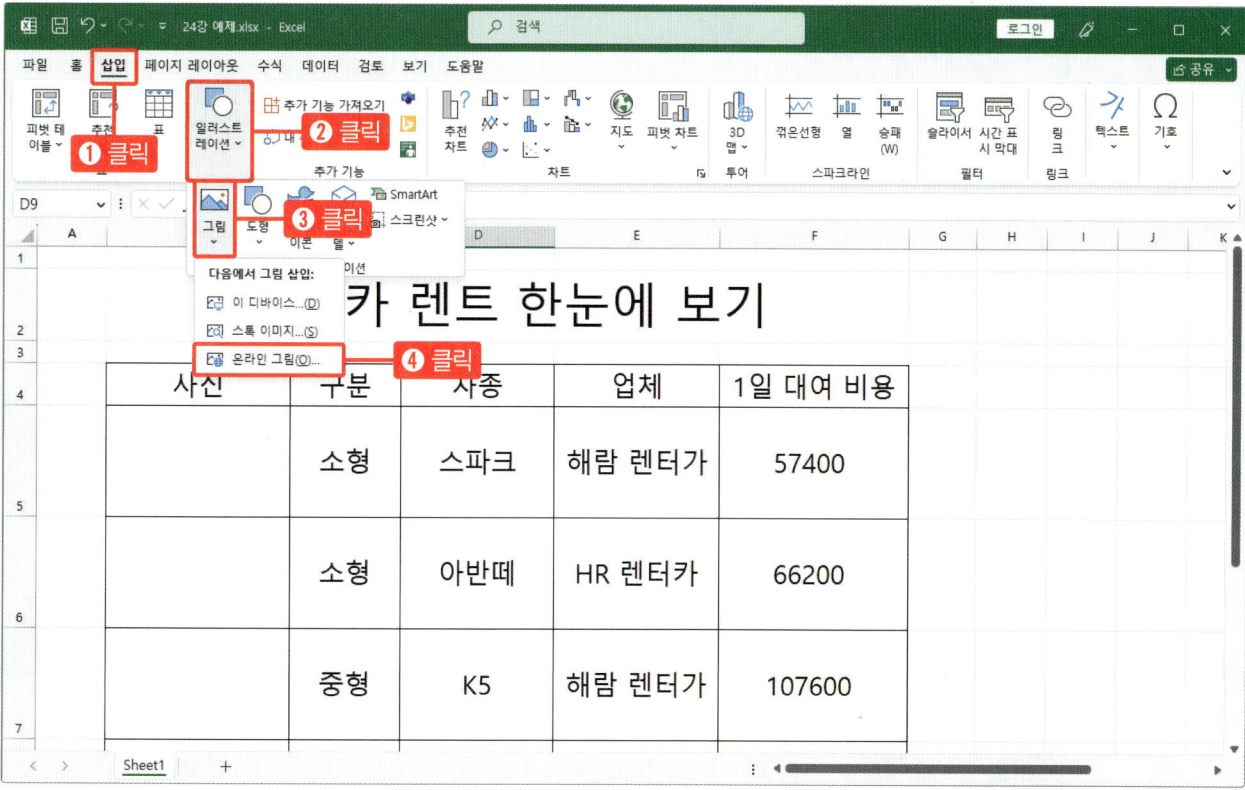

03 [온라인 그림] 창이 나타나면 검색창에 '자동차'를 검색하고 원하는 이미지를 선택한 후 [삽입]을 클릭해요.

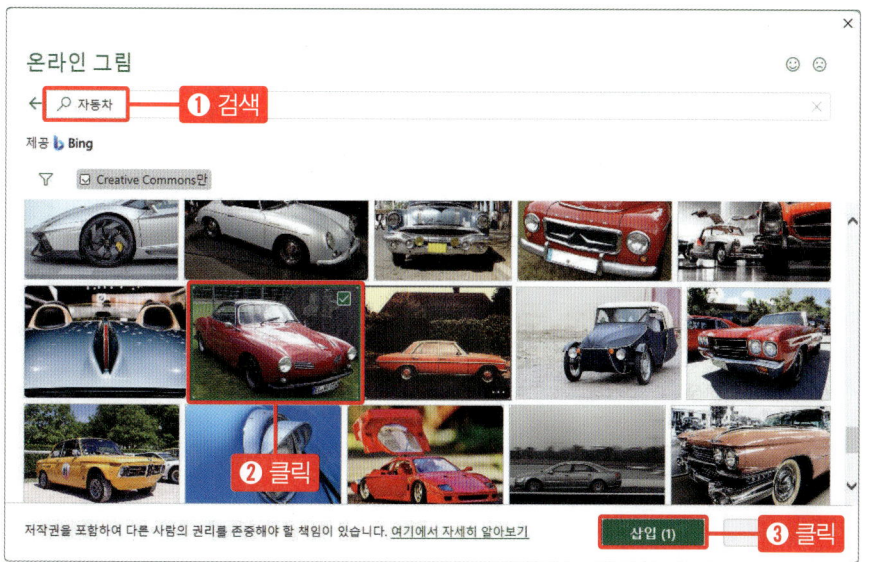

Step 24. 슈퍼카 렌트 비용 비교하기 **169**

04 이미지가 삽입되면 크기와 위치를 그림과 같이 조절해요.

05 02~04와 같은 방법으로 다양한 자동차 이미지를 삽입하여 슈퍼카 렌트 장부를 만들어요.

[온라인 그림] 창에서 원하는 자동차 이미지를 삽입하거나 원하는 차종을 검색하여 이미지를 삽입해도 좋아요.

미션 02 셀 서식 이용하여 표시 형식 변경하기

셀 서식에서 표시 형식을 변경하여 1일 대여 비용을 '회계'로 변경해 봐요.

01 [F5:F9] 셀을 영역 지정하고 [홈] 탭-[표시 형식] 그룹에서 [표시 형식(□)]을 클릭해요.

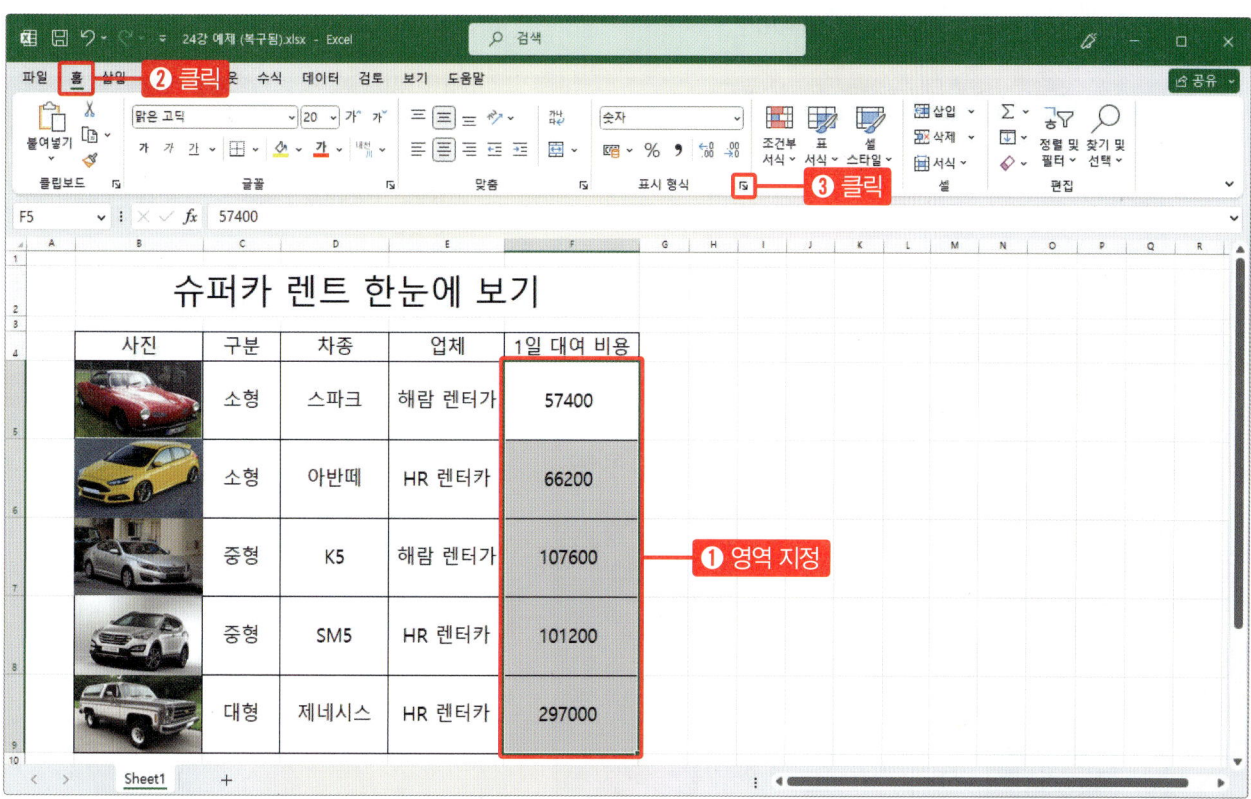

02 [셀 서식] 대화상자가 나타나면 [표시 형식] 탭-[범주]-[회계]를 클릭하고 기호를 '₩'로 선택한 후 [확인]을 클릭해요.

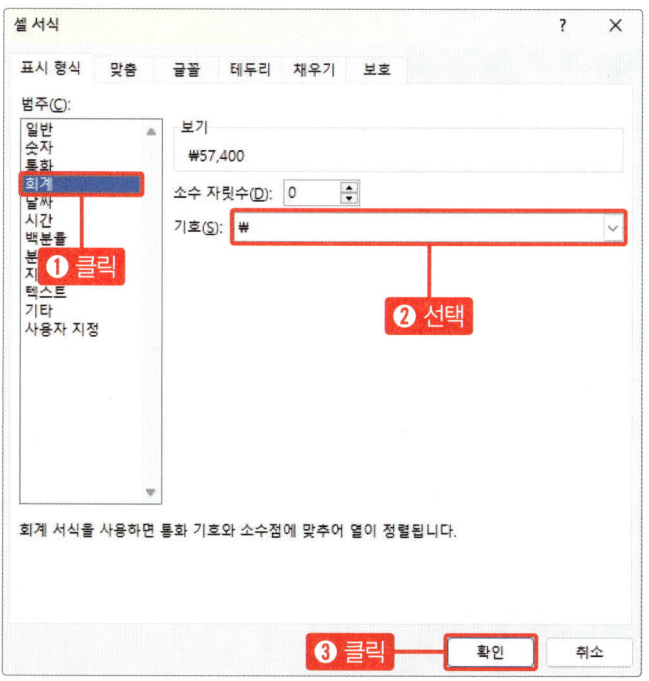

Step 24. 슈퍼카 렌트 비용 비교하기 **171**

미션 03 조건부 서식 이용하여 대여 비용 비교하기

조건부 서식을 이용하여 1일 대여 비용을 한눈에 비교해 봐요.

01 [F5:F9] 셀을 영역 지정하고 [홈] 탭-[스타일] 그룹-[조건부 서식(▦)]-[데이터 막대]-[빨강 데이터 막대]를 클릭해요.

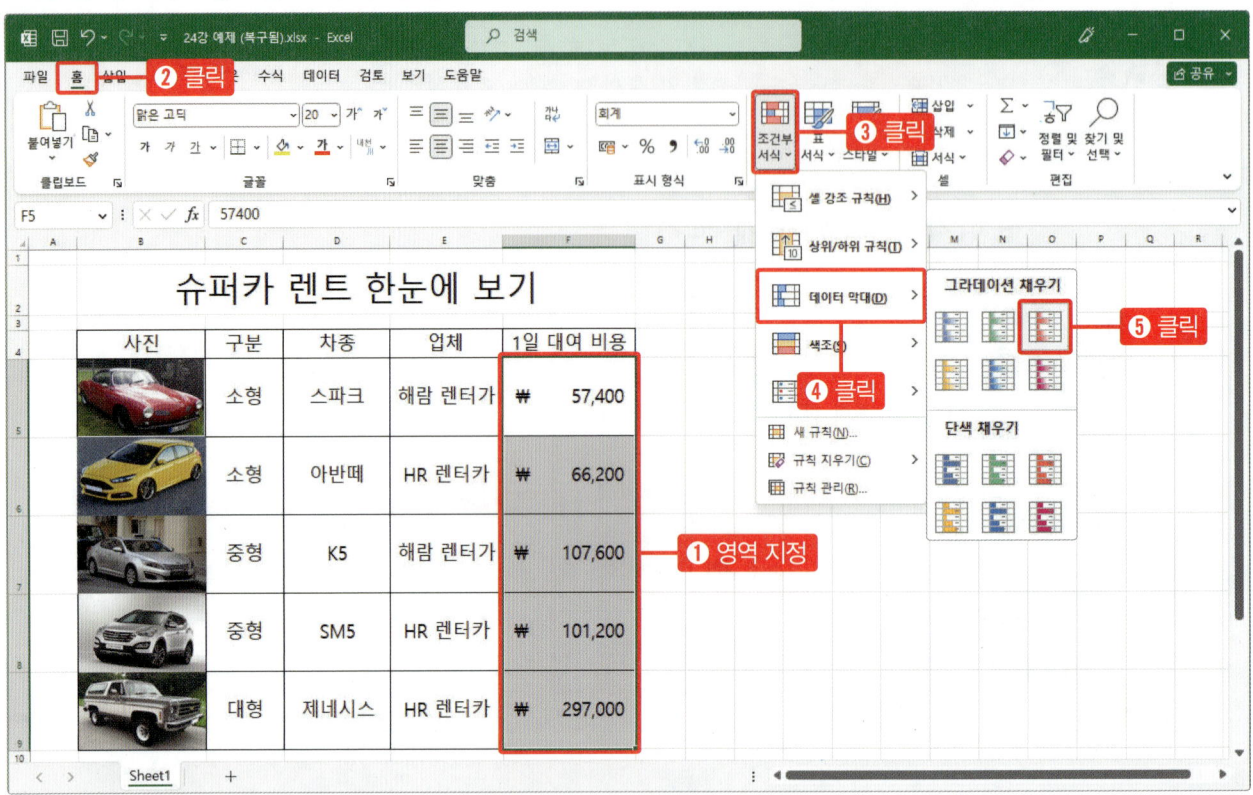

02 셀 서식과 글꼴 서식을 자유롭게 지정하여 문서를 완성해 보세요.

생각 쑥쑥 실력 쑥쑥

▶ 예제 파일 : 24강 폴더   ▶ 완성 파일 : 24강 창의 완성.xlsx

1 실습 파일을 불러와 온라인 그림을 삽입하고 가격의 표시 형식을 변경해 보세요.

짹짹힌트
- [온라인 그림] 창에 간식 이름을 검색하고 원하는 이미지를 삽입해 보세요.
- [D5:D9] 셀의 표시 형식을 '회계'로 변경해 보세요.

2 조건부 서식을 이용하여 칼로리를 한눈에 비교할 수 있도록 해보세요.

조건부 서식을 지정하고 셀 서식과 글꼴 서식을 자유롭게 변경해 보세요.

Step 24. 슈퍼카 렌트 비용 비교하기 **173**

또롱또롱 메모

초등 전과목
디지털학습 플랫폼

디지털 초코

첫 달 100원
무제한 스터디밍

지금 신규 가입하면
첫 달 ~~9,500원~~ → 100원!

**초등 전과목
교과 학습**

**AI 문해력
강화 솔루션**

**AI 수학 실력
향상 프로그램**

**웹툰으로 만나는
학습 만화**

초중고 교과서 발행 부수 1위 기업 **MiraeN**

초등 전과목
디지털학습 플랫폼

디지털 초ㅋ

첫 달 100원
무제한 스터디밍

지금 신규 가입하면
첫 달 ~~9,500원~~ → 100원!

초등 전과목
교과 학습

AI 문해력
강화 솔루션

AI 수학 실력
향상 프로그램

웹툰으로 만나는
학습 만화

초중고 교과서 발행 부수 1위 기업 **MiraeN**